Jürg Glauser

Island –
Eine Literaturgeschichte

Verlag J.B. Metzler Stuttgart · Weimar

SAGENHAFTES ISLAND
FRANKFURTER BUCHMESSE
EHRENGAST 2011

Bibliografische Information der Deutschen Nationalbibliothek
Die Deutsche Nationalbibliothek verzeichnet diese Publikation in der Deutschen
Nationalbibliografie; detaillierte bibliografische Daten sind im Internet über
http://dnb.d-nb.de abrufbar.

ISBN 978-3-476-02321-6
ISBN 978-3-476-05311-4 (eBook)
DOI 10.1007/978-3-476-05311-4

© 2011 Springer-Verlag GmbH Deutschland
Ursprünglich erschienen bei J.B. Metzler'sche Verlagsbuchhandlung
und Carl Ernst Poeschel Verlag GmbH in Stuttgart 2011

www.metzlerverlag.de
info@metzlerverlag.de

Inhalt

Vorwort .... *VII*

Kapitel 1: Einleitung

Island – Kultur des Worts.. *1*

Die Geschichte Islands *12*

Grundzüge der isländischen Sprache *18*

Kapitel 2: Islandbilder und Textlandschaften

Der isländische Globus *23*

Thule und andere flottierende Inseln im Nordatlantik *23*

Das Auge des Gastes – Islandreisende und Islandbilder *31*

Räume in der isländischen Literatur *39*

Dettifoss – eine poetische Energiedebatte um 1900 .... *47*

Gunnarshólmi – die Entstehung eines literarischen Gedenkortes ... *54*

»Land, Volk und Sprache« *62*

**Kapitel 3: Mediengeschichten der isländischen Literatur:
vom Mittelalter bis zur Moderne**

Der Geruch von Dichtung: Skaldik................................. *69*

Die Namen der Edda.. *80*

Die Liederedda *90*

Das Ende der Saga... *92*

Saga-Prologe *97*

Die Medien der Macht: Buchdruck seit der frühen Neuzeit *110*

Die Poetik der Rotalge.. *120*

Kapitel 4: Isländische Literatur im 21. Jahrhundert

Islands Autor 133

Downtown Reykjavík: Literatur über die kleine Metropole 141

Romane über Verbrechen: Die Welle der »Island-Krimis« 154

Schreiben (in) der Krise 158

Fictitious Island: Islands neue(ste) Literatur 173

Fazit: Kultur des Worts 178

Anmerkungen 183

Zeittafel 211

Literaturverzeichnis 227

Personen- und Titelregister 231

Abbildungsverzeichnis 243

Informationsblöcke über die mittelalterliche Literatur

Skaldik 73

Edda 83

Saga 94

Rímur 109

Vorwort

Das Interesse, das Island und der isländischen Kultur in den deutschsprachigen Ländern entgegengebracht wird, ist seit jeher sehr groß. In jüngster Zeit lässt sich für den Bereich der Literatur feststellen, dass man nicht mehr ausschließlich die mittelalterliche Dichtung beachtet, die traditionellerweise im Mittelpunkt dieses Interesses gestanden hat, sondern dass in vermehrtem Ausmaß die moderne und nicht zuletzt die gegenwärtige Literatur aus Island mit Neugier und Wohlwollen zur Kenntnis genommen wird. Deutschsprachige Leser sind dabei in der glücklichen Lage, auf ein ausgezeichnet ausgebautes Vermittlungssystem zurückgreifen zu können, und es liegen inzwischen sehr viele der wichtigsten isländischen Bücher in zuverlässigen deutschen Übersetzungen vor. Die isländische Literatur ist somit auch hierzulande sehr präsent.

An diesem Punkt setzt der vorliegende Essay an. Das Buch wendet sich in erster Linie an Leserinnen und Leser, die ein allgemeines Interesse an der isländischen Literatur haben, und versucht, anhand einiger ausgewählter Themen in die Geschichte dieser Literatur einzuführen. Dabei handelt es sich nicht um eine herkömmliche Literaturgeschichte, die die literarische Entwicklung in chronologisch fortschreitender Weise nacherzählt. Eine solche Behandlung des umfangreichen Stoffes hätte im Rahmen einer knappen Darstellung zu einer oberflächlichen Auflistung von Daten und Titeln führen müssen. Stattdessen beschränkt sich die folgende Präsentation bewusst auf ausgewählte Linien, die sich durch die Geschichte der isländischen Literatur hindurch als wichtig und repräsentativ erweisen und die punktuell vertieft betrachtet werden. In diesem Sinn stellt das Buch doch eine Literaturgeschichte dar. »Island – Eine Literaturgeschichte« möchte auf wichtige historische und literarische Zusammenhänge aufmerksam machen, in denen sich die isländische Literatur – ältere wie jüngere – bewegt.

Einige Hinweise zur Gliederung und zum Gebrauch des Buches: Im einleitenden Kapitel 1 geht es um Aspekte der isländischen Kultur als einer Geschichte von Texten sowie um einen kurzen Abriss der Geschichte und der Sprache Islands. Kapitel 2 spürt den verschiedenen Bildern nach, die man sich im Lauf der Zeit innerhalb und außerhalb Islands von der Insel gemacht hat, und untersucht insbesondere auch das Verhältnis von Landschaft, Geschichte und Nation. Kapitel 3 skizziert einige Etappen der isländischen Literaturgeschichte vom Mittelalter bis zur Moderne und konzentriert sich dabei vor allem auf die Rolle, die die verschiedenen Medien in unterschiedlichen

Epochen gespielt haben. Das abschließende Kapitel 4 stellt den Versuch dar, im Rahmen einer sehr vorläufigen Auseinandersetzung mit der äußerst aktiven Gegenwartskultur, etwa der jüngsten ›Krise‹, einige aktuelle Fragen in ihren Bezügen zu den literarischen Traditionen zu sehen.

In Kapitel 3 finden sich vier Informationsblöcke, in denen in kurzgefasster Form die Hauptgattungen der mittelalterlichen Literatur Islands vorgestellt werden: Skaldik (S. 73f.), Edda (S. 83f.), Saga (S. 94f.) und Rímur (S. 109).

Die ausführliche Zeittafel (S. 211–226) ermöglicht es, sich rasch einen Überblick über die chronologische Entwicklung und die wichtigsten Werke und Autoren der isländischen Literatur von den Anfängen bis heute zu verschaffen. Wo vorhanden, werden deutsche oder allenfalls englische Übersetzungen der isländischen Texte angeführt.

Anregungen zur weiteren Beschäftigung mit der isländischen Literatur vermittelt das Literaturverzeichnis (S. 227–230). Die Anmerkungen (S. 183–210) enthalten Angaben zu den verwendeten Werken und weiterführende Hinweise zur Forschungsliteratur. Um die Verwendbarkeit des Buches für Leserinnen und Leser mit Isländisch-Kenntnissen zu erhöhen, sind hier auch alle Originalzitate, die im Haupttext nicht aufgenommen sind, wiedergegeben.

Die Übersetzungen der isländischen Zitate stammen, wo nicht anders vermerkt, vom Verfasser. Sie sind möglichst textnah gehalten und erheben nicht den Anspruch, die künstlerische Form der Originale nachzubilden.

Die Schreibung der isländischen Namen ist beibehalten und auch die isländischen Sonderzeichen sind übernommen worden. Einige Hinweise auf die Aussprache des Neuisländischen finden sich Seite 19f.

*

Für Hilfe bei der Erstellung der Zeittafel danke ich Isabelle Ravizza. Halldór Guðmundsson, dem herausragenden Vermittler der isländischen Literatur in den deutschsprachigen Ländern, danke ich für vielfältige Unterstützung. Oliver Schütze vom Metzler-Verlag, ohne dessen Interesse für die literarische Kultur Islands dieses Projekt nicht hätte durchgeführt werden können, danke ich für seinen großen Einsatz und seine Geduld. Der größte Dank gilt der isländischen Initiative »Sagenhaftes Island. Ehrengast der Frankfurter Buchmesse 2011«, die mit ihrer finanziellen Unterstützung die Publikation dieses Buches möglich gemacht hat.

Zürich und Basel, im August 2011   Jürg Glauser

Kapitel 1
Einleitung

Island – Kultur des Worts

Als der isländische Schriftsteller Þórbergur Þórðarson (1888–1974) im Herbst 1941 seine gesammelten Gedichte herausgibt, versieht er das Buch mit dem anspielungsreichen Titel *Edda Þórbergs Þórðarsonar* (»Þórbergur Þórðarsons Edda«). Während der Zweite Weltkrieg tobt, kurz nachdem die Amerikaner die Briten als Besetzer Islands abgelöst haben, errichtet er mit diesem Titel seinem Vorgänger Snorri Sturluson (ca. 1179–1241), der Zentralfigur der mittelalterlichen isländischen Literatur, ein literarisches Denkmal. In Anlehnung an die Prosa-Edda – ein Text, der allgemein eben Snorri Sturluson zugeschrieben wird – bezeichnet Þórbergur Þórðarson das Vorwort seiner neuen *Edda* lateinisch als »Prologus«:

> Der Kollege Snorri Sturluson verfasste ein Lehrbuch für unsere Dichter. In dieses Buch schrieb er Erzählungen von Göttern, Trollen, Elfen, Zwergen, Menschen und Ereignissen, um bei den Dichtern die Erinnerung an den Ursprung und Charakter der Kenningar [poetische Umschreibungen in der altnordischen Dichtung] und anderer Wörter, die damals in gebundener Sprache gepflegt wurden, zu festigen. Dieses Buch nannte er Edda.[1]

Mit dem 22. September wird der Prolog zudem auf jenen Tag datiert, an dem laut Überlieferung Snorri exakt siebenhundert Jahre zuvor im Auftrag des norwegischen Königs auf seinem Hof Reykholt in Westisland erschlagen wurde.[2]

Doch der moderne Autor Þórbergur Þórðarson belässt es nicht bei der einfachen Erwähnung Snorris. Er geht in seinen Anspielungen auf das bedeutendste poetologische, rhetorische und mythographische Werk aus dem skandinavischen Mittelalter einen Schritt weiter und stellt sich selbst und seine Sammlung von Gelegenheitsgedichten, die seit 1909 an verschiedenen Orten und in unterschiedlichen Texten erschienen waren, in eine poetologische Tradition, die er ganz gezielt auf Snorri Sturluson zurückführt:

Þórbergur Þórðarson (1889–1974):
Edda Þórbergs Þórðarsonar,
Umschlag der Erstausgabe 1941

Das Buch, das hier im Manuskript auf Silvermill Superfine Blockpapier gut sieben Jahrhunderte später vorliegt, ist auch ein Lehrbuch, geschrieben für unsere Dichter. Es führt jedoch die Überlieferungen nicht auf unsichtbare Wesen zurück, von denen Kenningar und andere dichterische Bezeichnungen stammten, sondern auf Ereignisse in dem Seelenleben, Umfeld und den Zeitumständen des Autors, aus denen Gedichte und Verse entstanden. Es lehrt unsere Dichter, dass jedes Gedicht nur ein kurzer Abschnitt in einer langen Kette von Ereignissen ist und sich nie ganz verstehen lässt, wenn nicht Erzählungen über die Ereignisse das Gedicht im Buch begleiten. Deshalb habe ich dieses Buch Edda genannt. In der Sæmundar-Edda [Liederedda] werden zur Erklärung und Ergänzung der Lieder auch Geschichten erzählt.[3]

Þórbergur Þórðarson beschwört mit seinen expliziten Rückgriffen auf die eddische Überlieferung die große Tradition in der Geschichte der isländischen Literatur, die entsprechend dem kulturellen Selbstverständnis Islands mit der Landnahme einsetzt, im 13. Jahrhundert eine erste Blüte erlebt, sich durch die Jahrhunderte zieht und für deren kreative Fortführung in der Neuzeit dann Halldór Laxness (1902–1998) im Jahr 1955 den Nobelpreis für Literatur erhalten wird. Auch wenn es gerade Þórbergur Þórðarson ist, der wie kaum ein anderer isländischer Autor seiner Zeit diese jahrhundertealte Literaturgeschichte nicht nur als Ballast mit sich schleppt, sondern sie in seinen Romanen, Erzählungen, Essays und anderen kleinliterarischen Texten immer wieder radikal erneuert und demontiert – was ihn neben Laxness zum sicher bedeutendsten isländischen Prosaverfasser der ersten Hälfte des 20. Jahrhunderts macht –, so bauen doch auch seine ironisierenden Umdeutungen auf eben dieser Tradition auf, setzen seine Pastichen und Literatursatiren die Kenntnis der alten, mittelalterlichen wie der neueren, romantischen Literatur voraus. Die *Edda Þórbergs*

2

Þórðarsonar ist, auch darin durchaus zeittypisch, zugleich Fortschreibung dieser literarischen Tradition und distanzierende Satire des Konzepts von der ungebrochenen Kontinuität.

In seiner listigen Anspielung auf die Edda des großen Vorgängers Snorri Sturluson scheint Þórbergur Þórðarson auf einen Text zu reagieren, in welchem eine isländische Vorstellung über die isländische Literatur ihre maßgebliche Formulierung gefunden hat, die Vorstellung nämlich, die isländische Literatur zeichne sich dadurch aus, dass sie ein geschichtlich zusammenhängendes Ganzes darstelle. Es handelt sich dabei um den Essay »Der Zusammenhang in der isländischen Literatur« des einflussreichen Philologen, Professors für isländische Literatur an der jungen Universität Islands, Dichters und späteren Botschafters Sigurður Nordal (1886–1974).[4] Dieser Aufsatz erschien 1924 als Einleitung in der äußerst wirkungsmächtigen, über mehrere Generationen im Isländisch-Unterricht an den Schulen verwendeten und mehrmals aufgelegten Anthologie isländischer Literatur, »Isländisches Lesebuch 1400–1900«. Er fasst zusammen, worin der Wert der literarischen Kultur für die Isländer liegt. »Kein germanisches Volk, und in der Tat kein Volk in der nördlichen Hemisphäre, besitzt eine

Das Þórbergur Þórðarson gewidmete Museum Þórbergssetur wurde 2006 eröffnet. Es befindet sich in Þórbergur Þórðarsons Geburtsort Hali, Suðursveit, im südöstlichen Island.

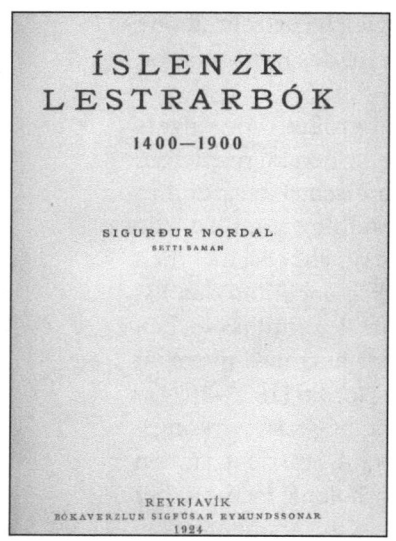

ÍSLENZK
LESTRARBÓK
1400—1900

SIGURÐUR NORDAL
SETTI SAMAN

REYKJAVÍK
BÓKAVERZLUN SIGFÚSAR EYMUNDSSONAR
1924

Sigurður Nordal (1886–1974):
Íslenzk lestrarbók 1400–1900,
Titelseite der Erstausgabe 1924

Literatur aus dem Mittelalter, die es an Originalität und Genialität mit der Literatur der Isländer aus den ersten fünf Jahrhunderten, nachdem das Land besiedelt wurde, aufnehmen könnte.«[5] Der eigentliche Lebensnerv in der Geschichte des Volkes, so Nordal weiter, sei die ungebrochene Kontinuität der isländischen Sprache und Literatur vom Anfang der Besiedlung Islands bis in die Gegenwart. Rückwärtsgewandt insistiert er auf dem Alten und dessen Bedeutung für das Neue, wenn er seine Ausführungen schließt: »Die Kultur unserer Zukunft muss sich auf dem festen Boden der Vergangenheit erheben. Unsere Träume können in dem Maß kühner werden, in dem die Erinnerung zuverlässiger und vielwissender ist.«[6]

Sigurður Nordals Essay von 1924 wurde in einer Zeit geschrieben, in der die isländische Öffentlichkeit ganz vom Thema des Nationalen geprägt war, was auch die aus heutiger Perspektive überbordend chauvinistische Diktion erklärt. 1918 war ein Unionsvertrag geschlossen worden, der Island weitgehende politische Freiheiten brachte und es nur noch durch die Person des Königs mit Dänemark verband; 1944 wurde dann nach der Aufkündigung dieser Personalunion die Republik und damit die nationalstaatliche Souveränität ausgerufen. Die kulturelle Selbstvergewisserung, die seit den nationalromantischen Bewegungen im 19. Jahrhundert die Voraussetzung der politischen Unabhängigkeitsbestrebungen bildete, hatte die Entkolonialisierung Mitte des 20. Jahrhunderts überhaupt erst ermöglicht. Sie konstituierte sich wesentlich über das Konzept der isländischen Sprache, die ganz bewusst mit einer historischen Dimension versehen wurde. Die Isländer definierten sich als Nation über ihre sprachliche Tradition: ohne Sprache keine Verbindung zur Herkunft, keine Verbundenheit mit der Geschichte und damit kein (kulturelles) Gedächtnis. Dabei wurde diese sprachliche Tradition als eine übergreifende Einheit betrachtet, die nicht nur zeitlich, sondern auch sozial zu begreifen sei:

> Es ist nicht weniger bemerkenswert, dass das ganze Volk eine [einzige] Sprache und eine [einzige] Literatur besitzt, so dass die einfache Bevölkerung die Sprache sogar am reichsten und reinsten spricht, stets einen wichtigen Beitrag an die Literatur geleistet hat und liest und schätzt, was in dieser Sprache am besten und kühnsten geschrieben wird. Wenn die Kräfte dieses kleinen Volkes aufgeteilt worden wären, wäre unsere ganze Kultur in Gefahr. Die Kultur der einfachen Bevölkerung, die hier in den letzten Jahrhunderten geschaffen wurde und die zu einem großen Teil eine Buchkultur ist, ist der Nationalstolz der Isländer.[7]

Die Formel ›(ein) Volk – (eine) Sprache – (eine) Literatur‹ wird hier von Sigurður Nordal zwar in einer zeittypisch pathosgeschwängerten Sprache vorgetragen, sie begegnet jedoch als Denkfigur, die den Charakter und die Entwicklungen der isländischen Literaturgeschichte erklären soll, auch in vielen anderen Zusammenhängen, wie auch etwa im folgenden Credo Nordals:

> Die Kontinuität in Sprache und Künsten der Isländer ist kein Zufall. [...] Es wäre nicht abwegig, die Isländer als die größte Buchnation der Welt zu bezeichnen, nicht in dem Sinn, dass sie am meisten vollkommene Werke geschaffen hätten, obwohl sie es auch darin erstaunlich weit gebracht haben, sondern weil kein anderes Volk der Literatur verhältnismäßig so viel von seinen Kräften, so viel seiner Liebe und Zuneigung gegeben und kein Volk darin so viel Freude und Stärke gefunden hat.[8]

Dank der ungebrochenen Kontinuität sei das Isländische geradezu »die älteste lebende Kultursprache des Kontinents«.[9]

> Der besondere Wert der isländischen Sprache im Vergleich mit anderen Gegenwartssprachen liegt vor allem darin, dass sie sich in 1000 Jahren nicht mehr geändert hat, als es der Fall ist. [...] Dann ist es nicht wenig wert, dass die Sprache so durchsichtig ist, dass sie die Schule des Denkens für das Volk ist.[10]

Unter bewusster Ausklammerung der stilistischen und sprachlichen Innovationen, die die Kontakte mit den ausländischen Literaturen immer wieder mit sich gebracht hatten, und mit stellenweise geradezu xenophober

5

Argumentation identifiziert Nordal die Phasen des vermeintlichen Niedergangs der isländischen Literatur um 1400, im 16. Jahrhundert und zu Beginn des 20. Jahrhunderts als jene Zeiten, in denen starke ausländische Einflüsse auf die Kultur des Landes eingewirkt hätten. Umgekehrt zeige sich die große Tradition vor allem in der Reinheit der Sprache und im korrekten Gebrauch des alten Stabreims.

Ein solcher Purismus verdeckt unnötigerweise das Spiel von Avantgarden, Klassiken und Epigonismen, das (natürlich) auch die isländische Literaturgeschichte auszeichnet und sie gerade so faszinierend macht, und Nordals Zelebrierung eines nationalen, durch die lange mittelalterliche Tradition gespeisten und eben dadurch stabilisierend und versichernd wirkenden Kanons ist als normative Poetik heute allenfalls noch als historisches Phänomen interessant. Allerdings kann keine Beschäftigung mit isländischer Literatur in einer geschichtlichen Dimension der Frage aus dem Weg gehen, was es mit diesem ›Zusammenhang‹ in der Entwicklung der isländischen Literatur genau auf sich hat, und insofern eignet sich Nordals Aufsatz trotz aller Vorbehalte, die vorgebracht werden müssen, ausgezeichnet als ein Ausgangspunkt für eine Beschäftigung mit der literarischen Überlieferung Islands. Auch wenn die folgenden Kapitel zum Teil Positionen einnehmen, die sich von denen Nordals dezidiert unterscheiden, so muss doch festgehalten werden, dass er als erster Literaturhistoriker so konsequent die Zusammenhänge (der Plural ist hier die bessere Bezeichnung als der verabsolutierende Singular) zwischen der mittelalterlichen, der frühneuzeitlichen und der neueren Literatur in Island betonte und auf die Bedeutung der ›Literatur dazwischen‹, das heißt zwischen Mittelalter und Romantik, aufmerksam machte.

Sigurður Nordals hochgestimmter Essay und Þórbergur Þórðarsons satirische Edda-Anspielungen sind lediglich zwei Beispiele, die die herausragende Wertschätzung illustrieren, welche man in Island noch im vergangenen Jahrhundert der literarischen Kultur mit ihren mittelalterlichen Ursprüngen entgegenbrachte. Die Überzeugung, dass die Kultur der Isländer eine Kultur ist, die auf dem (alten) Wort aufbaut, zeigte sich vielleicht nirgends deutlicher als in der sogenannten Handschriftenaffäre. Unter der »Handschriftenaffäre« (was das isländische Wort *Handritamálið* bzw. das dänische *Håndskriftsagen* übersetzt) versteht man die seit den 1920er Jahren ausgetragene Auseinandersetzung zwischen Island und Dänemark um die Rückführung der mittelalterlichen isländischen Handschriften aus Kopenhagener Sammlungen nach Reykjavík, die 1971 erfolgreich beendet wurde.[11]

6

32 siður og 16 siður Handritablað

Morgunbladid

89. (bl. 58. árg.   MIÐVIKUDAGUR 21. APRÍL 1971   Prentsmiðja Morgunblaðsins

HANDRITIN HEIM

A sjöunda tímanum í gærkvöldi flaug ljósm. Mbl. Ól. K. Magn. til móts við Vædderen og Ægi. Skipin klufu þá öldurnar 18 sjómílur út af Selvogi. Þar var grátt í lofti og gekk á með hryðjum. Framundan var Reykjanesskaginn og sást glytta í sólskin og rósrauðan kvöldhimininn, en norðan Reykjaness var glampandi sól og sléttur sjór framundan snævibökktum Faxaflóafjöllunum.

Handritin koma í land kl. 11 fyrir hádegi

Das dänische Kriegsschiff Vædderen bringt die ersten isländischen Handschriften zurück nach Island. Bericht über die Heimführung der Handschriften in *Morgunblaðið*, 21. April 1971

7

Ein kurzer historischer Rückblick: Im Jahr 1380 kam Island zusammen mit Norwegen unter dänische Herrschaft. Als im 16. und 17. Jahrhundert im Zuge des Humanismus der Wert der mittelalterlichen handschriftlichen Überlieferung Islands für die nationale Geschichtsschreibung in Dänemark, Norwegen und Schweden erkannt wurde, setzte eine anfänglich sporadische und später systematischere Einsammlung isländischer Handschriften durch Gelehrte ein. Während einige Handschriften in schwedischen Sammlungen und Bibliotheken landeten, gelangte der Großteil dieser isländischen Kodizes im 17. und 18. Jahrhundert nach Dänemark, wo sie der Bibliothek des Königs einverleibt wurden bzw. den Grundstock der wichtigsten Sammlung mittelalterlicher isländischer Handschriften, *Den arnamagnæanske Samling*, bildeten. Diese Kollektion ging zurück auf den isländischen Philologen und Professor an der Universität Kopenhagen Árni Magnússon (1663–1730), dessen latinisierter Name für die Sammlung verwendet wurde, und umfasste etwa 2.600 Handschriften und Fragmente, davon etwa 400 mittelalterliche Pergamentmanuskripte. Sie bildete nach Árni Magnússons Tod den wesentlichen Bestandteil der von ihm der Universität Kopenhagen völlig legal gemachten sogenannten Arnamagnäanischen Schenkung (*Det arnamagnæanske Legat*), die seit 1772 von der universitären Arnamagnäanischen Kommission (*Den arnamagnæanske Kommission*) verwaltet wird; zwischen 1956 und 2003 fungierte *Den arnamagnæanske Samling* als eigenständiges universitäres Forschungsinstitut und ist seither eine Abteilung des *Nordisk Forskningsinstitut* der Humanistischen Fakultät der Universität Kopenhagen.

In Island wurden nun im frühen 20. Jahrhundert Stimmen laut, die eine Rückgabe der in dänischen Beständen lagernden Handschriften isländischer Provenienz forderten. Zwar erfolgte daraufhin 1927/28 die Auslieferung von einigen wenigen Manuskripten und rund 700 Archivalien, doch es sollte bis 1965 dauern, bis zwischen den beiden Ländern ein Vertrag über die Aufteilung und Rückführung der Handschriften geschlossen werden konnte, auf dessen Grundlage – erneut mit beträchtlicher Verzögerung – dann am 21. April 1971 in Reykjavík als erstes die beiden bedeutendsten Kodizes aus dem isländischen Mittelalter, der Codex regius (Königliche Handschrift) der Liederedda (Gl. kgl. Sml. 2365 4to) und die Flateyjarbók (Buch von [der Insel] Flatey) (Gl. kgl. Sml. 1005 fol), von den Dänen an die Isländer übergeben wurden. Die anschließenden, von Fachleuten geführten Detailberatungen über die Aufteilung des weiteren Handschriftenbestandes nahmen nochmals zweieinhalb Jahrzehnte in Anspruch, aber am 19. Juni 1997 fand mit der Übergabe der letzten beiden Manuskripte die Handschriftenaffäre ihr definitives Ende. 1962 war in Reykjavík das Handschrifteninstitut Islands (*Handritastofnun Íslands*) errichtet worden, das 1972 in Arnamagnäanisches Institut in Island (*Stofnun Árna Magnússonar á Íslandi*) umbenannt wurde (seit 2006 Abteilung von *Stofnun Árna Magnússonar í íslenskum fræðum*, Arnamagnäanisches Institut für Isländische Studien), in welchem – inzwischen in enger Zusammenarbeit mit dem Schwesterinstitut in Kopenhagen – die alten, neu zurückgekehrten Manuskripte aufbewahrt, konserviert und der Forschung zugänglich gemacht werden.

Diese Affäre mit einer langen Vorgeschichte und einer schließlich für alle Parteien akzeptablen Lösung kann vielleicht als Modell der erfolgreichen Bewältigung einer allgemeinen postkolonialen Konstellation gesehen werden, wie sie sich auch in anderen Fällen ergibt, in denen es um die Restitution von ›nationalem‹ Kulturgut geht. Allerdings beruhte die kulante Haltung der dänischen Seite, die die Lösung letztendlich ermöglichte, auch wesentlich auf dem Umstand, dass nach dem Ende des Zweiten Weltkriegs und vor allem in den 1960er Jahren die isländischen Handschriften ihre kulturpolitische Bedeutung für Dänemark weitgehend verloren hatten und auch die philologische Erforschung des nordischen Mittelalters an den dänischen Universitäten in jenen Jahren keine große Konjunktur hatte. Dies kam der isländischen Partei gelegen. Für sie stellten die Handschriften als die materiellen Träger der ins Mittelalter zurückreichenden Überlieferung ihrer Literatur wesentliche Instrumente in einem bewusst betriebenen *nation building*-Prozess dar. Die Errichtung eines nach Árni Magnússon benannten, repräsentativen Gebäudes auf dem Universitätscampus (*Árnagarður*), in dem das Handschrifteninstitut untergebracht wurde, war ein äußeres Zeichen für die Rolle, die man in Island von offizieller Seite und mit staatlicher Förderung den alten Kodizes beimaß. Und diese Bestrebungen waren durchaus von Erfolg gekennzeichnet: Inzwischen ist kaum mehr ein Staatsbesuch in Island ohne Besichtigung der arnamagnäanischen Sammlung denkbar und die Handschriftenausstellung gehört zum festen Programmpunkt einer jeden Islandreise. 2009 wurden die arnamagnäanischen Manuskripte ins »Memory of the World Register« der UNESCO aufgenommen.

Es ist, um dieser Handschriftenaffäre eine aktuelle Fußnote hinzuzufügen, wohl auch kein Zufall, dass vor einigen Jahren zwei Kriminalromane herauskamen, in denen die zwei wichtigsten isländischen Mittelalter-Handschriften Thema sind: Viktor Arnar Ingólfssons (geb. 1955) *Das Rätsel von Flatey* (2005) und Arnaldur Indriðasons (geb. 1961) *Codex*

9

Regius (2008) nehmen die beiden berühmten Manuskripte zum Anlass für Kriminalfälle, die in Island bzw. Dänemark im 20. Jahrhundert angesiedelt sind. Die ›Rückkehr‹ (*heimkoma*) der Handschriften ist inzwischen auch zu einem festen Datum in Jugenderinnerungen von Isländerinnen und Isländern geworden; so bezieht sich die Ich-Erzählerin in Bragi Ólafssons Roman mit dem umständlichen Titel *Das Manuskript zum Film von Örn Featherby und Jón Magnússon über die Verwirrung im Restaurant nach Jenny Axelson* explizit auf dieses Ereignis im April 1971, das sich ins kulturelle Gedächtnis Islands eingegraben hat.[12]

In der Tat lässt sich Islands Geschichte am besten als eine Geschichte seiner sprachlichen Phänomene verstehen, erschließt sich seine Kultur vorwiegend über die Dichtung. Isländische Autoren haben sich durch die Zeiten hindurch immer wieder implizit, aber auch ganz unmittelbar auf diese Tradition bezogen. Von den Humanisten und Barockpoeten bis zu den heutigen Kriminalautoren sind sie nie von jener »Einflussangst« befallen gewesen, von der Harold Bloom als einem konstitutiven Merkmal von Literatur spricht (*anxiety of influence*). Die isländische Mittelalterliteratur hat den späteren Epochen immer wieder Formen, Themen, Ideen zur Verfügung gestellt, und noch bei der Etablierung neuer Kunstarten wie Musik, Oper, Malerei, Film war sie stets wichtig(st)er Impulsgeber. Selbst die moderne isländische Popmusik, beispielsweise die frühen Songs von Björk, kommt ohne Dichtung, in diesem Fall jene von Sjón, nicht aus. Island kann ohne

Dänische Matrosen tragen den *Codex regius* und die *Flateyjarbók* in zwei Bänden an Land.

Übertreibung als eine Kultur des Worts, seine Literaturgeschichte als ein großer Intertext bezeichnet werden, und die isländische Geschichte stellt sich vornehmlich als eine Textgeschichte dar: Wie alle Geschichte besteht auch die Geschichte Islands aus Geschichten, das heißt, sie baut auf Narrativen auf, ist textuell verfasst. Ausgeprägter noch als in anderen Fällen ist aber diese Geschichte eigentlich kaum anders denn als eine Geschichte seiner Texte, als eine Art Literaturgeschichte, zu lesen.[13] Die »Lesbarkeit der Kultur«, von der Gerhard Neumann und Sigrid Weigel sprechen,[14] ist also im Fall der Literatur Islands ganz konkret und manifest auch ein soziales Faktum. Wirtschaftsgeschichte, Sozialgeschichte, politische Geschichte lassen sich von der Geschichte der Texte kaum trennen, so dass sich bei der Beschäftigung mit Islands Kultur ein im umfassenden Sinn verstandener philologischer Zugang über die Wortkultur geradezu aufdrängt.

Ein solches Plädoyer für die Philologie ist natürlich in keiner Weise eine Absage an eine kulturwissenschaftliche Literaturbetrachtung, ganz im Gegenteil – Zugangsweisen dieser Art räumen bekanntlich in hohem Maß anderen Medien als den primär textuellen einen wichtigen Platz ein, was auch in dieser Darstellung geschehen soll. Ein isländisches Sprichwort sagt zwar, dass »das Gesehene reicher als das Gehörte« sei (*Sjón er sögu ríkari*), aber im Zentrum der folgenden Überlegungen steht doch die Überzeugung, dass die isländische Kultur eine Kultur des Worts, des Erzählten, der Texte ist. Entsprechend unternimmt die vorliegende Darstellung den Versuch, an ausgewählten, meist repräsentativen, manchmal auch eher peripheren Beispielen einigen wichtigen, aber natürlich immer subjektiv ausgewählten Linien, eben ›Zusammenhängen‹, in dieser Textgeschichte Islands nachzugehen. Sie will unter anderem aufzeigen, dass es in der isländischen Literatur, auch wenn Sigurður Nordal die Existenz einer dominierenden Kontinuität postulierte, immer wieder zu spannungsreichen und eben deshalb spannenden Brüchen gekommen ist; dass das ›Alte‹ dabei ›Neues‹ keineswegs verhindert hat; dass gerade Interaktionen mit dem Fremden oft in spezifischer Weise das Eigene ausgemacht haben; dass es neben der lauten offiziellen Stimme immer auch viele leise Stimmen gegeben hat. Solche und andere literaturgeschichtliche Selbstverständlichkeiten möchte dieses Buch verfolgen, denn auch die isländische Literatur setzt sich aus Texten zusammen, deren Wirklichkeiten – um eine einsichtsvolle Formulierung des dänischen Schriftstellers Poul Vad (1927–2003) über die Hrafnkels saga leicht abzuwandeln – aus Wörtern bestehen.[15]

Es wird hier nicht eine chronologisch gegliederte Geschichte der isländischen Literatur von den Anfängen bis heute erzählt. Wenn nun dennoch einige sehr knapp gehaltene historische Eckdaten zu Islands Geschichte und die wichtigsten Grundzüge der isländischen Sprache in diese Einleitung aufgenommen werden, so mit dem Ziel einer ersten, natürlich keineswegs vollständigen Einführung und einer gewissen Entlastung der weiteren Darstellung.

Die Geschichte Islands

Es ist üblich, die isländische Geschichte mit der Entdeckung und der Besiedlung des Landes um das Jahr 870 n. Chr. beginnen zu lassen.[16] Dieses ungefähre Datum findet sich bereits in den Schriften der mittelalterlichen Historiker und deckt sich im großen Ganzen mit den Kenntnissen, die wir über den chronologischen Ablauf der wikingerzeitlichen Expansion im Nordatlantik haben. In den letzten Jahren vorgenommene archäologische Untersuchungen, die um ein- bis zweihundert Jahre ältere Siedlungsspuren wahrscheinlich machen, haben sich gegenüber dieser herkömmlichen Datierung (noch) nicht durchsetzen können, sind aber weiterhin Gegenstand intensiver Diskussionen.[17] Mehr oder weniger unbestritten ist dagegen die Herkunft des Großteils der Siedler aus dem südwestlichen und westlichen Norwegen. Die isländischen Quellen wie die Landnámabók (Besiedlungsbuch) erwähnen zwar irische Mönche (*papar*, Plural von *papi*, »Pfaffe«), die sich vor der Ankunft der Nordleute in Island aufgehalten haben sollen, doch von solchen Bewohnern lässt sich archäologisch nichts nachweisen. Ebenso muss als höchst unwahrscheinlich gelten, dass einige römische Münzen aus dem Zeitraum 270–305 n. Chr., die man im 20. Jahrhundert im Südosten und Süden Islands gefunden hat, eine Entdeckung der Insel durch die Römer bereits im 3./4. Jahrhundert belegen.

Die etwa sechzig Jahre zwischen 870 und 930 werden Landnahme- oder Besiedlungszeit (*landnámsöld*) genannt. Wie viele Menschen sich bis 930 in Island ansiedelten, lässt sich nicht mit Sicherheit sagen; Schätzungen reichen von 10.000–70.000, wobei ein Wert um 20.000–30.000 einigermaßen realistisch sein dürfte. Für das Ende des 11. Jahrhunderts finden sich Angaben zwischen 50.000 und 100.000, für das Jahr 1311 die Zahl 72.000. Auf jeden Fall waren am Ende der Landnahmezeit die damals bewohnbaren Flächen des Landes voll ausgenutzt. Die Siedler brachten ihre agrarischen, vorwiegend auf Viehzucht beruhenden Lebensformen aus dem alten Land mit und versuchten, diese unter den neuen Gegebenheiten aufrechtzuerhalten. Es ging des weiteren darum, in der Kolonie eine funktionierende Sozialstruktur aufzubauen, was ebenfalls in Anlehnung an die bekannten, aus Norwegen mitgebrachten Institutionen und Traditionen, etwa das Thing-System, erfolgte. Um 930 wurde das Althing (*alþingi*) errichtet, das als oberste legislative und judikative Instanz einmal jährlich im Südwesten des Lands (*Þingvellir*, »Thingfelder«) während zweier Wochen im Juni abgehalten wurde. Der sich anschließende Zeitraum zwischen 930 und 1262/64 heißt allgemein Freistaatszeit (*þjóðveldisöld*), womit ausgedrückt wird, dass Island bis 1262/64 keinen König als Oberhoheit hatte, eine Staatsform, die manchmal nicht ganz zutreffend als »Republik« bezeichnet worden ist. Einzelne historische Darstellungen nennen deshalb die Epoche nach der dominierenden sozialen Gruppe, den *goðar* (Plural von *goði*, »Goden«), Godenzeit (*goðaveldisöld*). Bei den Goden handelte es sich ursprünglich um Männer aus vornehmen Geschlechtern, die eine Priesterfunktion ausübten und gleichzeitig weltliche Anführer aus der Oligarchie der Häuptlinge (*höfðingjar*) waren, welche sich den Landbesitz und die Macht im Land teilten. Mit der Christianisierung verloren die Goden ihre religiösen Aufgaben, doch blieb ihre politische und meist auch wirtschaftliche Vormachtstellung davon unberührt.

Waren die meisten Einwanderer Heiden, so wurde im Jahr 999 oder 1000 nach einigen zuvor fehlgeschlagenen Missionsversuchen das Christentum als die für das ganze Land verbindliche neue Religion eingeführt, laut der Überlieferung der isländischen Literatur durch den Beschluss eines vom Althing beauftragten Heiden. Im Unterschied zu den Nachbarländern, vor allem Norwegen, fand in Island also ein mehr oder weniger friedlicher Glaubenswechsel statt. Während einer vermutlich länger andauernden Phase des Synkretismus, in dem die eine Glaubensform die andere allmählich ablöste, kam es zum Aufbau einer christlichen Gesellschaft mit kirchlichen Strukturen, die schließlich zwei Bistümer (Skálholt im Süden 1056, Hólar im Norden 1106), eine Reihe von Benediktiner- und Augustinerklöstern mit Skriptorien (erstes Kloster Þingeyrar 1133, Benediktinerorden) und zahlreiche Kirchen umfasste.

Aus unterschiedlichen Gründen geriet das von den Goden getragene politische und soziale Gleichgewicht, das weder eine Zentralgewalt noch eine Exekutive kannte, im ausgehenden 12. Jahrhundert immer mehr außer Kontrolle, womit eine Phase der relativen Ruhe seit dem 11. Jahrhundert beendet wurde, und im 13. Jahrhundert setzten bürgerkriegsähnliche Wirren ein, in denen sich die einzelnen führenden Dynastien heftig bekämpften. Die Jahre 1220–62 heißen nach dem Hauptgeschlecht jener Zeit, den von Sturla Þórðarson (1116–1183) abstammenden Sturlungar, *Sturlungaöld* (Sturlungenzeit). Sie markieren das Auseinanderbrechen der isländischen Gesellschaft, das 1262/64 zur Unterordnung des Landes unter den norwegischen König führte. Mit dem »Alten Vertrag« (*Gamli sáttmáli*) verlor Island seine Unabhängigkeit für die nächsten 682 Jahre. Im ausgehenden 13. und im 14. Jahrhundert, der sogenannten Norwegischen Zeit (*Norska öldin*), wurden feudale, auf das neue Oberhaupt hin ausgerichtete Strukturen errichtet. 1380 kam Island als ›Schatzland‹ Norwegens faktisch unter dänische Herrschaft. Im 15. Jahrhundert, das 1402–04 mit dem Schwarzen Tod begann – dem ein Drittel, vielleicht sogar gegen die Hälfte aller Isländer zum Opfer fielen – machte sich der wirtschaftliche und politische Einfluss der Engländer immer stärker geltend. Die Zeit ca. 1400 bis ca. 1535 wird häufig als Englische Zeit (*Enska öldin*) bezeichnet. Insbesondere der Handel mit Stockfisch bildete in den westlichen Teilen Islands die ökonomische Grundlage, auf der eine neue Oberschicht zu Reichtum gelangte. Das Spätmittelalter fand in Island sein Ende mit der Reformation, die von Dänemark aus ab 1538 im Bistum Skálholt, schließlich 1550 mit der Hinrichtung des letzten katholischen Bischofs, Jón Arason (1484–1550), auch für das nördliche Bistum durchgesetzt wurde.

Ähnlich wie in den anderen nordischen Ländern brachte die Reformation (*siðaskipti*) eine weitere Stärkung der Königsmacht und eine entsprechende Schwächung der dieser untergeordneten Kirche mit sich. Neue Gesetze, wie das 1564 erlassene »Große Gericht« (*Stóri dómur*), das eine Verschärfung der Sexualstrafnormen mit sich brachte, trugen zur systematischen Zentralisierung und Disziplinierung sowie zu einer noch eindeutigeren Ausrichtung an Kopenhagen bei. Einige herausragende Bischöfe, allen voran Guðbrandur Þorláksson (1541/42–1627), dominierten die Geschicke des Landes in den Jahrzehnten nach der Einführung des neuen Glaubens. Der 1662 in Dänemark eingeführte Absolutismus musste auch vom isländischen Althing übernommen werden. Schon 1602 hatte der dänische König den gesamten Islandhandel in die Hände der drei Städte Kopenhagen, Helsingør und Malmö gegeben; zusammen mit dem Unvermögen der nepotistischen isländischen Führungsschicht trug diese wirtschaftliche Abhängigkeit von Dänemark wesentlich dazu bei, dass sich das Land in den folgenden zwei Jahrhunderten nicht richtig entwickeln konnte; eine allmähliche Lockerung des Monopolhandels erfolgte erst ab 1787. Im 18. Jahrhundert ereigneten sich eine Reihe von Naturkatastrophen und Epidemien, was zu einem Bevölkerungsrückgang von ca. 50.000

14

Einwohnern 1703 (als die erste, einigermaßen zuverlässige Erhebung vorgenommen wurde) auf ca. 38.000 im Jahr 1786 führte. Andererseits kam es zu gewissen aufklärerischen Initiativen. Beispielsweise wurde das Bildungswesen pietistisch reformiert und es gab unter dem Landsvogt Skúli Magnússon (1711–1794) erste Anzeichen eines Merkantilismus in Reykjavík. 1796 wurden der Bischofssitz und die Kathedralschule von Skálholt dorthin verlegt, 1801 jene in Hólar aufgelöst. Danach hatte das ganze Land nur ein Bistum und eine einzige Schule. 1798 tagte das Althing zum letzten Mal in seiner alten Funktion am Versammlungsort auf Þingvellir; an seiner Stelle nahm 1800 in Reykjavík ein Oberstes Gericht seine Tätigkeit auf.

Island war bis zum Ende der Napoleonischen Kriege Teil Norwegens und wurde formell erst 1814 als Folge des Kieler Friedens eine dänische Kolonie. Als solche blieb es wie die Färöer und Grönland bei Dänemark, während Norwegen 1813 kurzfristig unabhängig und dann Schweden zugeschlagen wurde. Die im weiteren Verlauf des 19. Jahrhunderts im nationalromantischen Geist intensivierten Unabhängigkeitsbestrebungen, die vor allem mit der Person des Politikers, Historikers und Philologen Jón Sigurðsson (1811–1879) verknüpft sind, brachten dem Land allmählich eine gewisse Emanzipation; so erhielt Island 1874 eine Verfassung (*stjórnarskrá*), 1905 ein »Home Rule« (*heimastjórn*) und schließlich 1914 die Unabhängigkeit (*fullveldi*), die in einem auf 25 Jahre angelegten Vertrag das Land in einer Personalunion mit dem König in Kopenhagen verband; die Außen- und Sicherheitspolitik wurde nach wie vor von den Dänen wahrgenommen. Auch wirtschaftlich und technisch konnten vor allem gegen das Ende des 19. Jahrhunderts einige Fortschritte verzeichnet werden. Insbesondere gewann die Fischerei dank neuer Fangmethoden (etwa der Einführung der Trawlers) rasant an Bedeutung und wurde so zur Grundlage der gewaltigen Modernisierung der isländischen Gesellschaft im 20. Jahrhundert. Die Bevölkerung nahm im 19. Jahrhundert von ca. 48.000 (1801) auf ca. 59.000 (1850) und ca. 78.000 (1900) zu, obwohl in den 1870er und 1880er Jahren rund 12.000 Isländer nach Nordamerika (North Dakota und vor allem Manitoba) auswanderten.

Nach 1900 und in der Zwischenkriegszeit baute Island seine staatlichen Institutionen aus: 1911 wurde beispielsweise in Reykjavík die Universität Islands (*Háskóli Íslands*) errichtet. Bereits 1818 war die Nationalbibliothek (*Landsbókasafn Íslands*) gegründet worden, 1940 kam die Universitätsbibliothek (*Háskólabókasafn*) hinzu. Das Nationalhistorische Museum (*Þjóðminjasafn Íslands*) besteht seit 1863, das Kunstmuseum (*Listasafn Íslands*) seit 1884. 1930 wurde das Konservatorium eröffnet,

1950 das Symphonieorchester (*Sinfóníuhljómsveit Íslands*) gegründet, im gleichen Jahr wie das Nationaltheater (*Þjóðleikhúsið*), nachdem das erste Theatergebäude 1897 erbaut worden war. 1906 eröffnete das erste Kino in Reykjavík (von einer größeren isländischen Filmproduktion kann ab etwa 1980 gesprochen werden). Die erste Tageszeitung (*Vísir*) kam 1910 heraus, die heute noch maßgebliche größte Zeitung *Morgunblaðið* zum ersten Mal 1913. Seit 1926 gibt es in Island Rundfunk, seit 1966 ein eigenes Fernsehen.

Das Land, das in den 1930er Jahren eine strikte Neutralitätspolitik verfolgt hatte, wurde im April 1940 von Großbritannien besetzt, das ein Jahr später amerikanischen Truppen Platz machte. Die Besatzung setzte einen Prozess radikaler sozialer, wirtschaftlicher und politischer Veränderungen in Gang; unter anderem beschleunigte sich die Urbanisierung, mit dem Effekt, dass weite Teile des Landes entvölkert wurden und damit einhergehend die zuvor wichtige Landwirtschaft an Bedeutung verlor. Heute wohnen über 60 % der Bevölkerung in der Hauptstadtregion um Reykjavík. Noch während der deutschen Besatzung Dänemarks rief Island nach einer Volksabstimmung im Juni 1944 die Republik (*lýðveldi*) aus und vollzog so einseitig die definitive Loslösung vom ehemaligen Mutterland.

Ausrufung der Republik Islands auf Þingvellir am 17. Juni 1944, dem isländischen Nationalfeiertag

Nach dem Ende des Zweiten Weltkriegs wurde der weitere Auf- und Ausbau eines souveränen Nationalstaates vorangetrieben und es erfolgte die Integrierung des Landes in die internationale Staatengemeinschaft. So trat Island 1946 der UNO bei, gehörte 1949 zu den Gründungsmitgliedern der NATO (obwohl es keine eigenen bewaffneten Streitkräfte besaß, was bis heute der Fall ist), 1952 zu denen des Nordischen Rats, wurde 1970 EFTA-Mitglied, ratifizierte 1994 den EWR-Vertrag und stellte 2009 Antrag auf EU-Mitgliedschaft. Die außenpolitische Frage, die die Nachkriegszeit und den Kalten Krieg bis Ende der 1980er Jahre dominierte und die Isländer während Jahrzehnten spaltete, war die Präsenz amerikanischer Truppen auf der Naval Air Station in Keflavík. 1951 hatte die Regierung gegen den Widerstand der Opposition und eines Großteils der Bevölkerung ein Verteidigungsbündnis mit den USA abgeschlossen, das diesen den Betrieb der Basis im Südwesten des Landes erlaubte. Erst 2006 wurde »Keflavík« den Isländern übergeben. Daneben prägte die etappenweise Ausdehnung der Fischereigrenze das Verhältnis Islands zu den Nachbarn; vor allem mit Großbritannien kam es wiederholt zu harschen Auseinandersetzungen in den sogenannten Cod Wars/Þorskastríð (»Kabeljaukriege«), als Island seine Hoheitszone 1952 von 3 auf 4, 1958 auf 12, 1972 auf 50 und schließlich 1975 auf 200 Seemeilen erweiterte.

Die letzten beiden Jahrzehnte des 20. Jahrhunderts waren von weiteren Modernisierungsschüben geprägt, welche nun vor allem die Infrastruktur erfassten. Die isländische Bevölkerung wuchs weiter beständig und rasch an: von ca. 120.000 Menschen (1940) auf ca. 260.000 (1990) und ca. 318.000 im Jahr 2010. Neben den traditionellen volkswirtschaftlichen Bereichen wie Fischerei und Landwirtschaft gewannen der Tourismus, energieintensive Industrien und zu Beginn des 21. Jahrhunderts verstärkt der Dienstleistungssektor (IT und vor allem Banken) zunehmend an Wichtigkeit. Die rigorose Liberalisierung der Wirtschaft, die von den wechselnden isländischen Regierungen unter der Führung der Konservativen (*Sjálfstæðisflokkur*) seit den 1980er Jahren durchgeführt wurde, brachte zunächst einen beträchtlichen Zuwachs des materiellen Wohlstandes, und Island wurde eines der Länder, die den weltweit höchsten Lebensstandard hatten. Dies schlug sich etwa auch in der Zunahme der Einwanderung von ausländischen Arbeitskräften nieder; mit heute knapp sieben Prozent ausländischer Wohnbevölkerung steht Island an der Spitze der nordischen Länder. Das so gut wie nicht kontrollierte und expansive Kreditgebaren der isländischen Finanzindustrie resultierte jedoch Ende 2008 darin, dass das Land in eine tiefgreifende Krise stürzte und beinahe in den Staatsbankrott

17

geführt wurde. Das soziale und wirtschaftliche Ausmaß dieser Krise lässt sich an folgenden Beispielen gut illustrieren: Am 1. Januar 2010 lebten in Island 317.630 Menschen, was gegenüber dem Jahr zuvor einen Rückgang um ein halbes Prozent und damit die erste Abnahme der Einwohnerzahl seit dem Ende des 19. Jahrhunderts bedeutete. Hauptursache des Rückgangs war die krisenbedingte, substantielle Auswanderung von Isländern und die Rückwanderung von Ausländern.[18] – 2007 waren in Reykjavík 320 Baukräne vorhanden; ihre Anzahl sank 2010 auf 70, wovon lediglich 24 in Gebrauch waren. – Wurden im Jahr 2007 in Island 797 Bücher herausgegeben, waren es 2008 noch 751 und 2009 692; 2010 stieg die Zahl wieder auf 747.

Grundzüge der isländischen Sprache

Isländisch (*íslenska*, bis 1973 *íslenzka* geschrieben), die Nationalsprache Islands, gehört zu den germanischen Sprachen (zu denen etwa auch Deutsch, Englisch, Niederländisch und die skandinavischen Sprachen zählen).[19] Es wird mit Färöisch, Norwegisch, Dänisch und Schwedisch zum Nordgermanischen zusammengefasst und bildet mit dem am engsten verwandten Färöischen und den westnorwegischen Dialekten die Gruppe der sogenannten westnordischen Sprachen.

Sprachgeschichtlich ist das Isländische aus dem Altnordischen hervorgegangen, das seinerseits auf dem Urnordischen oder Proto-Skandinavischen (ca. 200–ca. 800) beruhte und etwa im Zeitraum zwischen dem 9. und dem 13. Jahrhundert in den skandinavischen Ländern gesprochen wurde. Diese in den mittelalterlichen Quellen als *dönsk tunga* (»dänische Zunge«) bezeichnete, recht einheitliche Sprache trug anfänglich noch wenige Merkmale einer Aufgliederung in die skandinavischen Einzelsprachen. Sie wurde von den vorwiegend aus Südwestnorwegen stammenden Siedlern während der Landnahmezeit im 9. und 10. Jahrhundert nach Island mitgebracht und entwickelte sich dort zu einer eigenständigen skandinavischen Sprache weiter, behielt durch die folgenden Jahrhunderte hindurch allerdings zahlreiche ihrer wichtigsten Charakteristika bei, so dass das moderne Isländische als strukturell sehr konservative Sprache bezeichnet werden kann.

Dazu gehört beispielsweise, dass es in der Morphologie bis heute sein ausgeprägtes Flexionssystem bewahrt hat, womit es »die differenzierteste

Flexion von allen heutigen germanischen Sprachen« aufweist und seine »morphologische Komplexität [...] ungefähr der des klassischen Lateins oder des Altgriechischen« entspricht.[20] So wird im Isländischen bei den Substantiven und Adjektiven zwischen drei grammatischen Geschlechtern (Maskulinum, Femininum, Neutrum) und vier Fällen (Nominativ, Genitiv, Dativ, Akkusativ) jeweils im Singular und Plural (im Altisländischen noch Reste des Duals) mit zahlreichen Unterformen unterschieden und auch bei den Verben sind sozusagen sämtliche Konjugationsformen des altisländischen Sprachstands erhalten. Auch in anderen Bereichen wie der Orthographie, Syntax oder Lexik zeigt das heutige Isländische relativ große Übereinstimmungen mit den alten Texten, wobei diese Ähnlichkeiten manchmal allerdings auf die puristische Sprachpolitik zurückzuführen sind, die sich an der Norm der klassischen Zeit des 13. und 14. Jahrhunderts orientierte und Änderungen, die im 15.–19. Jahrhundert vorgenommen worden waren, rückgängig machte. Diese Übereinstimmungen in Formen, Wortschatz, Schreibweise, Satz- und Wortstellung sind mit ein Grund dafür, weshalb zumindest viele Prosaschriften aus dem Mittelalter für heutige Sprecher des Isländischen verhältnismäßig gut verständlich sind. Beträchtliche Neuerungen hat demgegenüber das phonologische System des Isländischen erfahren, wo vor allem im Übergang vom Alt- zum Mittelisländischen bei den Silbenquantitäten und im Vokalsystem radikale Änderungen erfolgten. Die Sprache, die in der Sagazeit gesprochen wurde, hat also mit Sicherheit wesentlich anders geklungen als das moderne Isländische. Um hierzu nur einige wenige Beispiele zu geben: Die Buchstaben *á, é, í, ó, ú* bezeichneten im Altisländischen Langvokale. Heute sind es teils lange und kurze Diphthonge: *á* [au], é [je], ó [ou]; teils haben sie eine andere Qualität angenommen: *í* wird geschlossen [i] wie in deutsch »hier« ausgesprochen, gegenüber dem offenen *i* [I] wie in deutsch »bitte«; *ú* als [u] wie in deutsch »Kuh«, gegenüber u [Y], etwa wie deutsch *ü*.

Was die Quellenlage des Altisländischen betrifft, lässt sich über den Stand der isländischen Sprache, der den ersten Handschriften vorausgeht, nur wenig Sicheres sagen, da es sich um eine weitestgehend mündliche Sprachstufe handelt, von der nur wenige indirekte Zeugnisse existieren. Im Unterschied zu Festlandskandinavien spielen in Island die Runen in der Wikingerzeit keine wichtige Rolle, und erst nach der Christianisierung werden in Island Handschriften hergestellt. Die frühesten schriftlichen Dokumente für das Isländische finden sich in den ältesten bewahrten, in Island entstandenen Handschriften, die Isländisch verwenden. Sie

19

datieren aus dem ausgehenden 12. Jahrhundert. Der Vertrag der Kirche von Reykjaholt, *Reykjaholtsmáldagi*, das älteste erhaltene Dokument mit isländischem Text, stammt aus der Zeit kurz vor 1200. Wichtig für die Kenntnis des Altisländischen sind in diesem Zusammenhang auch die ersten Sprachbeschreibungen, sogenannte Grammatische Traktate oder Abhandlungen aus dem 12. und 13. Jahrhundert (erhalten in späteren Handschriften), die unter anderem deshalb besonders bemerkenswert sind, weil sie auf Isländisch und nicht wie zu dieser Zeit in Europa sonst üblich auf Latein verfasst sind. Vor allem der anonyme Erste Grammatiker gibt sehr detaillierte Beschreibungen des isländischen Lautsystems um 1150 und versucht, für die isländischen Laute möglichst präzise Schreibweisen zu entwickeln. Man kann sich also von der Lautung des Isländischen im 12. Jahrhundert relativ zuverlässige Vorstellungen machen. Neben anderem geht auf diese Abhandlungen die Verwendung der aus dem Englischen übernommenen, für die Schreibung des Isländischen charakteristischen und noch heute verwendeten Buchstaben »þorn« Þ (groß) / þ (klein) und »eð« Ð (groß) / ð (klein) für die stimmlose bzw. stimmhafte Variante des dentalen Reibelauts *th* [Θ] bzw. [ð] (Aussprache wie in Englisch *think* bzw. *the*) zurück. Mit der Zunahme der Handschriftenproduktion und der höheren Zahl überlieferter Handschriften vergrößert und diversifiziert sich im Lauf des 13. Jahrhunderts die Quellenlage für die Beschreibung der Sprache. Wenn man von Altisländisch spricht, meint man darum in der Regel die Form des Isländischen, die im 13. Jahrhundert verwendet wurde.

Die sprachgeschichtliche Periode des Altisländischen wird allgemein bis in die Mitte des 14. Jahrhunderts angesetzt. Ab etwa 1350 pflegt man von Mittelisländisch zu sprechen, einer sprachlich sehr dynamischen Übergangsphase, welche vor allem von den erwähnten Erneuerungen im Lautsystem geprägt ist. In dieser Zeit lassen sich im Bereich des Wortschatzes und in der Morphologie zudem einige Einflüsse aus dem Niederdeutschen beobachten. Das Mittelisländische dauert bis ins 16. Jahrhundert, als mit den Übersetzungen von Reformationsschriften und der Bibel aus dem Dänischen und Deutschen eine Schriftnorm eingeführt wird, deren Sprachstand das Neuisländische markiert. Bis ins 17. Jahrhundert wird die isländische Sprache in der Regel noch als *norrœna* (nordisch, norrön) bezeichnet, während sich danach *islendska/íslenzka* einbürgert. In den Jahrhunderten, die auf die Reformation folgen, nimmt das Isländische gewisse Einflüsse aus dem Lateinischen, Französischen, Deutschen und Dänischen auf. Der Purismus, der im 18. Jahrhundert einsetzt und im 19. und 20. Jahrhundert zu einer allgemein anerkannten, nationalen Bewegung wird, hat zum Ziel, möglichst viele Spuren ausländischer Sprachen im Isländischen zu beseitigen und neue Einflüsse zu verhindern, was dank der großen Akzeptanz weitgehend erreicht werden kann. Mit der seit dem Zweiten Weltkrieg einsetzenden anglo-amerikanisch geprägten Internationalisierung gewinnt auch in Island das (amerikanische) Englisch stark an Bedeutung. Dieser Herausforderung begegnet man von offizieller isländischer Seite mit der gezielten Weiterführung einer konsequent betriebenen und von den Sprachbenutzern auch breit abgestützten Sprachpolitik, die sich allerdings hauptsächlich auf die Schriftsprache konzentriert, während sich die gesprochene Sprache solchen Kontrollen natürlich leicht entzieht. Isländisch – heute die Muttersprache von rund 317.000 Menschen – ist ein voll funktionsfähiges, differenziertes und den modernen Anforderungen ausgezeichnet angepasstes Idiom.

Kapitel 2
Islandbilder und Textlandschaften

Der isländische Globus

Halldór Laxness' Wohnhaus Gljúfrasteinn – rund 25 Kilometer östlich von
Reykjavík im Mosfellsdalur an der Straße nach Þingvellir gelegen –, das
sich der Schriftsteller 1945 hatte bauen lassen und mit seiner Frau Auður
bis zu seinem Tod 1998 bewohnte, ist heute als Dichtermuseum zugänglich und seit 2010 denkmalgeschützt. In Laxness' ehemaligem Arbeitszim-
mer, das mehr oder weniger unverändert geblieben ist, wird in einem der
Bücherregale ein kleiner, handgebastelter Globus ausgestellt, auf dem als
einziges Land Island eingezeichnet ist, umgeben von Meer, das den Rest
der Erdoberfläche bedeckt; die überproportioniert dargestellte Insel hat
die Ausmaße eines ganzen Kontinents. Der Globus ist ein Geschenk des
berühmten, 1931 geborenen schwedischen Komikers, Schauspielers, Re-
gisseurs und Schriftstellers Hans Alfredson, der 1987 im Kungliga Drama-
tiska Teatern Stockholm (Dramaten) das auf Laxness' Roman *Atómstöðin*
basierende Singspiel *En liten ö i havet* (Eine kleine Insel im Meer) insze-
nierte.[21] Nun wäre es etwas ungerecht, den durchaus auch internationa-
listischen Weltenbummler Halldór Laxness und sein selten ungebrochenes
Verhältnis zu Island auf diesen Globus zu reduzieren, zumal seine ironi-
sche Position allein schon durch die Tatsache bezeugt wird, dass er den
Globus als den satirischen Kommentar über die national fokussierte Haltung vieler Isländer wahrnahm, als der er gedacht war, und ihn behielt.[22]
Der kleine Gegenstand ist aber doch geeignet, ein Schlaglicht auf eines der
vielen möglichen Islandbilder zu werfen, die man sich durch die Jahrhunderte hindurch in und außerhalb Islands von der Insel gemacht hat.

Thule und andere flottierende Inseln im Nordatlantik

Noch bevor die ältesten erhaltenen Schriften des isländischen Mittelalters – etwa die Íslendingabók (Isländerbuch), deren erhaltene Version

Ari Þorgilsson (1068–1148) um 1125 geschrieben haben dürfte und die man als den eigentlichen Beginn der (überlieferten) isländischen Historiographie bezeichnen kann – eine Definition dessen gaben, was unter Island geographisch, historisch, mental zu verstehen sei, zirkulierten auf dem Kontinent Vorstellungen von einer fernen Insel, die in der Folge mit Island in Verbindung gebracht wurden.

Dem griechischen Geographen Pytheas von Massilia wird ein um 325 v. Chr. verfasstes, verlorenes Werk *Perí tou Okeanoú* (Über den Ozean) zugeschrieben, in dem unter anderem, so berichtet der griechische Historiker Strabon, kurz eine Insel Thule im hohen Norden erwähnt worden sein soll. Bei Plinius heißt es dann im 1. Jahrhundert n. Chr.: *ultima omnium Tyle* (»die letzte aller Inseln ist Thule«), wovon sich die auch im Mittelalter gebräuchliche, formelhafte Bezeichnung »Ultima Thule« ableitete.[23] Von Interesse ist in unserem Zusammenhang vor allem die Tatsache, dass ab einem gewissen Punkt in der Überlieferung Island mit dem sagenhaften (Ultima) Thule identifiziert wird; dies war so bei den mittelalterlichen Geschichtsschreibern Beda venerabilis, Adam von Bremen, Theoderich monachus, Saxo Grammaticus und weiteren Gelehrten. Das erste Kapitel der isländischen Landnámabók (Landnahme-/Besiedlungsbuch), deren Hauptversionen im 13. Jahrhundert verschriftlicht wurden, gibt einen in der Folge vielzitierten Bericht:

> Im Buch vom Lauf der Welt, welches der heilige Priester Beda machen ließ, wird eine Insel erwähnt, die Thile heißt, und in Büchern wird gesagt, dass sie sechs Tage Segelfahrt nördlich von Britannien liege; dort sagte er, komme kein Tag im Winter und keine Nacht im Sommer, wenn der Tag am längsten ist. Deshalb glauben kluge Männer, dass mit Thule Island gemeint sei, weil dies so im Land ist, dass die Sonne in der Nacht scheint, wenn der Tag am längsten ist, aber so sind die Tage, dass man die Sonne nicht sieht, wenn die Nacht am längsten ist.[24]

Natürlich gehört Thule, wie Klaus von See überzeugend gezeigt hat, ins Reich des Imaginären. Ebenso selbstverständlich ist jedoch auch, dass die vielen Inseln und Länder – St. Brendans Insel, Thule, O'Brazile, Friesland usw. –, die in den schriftlichen und kartographischen Darstellungen des Mittelalters und der frühen Neuzeit im Nordatlantik lokalisiert wurden, als mal vorhandene, dann wieder versunkene und bald wieder auftauchende Gebiete während Jahrhunderten an die Imaginationskraft appellierten und somit aus literatur- und kulturhistorischer Perspektive von allergrößtem Interesse sind. Unter diesen flottierenden Inseln ist Thule sicherlich die spektakulärste. Heute ist Thule übrigens der Name für die 1951 errichtete, weltweit nördlichste Militärbasis der US Air Force in Nordwestgrönland – und als solche noch immer von Geheimnissen umgeben.

Auch Island selbst hatte zeitweise den Rang eines »fictitious island«, einer sagenhaften, nur in der Phantasie existierenden Insel. Wenn man die verschiedenen kartographischen Darstellungen des Nordens im Verlauf des allmählichen Übergangs vom Mittelalter zur Neuzeit betrachtet, kann man allerdings feststellen, dass Island immer mehr in den Mittelpunkt rückt. In einer ersten Phase, die die mittelalterlichen Weltkarten aus Deutschland oder England aus dem 13. und 14. Jahrhundert repräsentieren, wird die Insel an der äußersten Peripherie der Ökumene platziert. So befindet sich »Yslandia« beispielsweise auf der geosteten (also die Himmelsrichtung Osten oben abbildenden) Ebstorfer Weltkarte, ca. 1300, links unten neben dem rechten Fuß Christi, als dessen Leib die Erde repräsentiert ist. Island wird hier direkt neben Norwegen dargestellt, was nicht der realen geographischen Distanz entspricht, sehr wohl aber der politischen und sozialen Nähe Islands als Teil des norwegischen Reichs.[25]

Eine zweite Phase der kartographischen Darstellung ist mit den frühneuzeitlichen Karten erreicht, die den Norden aus den großen Weltkarten herauslösen und ihn als eigenes geographisches Territorium präsentieren, was natürlich eine viel größere Detailliertheit erlaubt. Das hervorstechendste Beispiel dieses Kartentyps ist die vom Umfang, von der thematischen Konzeption, der verarbeiteten und gebotenen Informationsfülle und der medialen Umsetzung her in gleicher Weise imposante *Carta marina et descriptio septentrionalium terrarum ac mirabilium rerum in eis contentarum diligentissime elaborata*, die der landflüchtige katholische Schwede Olaus Magnus (1490–1557) 1539 in Venedig drucken ließ. Auf dieser nun genordeten Karte figuriert im Druckstock D westlich zwischen den Faröern und den Orkneys, umgeben von verschiedenen Meeresungeheuern und gegen den linken Bildrand strebend, eine Insel »Tile«. Was nun Island betrifft, so liegt sie auf der *Carta marina* als eine mit Tile überhaupt nicht identische, eigene Insel im Feld oben links. Die Karte rückt die Aufmerksamkeit des Betrachters auf die um Island herum stattfindende Handels- und Fischereischifffahrt, welche durch Schiffe und Boote symbolisiert wird, denn wie die ausführliche lateinische Selbstbeschreibung der Karte sagt, handelt es sich nicht lediglich um eine »mit größter Sorgfalt«

25

hergestellte »Seekarte«, sondern zugleich um eine »Beschreibung der nördlichen Länder und wundersamen Dinge, die diese enthalten«. Die frühneuzeitlichen deutschen Übersetzungen von Olaus Magnus' in Verbindung mit der Karte entstandenem historisch-ethnographischen Werk *Historia de gentibus septentrionalibus*, Rom 1555 und zahlreiche Neuauflagen,[26] geben das Adjektiv *septentrionalis* (von *septentrio*, »Nordwind«) jeweils mit »mittnächtig« wieder: *Beschreybung allerley Gelegenheyte, Sitten, Gebräuchen und Gewonheyten der Mittnächtigen Völcker.* Für den vorliegenden Zusammenhang ist unter anderem interessant, dass Thule zwar nicht

Die *Carta marina*, 1539, von Olaus Magnus (1490–1557) zeigt u. a. die Inseln Island (Islandia), Thule (Tile) und Färöer (Fare).

mehr mit Island gleichgesetzt, dass es auf der Karte aber dennoch als konkret vorhanden repräsentiert wird.[27] Damit wird Thule auf der *Carta marina* der gleiche Status zugewiesen, den andere frühneuzeitliche Karten für atlantische Inseln vom Typ Friesland oder O'Brazile vorgesehen hatten.

Bei O'Brazile handelte es sich um eine westlich oder südlich von Irland lokalisierte, verzauberte Insel, die wegen dichten Nebels für Seefahrer meist unsichtbar war. Wir haben es hier mit dem Topos des Auftauchens und Untergehens einer Insel zu tun, wie er auch in der gutnischen Guta saga vorkommt, in der die Insel Gotland am Anfang so verzaubert war, dass sie jeden Tag unterging, bis der Erstsiedler Tjelvar Feuer auf die Insel brachte. Die »imaginäre« Insel Brasilien hatte wie Thule eine sehr lange Tradition, sie fand sich beispielsweise auch auf Waldseemüllers Karte der britischen Inseln von 1522, war im 17. und 18. Jahrhundert Gegenstand von englischen Berichten, die in großen Auflagen und in Übersetzungen in ganz Nordeuropa zirkulierten, und wurde bis 1870 auf den Karten der britischen Admiralität geführt.[28]

Die Gegenden südlich und westlich von Grönland werden auf Olaus Magnus' *Carta marina* ausgespart, sie fallen bei ihm sozusagen aus dem Rahmen der Ökumene heraus. In einem anderen Fall aus dem 16. Jahrhundert dagegen stehen sie im Mittelpunkt des Interesses: Es ist dies die sogenannte Zeno-Karte der Brüder Nicolò und Antonio Zeno, die erstmals 1558 in Venedig gedruckt wurde. Sie sollte belegen, dass die aus einer berühmten venezianischen Seefahrerfamilie stammenden Brüder im 14. Jahrhundert eine Seereise in den Nordatlantik unternommen hatten, womit ein alter Anspruch Venedigs auf Nordamerika erhoben werden konnte. In den Briefen, die ein Nachkomme der Zeno-Brüder in einem Familienarchiv gefunden haben will und ediert, wird von einer 1380 begonnenen Reise nach England und Flandern erzählt. Eingebettet in diese Reisebeschreibung sind lange Passagen über die Insel Friesland, die als südlich von Island und westlich von Estland (wahrscheinlich Shetland) liegend beschrieben wird. Auf ihr sollen sich die Brüder 14 Jahre lang aufgehalten haben. Auch Friesland – vielleicht als eine Art gedoppelte Repräsentation von Island und den Färöern – wird, wie O'Brazile und Thule, bis ins 18. Jahrhundert immer wieder auf den Karten aufgeführt.

Das Medium der gedruckten Karte eröffnet in der frühen Neuzeit mit den Mitteln des Textuellen und des Visuellen die Möglichkeit, in die kartographischen Darstellungen des Nordens verschiedene Zeitebenen in die räumliche Anordnung zu übertragen. Die *Carta marina* ist dafür ein ausgezeichnetes Beispiel, indem sie als eine Art »Gesamtkunstwerk« spätantikes, mittelalterliches und frühneuzeitliches Wissen in einer historisch abgesicherten Weise (etwa durch die vielen schriftlichen Kommentare und die Erweiterung in der *Historia*) integriert und die Repräsentationssysteme des Mediums Karte (Symbole, Piktogramme, Farbgebung, Layout, Dimensionen usw.) effektiv einsetzt.

In eine dritte Phase sind dann jene Islandkarten einzuordnen, die die isländischen Gelehrten des 16. und 17. Jahrhunderts anfertigten und die erstmals die Insel als Zentralgegenstand wiedergeben. Es handelt sich hier hauptsächlich um Karten von Sigurður Stefánsson (gest. 1594; datiert auf 1579) sowie der beiden Bischöfe Guðbrandur Þorláksson (1541/42–1627; Kartenskizze aus dem 16. Jh. und 1606 datiert) und Þórður Þorláksson (1637–1697; große Karte aus dem 17. Jh.). Sie stellen in vielerlei Hinsicht hochinteressante Quellen für das Weltbild der Isländer in dieser Übergangszeit zwischen Mittelalter und Neuzeit dar. Unter anderem ist auf allen Karten die Insel Friesland zu sehen, ebenso wie die Landbrücke zwischen Norwegen im Osten, Grönland im Norden und Vínland im Westen eingetragen ist, von der auch isländische Schriften berichten. Die sogenannte Landabók (»Buch der Länder«), von der Abschriften aus dem 17. Jahrhundert bewahrt sind, stellt dies wie folgt dar:

> Der andere Teil [des Erdteils Europa] aber geht nach Nordwesten und zur Ostsee, dann nach Westen, wo das große Meer ist, das manche Ginnungagap nennen und zwischen die Länder hereinreicht. Dort heißt das Land zuerst Vinland das Gute, dann ist Markland, dann geht es unbewohnt bis Helluland, wo die Eskimos wohnen. Dann ist es wieder unbewohnt bis Grönland, und dort sind zwei Ansiedlungen, die östliche und die westliche. Aber dann kommen Meeresbuchten, Gletscher, Gebirge und Einöden bis zum Weißen Meer bei Norwegen. Dieser Bericht findet sich in isländischen Büchern, dass ein Mann zu Fuß aus Grönland nach Norwegen ging, über all diese zufluchtlosen Gletscher und Einöden, was man für große Neuigkeiten hielt. Er führte eine Ziege mit sich, und ernährte sich von ihr, davon wurde er dann Ziegen-Hallr genannt.[29]

In einem anderen Bericht (Handschrift der sogenannten Gripla, 17. Jh.) wird genauer über Vínland berichtet:

> Nun ist zu berichten, was nach der erwähnten Bucht an Grönland grenzt: Furðustrandir heißt ein Land, dort herrscht strenger Frost, so dass es nach menschlichem Wissen nicht bewohnbar ist; südlich davon ist Helluland, welches Eskimoland genannt wird, dann ist es nicht weit bis nach Vinland dem Guten, welches nach Ansicht einiger Leute von Afrika herüberreicht. Zwischen Vinland und Grönland liegt Ginnungagap, dort geht das Meer hinaus, welches Mare Oceanus heißt und um die ganze Erde geht.[30]

Wenn aber Vínland wie hier in dieser schriftlichen Darstellung als ein Teil von Afrika gedacht ist, dann ist etwa das dortige Vorkommen von Wundervölkern wie den Skiopoden (Einfüßen), von denen die altisländische Eiríks saga rauða, eine Erzählung aus dem 13. Jahrhundert über die Besiedlung Grönlands und die Entdeckung Nordamerikas durch die Nordleute um 1000, berichtet, nicht erstaunlich, denn solche Wesen werden in der mittelalterlicher Tradition in der Peripherie angesiedelt. Die Eiríks saga betrachtet die Ureinwohner Nordamerikas, mit denen die Nordleute in Kontakt kommen und die sie *skrælingar* (»Eskimos«, wörtlich jedoch »kleine, unansehnliche Menschen«) nennen, und die monströsen, aus der Wunderliteratur bekannten Einfüße auf einer Ebene als Repräsentanten der unerforschten Fremde.[31] Wenn die Nordleute, die nach Nordamerika gelangten, aber davon ausgingen, dass das Land, in das sie gekommen waren und das sie als Vínland (das Gute) bezeichneten, ein Teil des bekannten Erdteils Afrika war, dann – so ist dem isländischen Historiker Sverrir Jakobsson zuzustimmen – sind sie zwar nach den Begriffen der heutigen Geographie in Nordamerika gewesen, sie waren sich aber nicht bewusst, einen neuen, unbekannten Kontinent gefunden zu haben. Man kann somit nicht wirklich sagen, die Nordleute hätten Amerika entdeckt.

Auf den isländischen Karten der frühen Neuzeit verdient aber noch mindestens ein weiteres Phänomen Beachtung, das eine höchst aufschlussreiche Umdeutung eines Raumkonzepts vornimmt. In der altnordischen Mythologie entsteht nach Ausweis der Gylfaginning (»Gylfis Täuschung«, zweiter Abschnitt der Prosa-Edda; zur Edda vgl. S. 83f.) die Welt in und aus einem Raum, der sich zwischen dem im Süden gelegenen Bereich der Hitze (Feuer) und dem im Norden gelegenen Bereich der Kälte (Eis) befindet. In der Völuspá (»Prophezeiung der Seherin«) der Liederedda heißt es in Strophe 3, die auch in der Gylfaginning zitiert wird:

vara sandr né sær
né svalar unnir,
jörð fannz æva
né upphiminn,
gap var ginnunga,
en gras hvergi

[Es war weder Sand noch See,
noch kühle Wogen,
die Erde gab es nicht
noch den Himmel darüber,
die Leere war riesig,
und nirgends Gras]

Dieses »Ginnungagap«, von dem hier die Völuspá spricht, wird von der Forschung unterschiedlich gedeutet – als gähnende Urleere, primordiales

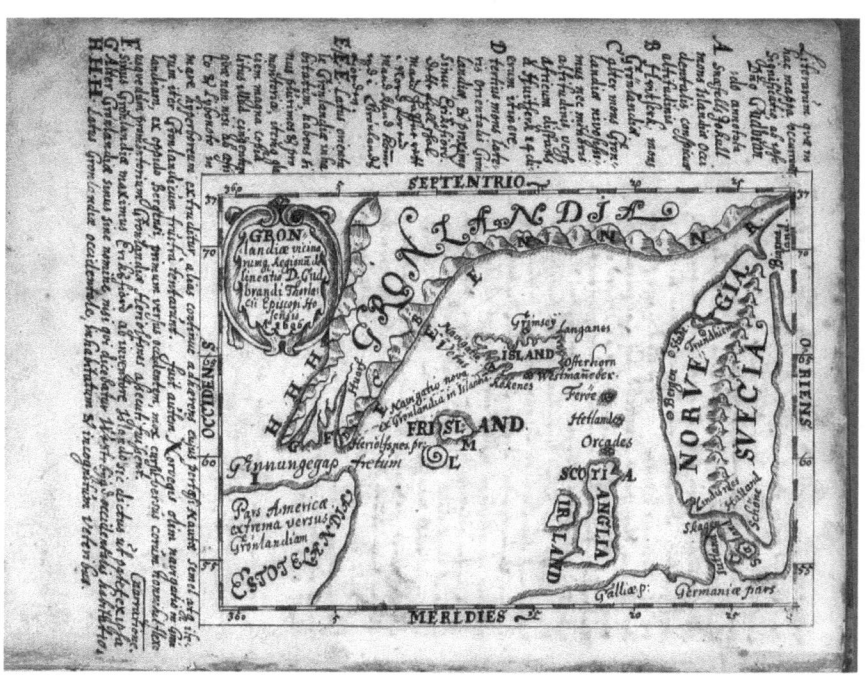

Bischof Guðbrandur Þorláksson (1541/42–1627), Karte der nördlichen Regionen, 1606. Der Sund Ginnungagap liegt zwischen Gronlandia und Estotelandia.

Chaos, kreative Urenergie. Allen Interpretationen ist jedoch gemeinsam, dass sie den Urschlund im absoluten Mittelpunkt der alten Welt sehen und diese sich aus eben dem Zentrum heraus entwickeln lassen. Das Faszinierende an den gerade genannten Karten der Isländer ist nun, dass sie zu Beginn der Neuzeit auf der einen Seite die mittelalterlichen, schriftlichen Traditionen über Ginnungagap, die sie natürlich bestens kennen, in ihre gezeichneten Darstellungen übertragen. Auf den Karten von Guðbrandur Þorláksson und Þórður Þorláksson, wie in den zitierten landeskundlichen Schriften, ist jedoch der zentrale Ort, an dem laut alter mythologischer Überlieferung die Welt entstand, an die Peripherie im Westen gerückt: Guðbrandur Þorláksson bezeichnet mit »Ginnungegap fretum« (»Ginnungagap-Straße, -Sund«) die Meerenge zwischen »Gronlandia« und »Estotiland«, das heißt »Pars Americæ extrema versus Gronlandiam« (»Estotiland«, »Der äußerste Teil Amerikas gegenüber Grönland«). Auf Þórður Þorlákssons Karte ist Ginnungagap gar zu einem Ort an der Südwestküste Grönlands geworden. Schon Adam von Bremen hatte von Ginnungagap als einer solchen Meerenge im Westen gesprochen, doch kann hier nun von den isländischen Kartographen mit dem neuen Medium der geographischen Kartendarstellung diese Deplatzierung des alten Zentrums noch viel deutlicher ins Bild gesetzt werden. So ist auch im reformatorischen 16. und 17. Jahrhundert die Erinnerung an das vorchristliche Zentrum, den mit Kraft gefüllten Raum des Ginnungagap, noch nicht verloschen. Aber es befindet sich jetzt an einem Ort an der äußersten Peripherie der auf den Karten repräsentierten Welt. Allerdings ist dies ein Ort, von dem aus sich wie von keinem anderen ein Ausblick werfen lässt auf die neue Welt, die sich im Westen auftut und die nun tatsächlich ein neuer Kontinent ist und als solcher wahrgenommen wird. Die isländischen Kartographen der frühen Neuzeit bringen diese Verlagerung der alten Mitte an den Rand mit der Kombination der Medien des Bildes und des Textes in sehr prägnanter Weise zum Ausdruck.

Das Auge des Gastes –
Islandreisende und Islandbilder

Ein isländisches Sprichwort sagt: »Scharf ist das Auge des Gastes« (*Glöggt er gests augað*).[32] Im Folgenden soll den Islandbeschreibungen einiger solcher Gäste und den darin entworfenen Bildern, die sie sich von der Insel und ihren Bewohnern machten, nachgegangen werden.

Sir George Steuart Mackenzie konnte in seiner schönen Reisebeschreibung *Travels in the Island of Iceland, during the summer of the year MDCCCX,* 1811, die bereits 1815 unter dem Titel *Reise durch die Insel Island im Sommer 1810* »nach der zweiten Ausgabe des Englischen Originals« in deutscher Übersetzung in Weimar im Verlag des Landes-Industrie-Comptoirs erschien, noch Folgendes festhalten (Beginn der »Vorrede des Verfassers«):

> Die Insel Island liegt nur in geringer Entfernung von Britannien, sie ist längst wegen mancher außerordentlicher Naturerscheinungen bekannt, und dennoch hat eigene Wißbegierde oder gemeinnützigere Absicht für die Wissenschaften noch Wenige zu einer Reise dahin veranlaßt.

Bald sollte sich die Situation jedoch ändern und Mackenzie hätte schon kurz darauf sicher nicht mehr von »dieses vernachlässigten, aber merkwürdigen Landes« sprechen können. Die Anzahl der Islandreisen von Ausländern nahm nämlich bis zur Jahrhundertmitte beständig zu und gegen Ende des 19. Jahrhunderts war Island keineswegs mehr nur das Ziel einiger weniger adliger Forschungsreisender aus England, Frankreich oder Skandinavien.

Es ist in diesem Zusammenhang kein Zufall, dass vor allem deutsche Islandreisende eine Tradition begründeten, die man als bürgerlich und philologisch bezeichnen könnte, hatte doch der Sprach- und Märchenforscher Jacob Grimm in *Italienische und scandinavische Eindrücke* (1844) festgehalten, Skandinavien sei für die deutschen Forscher »classischer grund und boden«.[33] Eine der ersten Reisenden aus dieser Zeit kam allerdings eher als Abenteuerreisende im Rahmen einer »Nordlandfahrt« 1845 nach Island: die Wiener Weltreisende Ida Pfeiffer (1797–1858). Sie hatte noch nicht den sentimentalen Blick nachfolgender Generationen von Islandreisenden auf die isländische Natur ausgebildet; nüchtern konstatiert sie beispielsweise angesichts eines Hochtals im Südwesten »ein vorzügliches Bild vulkanischer Zerstörung« und summiert: »Auf der ganzen Umgebung, auf Tal und Bergen lastete Totenstille; alles war ausgestorben, alles öde und kahl, und somit echt isländisch. – Den größten Teil von Island könnte man füglich *die nordische Wüste* nennen.«[34]

Eine besonders große Bedeutung für das Islandbild der Deutschen im 19. Jahrhundert – und damit war dann tatsächlich die *akademische* Tradition deutscher Observanz eingeleitet, in die sich viele spätere

Nordistik-Touristen einschrieben – hatte die Islandreise des namhaften Münchner Rechtshistorikers und Mediävisten Konrad Maurer (1823–1903) im Jahr 1858.[35] Mauer, der auch als Folklorist tätig war, gab 1860 das Buch *Isländische Volkssagen der Gegenwart. Vorwiegend nach mündlicher Überlieferung gesammelt und verdeutscht* heraus. Er förderte maßgeblich die isländischen Sagen- und Märchensammler Jón Árnason (1819–1888) und Magnús Grímsson (1825–1860), so dass dann 1862/64 deren umfangreiche Edition *Íslenzkar þjóðsögur og ævintýri* (»Isländische Volkssagen und Abenteuer«) erscheinen konnte. Auch die Islandreisen des um 1900 und in den ersten Jahrzehnten des 20. Jahrhunderts führenden Nordisten an deutschen Universitäten, des Baslers Andreas Heusler (1865–1940), fügen sich in diesen Zusammenhang ein. Heusler reiste 1895 und 1913 nach Island und nahm prägende Einflüsse von diesen Reisen für seine Sagaforschung mit.[36]

Ein besonderer Fall ist der österreichische Nordist Josef Calasanz Poestion (1853–1922), der seit den 1870er Jahren eine rege Produktion von nordistischen Lehrbüchern und Grammatiken sowie Übersetzungen vor allem aus dem Isländischen vorlegte. So gab er 1884 eine Anthologie mit dem Titel *Eislandblüten. Sammelbuch neuisländischer Lyrik*, 1897 die literaturhistorische Darstellung *Isländische Dichter der Neuzeit in Charakteristiken und übersetzten Proben ihrer Dichtung. Mit einer Übersicht des Geisteslebens auf Island seit der Reformation* heraus, was in einer Zeit, als im Ausland allenfalls die altnordische Literatur bekannt war, eine eigentliche Pioniertat darstellte. Auch einen Überblick über die isländische Geographie legte Poestion vor: *Island. Das Land und seine Bewohner nach den neuesten Quellen* (1885). Für die Bedingungen, unter denen damals Reisen nach Island erfolgten und damit die Vermittlung der isländischen Kultur geschehen konnte, ist bezeichnend, dass Poestion, als er diese Islandbeschreibung verfasste, das Land noch nie besucht, sondern es lediglich in Texten hatte kennenlernen können: »Die darin gegebene Beschreibung Islands beruht nicht auf eigenen Beobachtungen. Widrige Verhältnisse haben es mir bisher nicht erlaubt, das interessante Land, mit dem ich mich seit Jahren literarisch beschäftige, aus eigener Anschauung kennen zu lernen« (S. VI). Poestion beschließt sein Vorwort mit folgendem Satz, der für die deutschsprachige Wahrnehmung Islands um 1900 und danach nicht untypisch war: »Dem ganzen braven Völkchen der Isländer […] entbiete ich, indem ich dieses Buch in die Welt sende, einen herzlichen stammesbrüderlichen Gruß« (S. VIII). Trotz seiner hervorragenden Kenntnis der alten und der neuen Quellen, die ihn eines besseren hätten belehren können, sieht der in Wien arbeitende Nordlandenthusiast Poestion im fernen Island eine mit

WÜSTENRITTE
UND
VULKANBESTEIGUNGEN

AUF
ISLAND
VON
CARL KÜCHLER

Carl Küchler (1869–1945), *Wüstenritte und Vulkanbesteigungen auf Island*, Umschlag Erstausgabe 1909

der eigenen genetisch verwandte Kultur – ein wunderbarer Beleg für die imaginationsfördernde Macht von Dichtung.

Poestions Werke erschienen, als die Welle der Beschäftigung mit Island durch deutsche Akademiker anzurollen begann. In den meisten Reisebüchern über Island, von denen hier nur einige ganz wenige, repräsentative kurz erwähnt werden können, dominierte die Faszination, die die isländische Natur (nun im markanten Unterschied zu Pfeiffer) bei den Reisenden auslöste und die sie in oft euphorischen Stimmungen nach Möglichkeit der Leserschaft zu vermitteln versuchten. Die spätestens um 1900 einsetzende Islandbegeisterung belegt beispielsweise sehr eindrücklich der Erfolg von Carl Küchlers (1869–1945) erstem Islandreisebuch *Unter der Mitternachtssonne durch die Vulkan- und Gletscherwelt Islands* (1906), von dem nach kaum drei Jahren beinahe 4000 Exemplare abgesetzt worden waren, so dass der Verfasser 1909 und 1910 zwei weitere Bücher, *Wüstenritte und Vulkanbesteigungen auf Island* und *In Lavawüsten und Zauberwelten auf Island* folgen ließ. Küchler, ausgebildeter Nordist und Germanist und vor allem auch der deutsche Färöer-Spezialist der Zeit (*Die Färöer*, 1913), hatte 1896 bereits eine *Geschichte der isländischen Dichtung der Neuzeit (1800–1900)* herausgegeben. Im Jahr 1909 schrieb die Reiseschriftstellerin Ina von Grumbkow (1872–1942) *Ísafold* [die »Eisumschlungene«]. *Reisebilder aus Island*.[37] Für die Berichte über Islandreisen aus der Zwischenkriegszeit kann Paul Burkert erwähnt werden, der Island 1934 und 1935 bereiste und zwei Bücher publizierte: *Island, erforscht, erschaut, erlebt! Eine erlebnismäßige Schilderung der Insel am Polarkreis* (1936) und *Insel unter Feuer und Eis. Mit Auto und Pony quer durch Island* (1937).

Eine von der Wahrnehmung des Lichts, das es ihr als Künstlerin besonders angetan hatte, ausgehende, dann aber rasch ins Esoterische abdriftende Beschreibung eines Islanderlebnisses, das eine Reihe zeittypischer Züge enthält, legte Mariell Wehrli in ihrem Buch *Island, Urmutter Europas. Reisebilder und Betrachtungen einer Schweizer Malerin* (1942), vor. Wehrli hatte den Sommer 1939 in Island verbracht und fasst ihren Aufenthalt folgendermaßen zusammen: »Ich habe eine einzigartige Landschaft, Ausdruck der Schöpfung kennen gelernt. Die Zeit ist vergangen wie ein Tag und meine erste Islandreise ist nur die Verlockung für die Folgende; denn nur langsam enthüllt sich die Seele Islands und die Wahrheit, welche den Farben eigen ist. Aber es ist gewiss, dass ich in ihr die Mutter der Schöpfung finde. Die Sehnsucht nach ihr erfüllt mich und ich möchte ihr nahe sein. Island, Urmutter Europas!« (S. 135). Wie Poestion fühlt sich Wehrli den Isländern geradezu verwandtschaftlich verbunden, wenn sie ihr Buch abschließend verstanden wissen will als »ein bescheidenes Zeichen meiner Dankbarkeit und Verbundenheit zum brüderlichen Volke Islands« (S. 136).

Es war allerdings ein Isländer, der von der Zeit des Ersten bis lange nach dem Ende des Zweiten Weltkrieges die Vorstellung, die man sich in Deutschland, Österreich und der Schweiz von Island machte, am stärksten prägte: der Jesuitenpater Jón Sveinsson (1857–1944) mit seiner Reihe von dreizehn Büchern über Nonni. Jón Sveinsson – oder, wie er sich auf Deutsch nannte, Jón Svensson – begann seine schriftstellerische Tätigkeit mit dem dänisch verfassten *Et Ridt gennem Island* (1908; *Ein Ritt durch Island. Zwischen Eis und Feuer*, 1911), worauf mit *Nonni. Erlebnisse eines jungen Isländers von ihm selbst erzählt* (1913) die Serie der deutsch geschriebenen Bücher einsetzte, deren letztes, *Nonnis Reise um die Welt,* 1948 und 1949 postum von Hermann A. Krose ediert wurde. Seine in Deutschland hauptsächlich im katholischen Freiburger Herder-Verlag herausgebrachten Schriften erreichten weltweit Massenauflagen und waren bis in die siebziger Jahre in über einer Million Exemplaren verkauft. 1988 strahlte das ZDF die große deutsch-isländisch-norwegische Koproduktion »Nonni und Manni« aus.

Jón Sveinsson verließ Island als 13-Jähriger und erhielt eine Ausbildung in Frankreich; später trat er den Jesuiten bei, wurde danach der erste Isländer, der nach der Reformation die Weihe als katholischer Priester erhielt, und lebte viele Jahre in Köln, wo er starb und begraben ist. Aus diesem Grund schrieb er seine Bücher vor allem auf Deutsch und verwendete dafür die Namensform Svensson, um eine Aussprache als »Schwein« zu vermeiden. Er war offenbar ein begnadeter Lehrer und charismatischer Vortragender und repräsentierte für viele Menschen in der ganzen Welt Island schlechthin. Der riesige Publikumserfolg seiner Bücher war vermutlich in dem hohen Grad von Authentizität begründet, die der Autor zu erzeugen wusste, indem er seine packenden Geschichten über die beiden Brüder Nonni und Manni in einer ländlichen, nordisländischen Idylle (aus dem Ende des 19. Jahrhunderts) lokalisierte und die Hauptfigur mit

35

JÓN SVENSSON

𝔑onni

Erlebniſſe eines jungen Isländers
von ihm ſelbſt erzählt

Mit 12 Bildern

90. bis 100. Tauſend

Herder & Co. G.m.b.H. Verlagsbuchhandlung
Freiburg im Breisgau

Jón Svensson (1857–1944), *Nonni*,
Titelseite der Ausgabe von 1941

Illustration von Fritz Bergen zu Jón
Svensson, *Sonnentage*, 1921

starken autobiographischen Zügen versah. Der Rückblick darauf, wie er, Nonni, zusammen mit seinem Bruder bei der Mutter auf einem Bauernhof aufwuchs und wie sie als aufgeweckte, unternehmungslustige Kinder zahlreiche spannende Abenteuer erlebten, verwischt die Grenzen zwischen der Dokumentation über eine heile, vergangene Welt und Abenteuerfiktion. Die Bücher leben von der einfachen Sprache, der Einbettung der Handlung in die isländische Natur und der (zumindest heute) manchmal etwas betulich wirkenden Moral des Erzählers. Sie sind alle von einer leicht sentimentalen Stimmung der Erinnerung geprägt. In *Sonnentage. Nonni's Jugenderlebnisse auf Island* (1921), ist dem Vorwort ein Zitat von Chateaubriand vorangestellt: »Das Schönste, was ein Schriftsteller in ein Buch schreiben kann, sind die Gefühle, die in seiner Seele aufsteigen bei der Erinnerung an die ersten Tage seiner Jugend.« Atmosphärisch trägt die Texte dieser Zug zum Verklären und zum betont Gefühlshaften.

Als gattungstypische Knabenliteratur partizipierten die Nonni-Bücher an der allgemeinen Nordlandexotik der Zeit. Vor allem die ursprünglichen, zwischen 1913 und 1948/49 erschienenen Ausgaben funktionierten auch als Islandliteratur und informierten über das Land. In der Originalausgabe von *Sonnentage* etwa war neben den eigens für den Band hergestellten Zeichnungen eine Reihe von Naturbildern aus Collingwoods Buch *A Pilgrimage to the Saga-steads of Iceland* aufgenommen. Jón Sveinsson genoss diesbezüglich bei den Lesern als Isländer eine besondere Glaubwürdigkeit. Die Neuauflagen der Bände, die der Herder-Verlag in den 1970er Jahren herausbrachte, verzichteten auf diesen Aspekt der Islandinformation ganz, während dann der TV-Film 1988 mit großartigen Naturaufnahmen wiederum eher die Aufgabe übernahm, die Abenteuerhandlung in die isländische Landschaft und Natur zu (re-)integrieren und damit eine moderne Islandinformation mit dem neuen Bildmedium zu vermitteln.[38]

Aus der Feder des sehr produktiven und höchst populären deutschen Reiseschriftstellers und Fernsehmoderators Erich Wustmann (1907–1994) stammt ein Islandbuch, das sich in die Tradition der Nonni-Bücher einfügt: *Licht über den Bergen – ein Mädchenschicksal auf Island*, 1940.[39]

Einen etwas anderen, eher künstlerischen und literarischen Ausgangspunkt haben viele der englischen Islandreisenden aus der zweiten Hälfte des 19. Jahrhunderts, die sich allerdings auch dezidiert als Sagapilger verstanden und ihre »Wallfahrten zur Literatur« (Poul Vad) unter dem Eindruck der Romantik und deren nationalhistorischer Betrachtung der mittelalterlichen Literatur unternahmen. So bereiste zum Beispiel der berühmte englische Maler und Designer William Morris (1834–1896) Island zweimal und berichtete darüber in seinen *Journals of Travels in Iceland 1871, 1873*. Ein gutes Beispiel für diese angelsächsische Linie ist auch der (unten ausführlicher behandelte) Künstler W.G. Collingwood mit seiner *Pilgrimage to the Saga-steads of Iceland* (1899). Für die im frühen 20. Jahrhundert immer zahlreicher werdenden literarischen Reisenden können W.H. Audens (1907–1973) und Louis MacNeices (1907–1963) *Letters from Iceland* (1937), stehen. Im Vorwort zur zweiten Ausgabe, die der britisch-amerikanische Lyriker nach einem Island-Besuch im Jahr 1964 publizierte, findet sich die vielzitierte, rückblickend auf die Entwicklung des Landes seit seiner ersten Reise formulierte Stelle:

> In my childhood dreams Iceland was holy ground; when, at the age of twenty-nine, I saw it for the first time, the reality verified my dream; at fifty-seven, it was holy ground still, with the most magical light of anywhere on earth.[40]

Es ist immer wieder das vormoderne, noch nicht industrialisierte Island, das es auch den in künstlerischer oder wissenschaftlicher Mission tätigen europäischen und amerikanischen Islandreisenden angetan hat. Hier spüren sie angesichts der als überwältigend, rau, dabei unbeschreiblich schön wahrgenommenen Natur etwas von einer andernorts verloren gegangenen Ursprünglichkeit, und sie begegnen dieser Vormoderne auch in Gegenden, die seit der Besiedlung bewohnt und mit einem dichten Netz von Erzählungen überzogen sind. Bei seinem zweiten Islandbesuch stellt W.H. Auden fest, dass inzwischen die Moderne auch in Island Einzug gehalten habe: »In April 1964, I revisited Iceland. Naturally, I expected change, but the change was beyond all expectation.« Aber er kann beruhigt konstatieren, dass nicht nur das magische Licht, sondern auch die Isländer als solche sich nicht verändert haben: »Furthermore, modernity does not seem to have changed the character of the inhabitants. They are still the only really classless society I have ever encountered, and they have not – not yet – become vulgar.«

Unter den skandinavischen Reiseberichten stechen die in aufklärerischer Manier verfassten *Bref rörande en resa till Island* (1777) des Schweden Uno von Troil (1746–1803) heraus. Von Troil hatte den englischen Naturwissenschaftler Sir Joseph Banks (1743–1820) auf dessen Islandreise 1772 begleitet und führte ein ausführliches Reisejournal; seine 1779 auf Deutsch unter dem Titel *Briefe welche eine von Herrn Dr. Uno von Troil im Jahr 1772 nach Island angestellte Reise betreffen* erschienenen Briefe dienten lange als eines der Referenzwerke über Island und wurden auch ins Englische (1780), Französische (1781), Holländische (1784) sowie zweihundert Jahre später ins Isländische (1961) übersetzt.

Nach dem Zweiten Weltkrieg bereiste der dänische Schriftsteller Martin A. Hansen (1909–1955) Island mit dem Jeep und verfasste 1954 eine vom Zeichner Sven Havsteen-Mikkelsen illustrierte Beschreibung unter dem Titel *Rejse paa Island,* einen in Skandinavien klassisch gewordenen Beitrag zum Genre Islandliteratur, der sich in die Tradition der ›Reise zu einer Literatur‹ einschreibt und auf den sich unter anderem sein Landsmann Poul Vad (1927–2003) wiederholt bezieht. Vads eigener Reise-Essay über seine literarische Wallfahrt an die Orte der Hrafnkels saga *Nord for Vatnajøkul*, 1994 (*Islandreise*, 1998) reflektiert den viele dieser Bücher motivierenden Wunsch, die Erzählung aus dem Bereich des Imaginären in eine topographisch fassbare Realität (zurück) zu holen, so deutlich und schön wie kein anderer. Im Zusammenhang mit der für die Isländersagas spezifischen Tatsache, dass sie alle anonym überliefert sind und kein einziger Sagaverfasser namentlich bekannt ist, schreibt Vad beispielsweise:

> Während [...] die Schreiber mit ihrer Anonymität der Nachwelt einen Streich spielten, erwiesen sie dem Lande dadurch einen unschätzbaren Dienst, dass sie der Geographie eine imaginäre Dimension verliehen. [...] – und wäre es nicht wegen der Geschichte vom starken Grettir gewesen, so hätte ich Drangey wahrscheinlich vergessen, denn Island wimmelt dermaßen von großartigen Naturszenerien, daß die eine die andere sozusagen erstickt.[41]

Es ist exakt diese von Vad so punktgenau beschriebene Dimension des Imaginären in der Geographie der Sagas, die noch immer literarische und sogar philologische Island-Reisende offenbar magisch anzieht. Als ganz aktuelles Beispiel für die Faszinationskraft, die nach wie vor von dem ›heiligen Boden‹ der isländischen Landschaft und der Sagaorte auszugehen scheint, kann die junge Cambridger Skandinavistin Emily Lethbridge genannt werden, die zur Zeit in den Fußstapfen ihrer viktorianischen Vorläufer per Landrover eine einjährige Pilgerreise zu den Sagastätten unternimmt, darüber fortlaufend in ihrem Blog berichtet und ein Buch schreiben wird.[42]

Solche Projektionen von Islandfreunden, und um nichts anderes handelt es sich natürlich bei diesen im Einzelnen je ganz unterschiedlichen Äußerungen von ausgebildeten und interessierten Reisenden, können sich aber, wie die folgenden Abschnitte zeigen, mindestens ansatzweise auf die große Bedeutung von fiktionalisierter Landschaft selber berufen und an die vielen literarischen Orte anknüpfen, die es in der Geschichte der isländischen Literatur gibt.

Räume in der isländischen Literatur

Wie jede Sprache kennt auch das Isländische eine Fülle von räumlichen Ausdrücken. Für viele davon ist eine sehr konkrete Ausdrucksweise bezeichnend: Jemand, der überrascht ist, »kommt von den Bergen« (*koma af fjöllum*); jemand, der nicht vergebens fragt, »kommt nicht zu leeren Hütten« (*koma ekki að tómum kofunum*); wenn alles auf dasselbe hinausläuft, so »neigt es zu ein- und derselben Mündung« (*hníga að einum og sama ósi*); wer nach Reykjavík fährt, geht nach Süden (*suður*), egal aus welcher Richtung, während wiederum in der alten Sprache von »Westleuten« (*Vestmenn*) dann gesprochen wurde, wenn Männer aus den Ländern westlich der Nordsee, vor allem Iren, gemeint waren; auch in Island kamen deshalb die Iren »von Westen übers Meer«, obwohl die ursprüngliche Perspektive bei diesem Ausdruck jene von Norwegen war.

Wie bereits die bisherigen Abschnitte in diesem Kapitel gezeigt haben, ist räumliches Denken nicht auf die Sprache beschränkt, sondern stellt eine grundlegende Kategorie in der isländischen Literatur und Kultur dar.[43] Der sogenannte *topographical* oder *spatial turn* hat die Aufmerksamkeit der Kulturwissenschaften in den letzten Jahren vermehrt auf den Raum gelenkt, und es bietet sich an, hier dem Problem nochmals von einigen anderen Aspekten her nachzugehen.[44] Allerdings kann die folgende Skizze nicht mehr als einige nur ganz punktuelle Hinweise auf exemplarische Fälle aus der Geschichte der Literatur in Island geben.

In der schon oben kurz erwähnten Gylfaginning, dem zweiten Abschnitt der Prosa-Edda aus dem frühen 13. Jahrhundert, befragt der Schwedenkönig Gylfi, der sich Gangleri nennt, in Valhöll die drei Könige Hoch, Gleichhoch und Dritter (Hárr, Jafnhárr, Þriði) über ihr mythologisches Wissen (s. die Abbildung S. 86). Was ihn zu Beginn des als Wissenswettstreit angelegten Gesprächs besonders interessiert, ist der Anfang der Welt: »Was war am Anfang? Oder wie begann es? Und was war davor?«[45] Auf diese Frage antwortet Hoch mit dem Zitat der Strophe 3 aus der Völuspá, die das Nichts und die Leere der Welt schildert, worauf Gleichhoch und Dritter ergänzen, dass lange vor der Erschaffung der Erde Niflheimr (Nebelwelt) und noch davor in der Südhälfte Muspell (das Feuerreich) gewesen sei. Gangleris Frage nach der Zeit wird also mit Erzählungen über die räumlichen Verhältnisse in der Urzeit beantwortet, und dies ist ein Zug, der die gesamte Kosmogonie in der altnordischen Überlieferung charakterisiert; die Texte, die diesen Vorgang in unterschiedlichen Varianten darstellen, vermitteln sehr klare Vorstellungen von den Räumen und Orten, in denen sich die ersten Ereignisse zugetragen haben, sie sind jedoch sehr viel zurückhaltender, was die Schilderung von zeitlichen Relationen betrifft.

Auch in der altisländischen historiographischen Literatur (Íslendingabók, Landnámabók u. a.) und in der Sagaliteratur sind die Darstellung und vor allem die narrative Funktionalisierung von Raum ein Hauptthema. Immer wieder geht es in diesen Prosatexten zentral um das Verhältnis von Raum und Zeit, um die Konstruktion von Landschaft, um die Beschreibung der Herkunft von Bodenbesitz, woran immer auch die Etablierung von Geschichte, von Erinnerungsmodalitäten gebunden ist. Der übergeordnete Vorgang der Landnahme, die in allen diesen Texten funktional ist, und die Raumbeschreibungen, die die Entdeckung, die Inbesitznahme und die Verteilung von Boden im neuen Land voraussetzen, sind eines der wichtigsten Erzählanliegen der isländischen Literatur des Mittelalters. Eine berühmte Szene in der Eyrbyggja saga (13. Jahrhundert) schildert, wie der aus Norwegen mit seinem Hausstand nach Island ausgewanderte Þórólfr Mostrarskegg seinen neuen Landbesitz mit Feuer abschreitet:

Danach erkundeten sie das Land und fanden auf der äußersten Spitze der Landzunge, die nördlich der Bucht lag, dass Þórr mit den Säulen an Land gekommen war; das wurde seither Þórsnes genannt. Danach ging Þórólfr mit Feuer um seine Landnahme, von der Stafá draußen bis hinein zu dem Fluss, den er Þórsá nannte, und siedelte dort seine Schiffsmannschaft an.[46]

Hier und in zahllosen weiteren Sagastellen sind auf den Raum bezogene Aktionen wie Grenzziehungen, also die Schaffung von zwei verschiedenen Räumen, von immenser Bedeutung für die folgenden Handlungen in der Erzählung, indem Räume mit unterschiedlichen Qualitäten im Lauf der Erzählung dynamisch neu geschaffen werden.

Solchen Eingrenzungsprozessen entsprechen auf der anderen Seite notwendigerweise Ausgrenzungen. Auch davon weist die altisländische Sagaliteratur eine Überfülle auf. Obwohl etwa der Anteil von Kelten an der Bevölkerung der Besiedlungszeit nicht unbeträchtlich gewesen sein dürfte, finden sich in den Schriften des Mittelalters kaum Anzeichen von ihnen; allenfalls zeugen Ortsnamen von ihrer Existenz. Ähnlich erging es den Heiden. Auch sie werden in den aus christlicher Perspektive verfassten Texten meist verdrängt, ohne dass sie große Spuren hinterlassen konnten. Wie die isländische Literaturwissenschaftlerin und Geschlechterforscherin Helga Kress in verschiedenen Aufsätzen zur isländischen Literatur des Mittelalters schon vor mehreren Jahren gezeigt hat, betreffen in den Sagas zur Verstummung führende Ausgrenzungen vor allem Frauen, oft in Form eines ganz konkret geschilderten und wörtlich zu nehmenden Ausschlusses von Frauen, die sich nicht an die von christlichen Männern bestimmte Ordnung anpassen, aus der sozialen Gemeinschaft.[47] Eine solche Exklusion ist immer an ein Territorium, einen Raum gebunden. Auf die Ereignisse, die sich an einem gewissen Ort zugetragen haben sollen, erinnert dann häufig ein Ortsname, der sich in der Regel heute noch findet, so etwa bei der Geschichte der Magd Þorgerðr Brák in der Egils saga Skalla-Grímssonar (Saga von Egill dem Sohn von Skalla-Grímr), ca. 1220/30. Sie will ihren Ziehsohn Egill vor seinem tobenden Vater Skalla-Grímr, der sich beim Ballspiel in eine Berserkerwut hineingesteigert hat, retten und büßt dafür mit dem eigenen Leben:

> Þorgerðr Brák hieß eine Magd von Skalla-Grímr; sie hatte Egill in seiner Kindheit aufgezogen; sie war groß gewachsen, stark wie Männer und sehr zauberkundig. Brák sagte: »Jetzt rast du gegen deinen eigenen Sohn, Skalla-Grímr.« Skalla-Grímr ließ dann Egill los und griff nach ihr. Sie drehte sich um und rannte davon, aber Skalla-Grímr hinterher; so rannten sie aufs äußerste Digranes hinaus; dann sprang sie vom Felsen in den Sund. Skalla-Grímr warf ihr einen großen Stein nach und traf sie zwischen den Schultern, und weder sie noch der Stein kamen je wieder herauf; dort wird es nun Brákarsund, Sund der Brák, genannt.[48]

An diesem Beispiel wird deutlich, wie die Texte mittels der Inszenierung von Raumsituationen Bewegung und damit Bedeutung erzeugen. Immer wieder werden in den Sagas Fragen von Raum und Religion, Raum und Recht, Raum und Besitz, Raum und Erinnerung verhandelt. Die gesellschaftliche Struktur des alten Island basierte auf dem Bauernhof als zentraler Einheit und die soziale und rechtliche Organisation war darauf ausgerichtet, diese Grundlage zu bewahren.[49] Die Etablierung von Räumen zur Definition des Eigenen und zur Ausgrenzung des Anderen ist das große Projekt der mittelalterlichen Literatur in Island, und die Landnámabók sowie andere im 13. Jahrhundert verfassten Schriften über die Besiedlung und Errichtung der neuen Gesellschaft kanonisieren diesen Prozess. Insbesondere wird an diesen Erzählungen der enge Zusammenhang von Landschaft, kulturellem Gedächtnis und Schrift/Literatur deutlich.

In ironischer Umdeutung nimmt der sehr produktive und vielgelesene Schriftsteller Þórarinn Eldjárn (geb. 1949) das Thema Familie und Grundbesitz in einem seiner früheren Texte, *Skuggabox* (1988; »Schattenboxen«), auf: »Dort in Hlíð hatte das Geschlecht seit der Landnahmezeit gelebt.«[50] Hier geht es darum, dass ein Geschlecht, das diesen Landnahmehof seit den Anfängen besessen und bewirtschaftet hatte, vom Landnahmemann selber vor dem Aussterben bewahrt wird, der jeweils, selbst längst verstorben, in eigener Person nachhilft, wenn ein Nachkomme zur Erhaltung der Besitzerkontinuität gezeugt werden muss. Þórarinn Eldjárns Roman ist eine wunderbare Satire über ein Grundthema der isländischen Literatur- und Mentalitätsgeschichte.

Es gibt allerdings auch einzelne Fälle, bei denen – wie auf den mittelalterlichen Weltkarten, die die Monsterwesen am Rand der Ökumene darstellen – die Existenzberechtigung von Nichtkonformen und ihr Anrecht auf Raum behauptet wird. So heißt es in einer aus späterer Zeit überlieferten Volkssage, dass der Bischof Guðmundur góði Arason die Insel Drangey weihte, um dort die bösen Geister zu vertreiben. Als er damit weit vorangekommen war, ertönte eine Stimme aus dem Berg: »Weih nun nicht mehr, Bischof Gvendur; irgendwo müssen die Bösen sein.« Der Bischof ließ dann von seinem Vorhaben ab, und die ungeweihte Stelle wird seither Heidenberg genannt.[51] Die unreinen Geister erhalten hier, wenn auch nur am äußersten Rand einer draußen im Fjord liegenden kleinen Insel, ihren eigenen Raum.

Bekanntermaßen lässt Jules Verne im Roman *Die Reise zum Mittelpunkt der Erde* (dt. 1873; *Voyage au centre de la terre*, 1864) Professor Lidenbrock und seine beiden Begleiter ihre Reise ins Innere der Erde im Snæfellsjökull in Westisland beginnen. Der französische Autor hat für den Einstieg seiner Figuren in die Unterwelt eine in der isländischen Literatur bereits vorbereitete Region gewählt, gehört doch die Halbinsel Snæfellsnes (»Schneeberghalbinsel«) zu den »literarischsten« Orten des Landes. Einige Texte und Autoren, die sich mit der literarischen Region Snæfellsnes beschäftigen, seien hier genannt.

Schon im Mittelalter war die Halbinsel in gleicher Weise Handlungsschauplatz von Sagas wie Herstellungsort von Literatur und Handschriften. Auf der Insel Flatey wurde 1172 ein Augustiner-Kloster gegründet,

Kirche von Ingjaldshóll vor dem Snæfellsjökull, nicht weit von Arnastapi entfernt, 1903 als weltweit erste Kirche in Beton gebaut

das zwölf Jahre später nach Helgafell an der Nordküste von Snæfellsnes umgesiedelt wurde, worauf sich dort eine umfassende Schreibtätigkeit entwickelte.[52] Die Eyrbyggja saga, eine wie oben bereits erwähnt im 13. Jahrhundert vermutlich in der Region entstandene Isländersaga, beschreibt die Ereignisse, die sich in der Gegend um Helgafell zwischen der Besiedlung und dem 11. Jahrhundert abspielten, und macht die Geschichte in der Landschaft der Erinnerung des Textes verfügbar. Am südlichen Einfahrtsweg zur Halbinsel befindet sich das Hítardalur, der Schauplatz der ebenfalls ins 13. Jahrhundert zu datierenden Skaldensaga über Björn, den Helden aus dem Hítardalr (Bjarnar saga Hítdœlakappa). Und die am äußersten Ende der großen Landzunge lokalisierte Bárðar saga Snæfellsáss aus dem 14. Jahrhundert erzählt von Bárðr, der als Zwischenwesen zwischen Riese und Mensch eine Art Schutzgeist des Snæfellsnes ist (dies bedeutet sein Beiname Snæfellsás).

Auch in der frühen Neuzeit, als Westisland und damit auch Snæfellsnes dank der Küstenfischerei zur wirtschaftlich und kulturell führenden Region Islands wurde, verbinden sich viele literarische Begebenheiten mit der Halbinsel. So verbrachte einer der produktivsten Rímurdichter, Guðmundur Bergþórsson (1657–1705), den größten Teil seines Lebens in Stapi/ Arnarstapi direkt unter dem Snæfellsjökull und lebte dort als Schreiber, Dichter und Gelehrter. – Im 19. Jahrhundert wird nach demselben Ort auf Snæfellsnes einer der literaturkundigsten Isländer seiner Zeit, Páll Pálsson stúdent (1806–1877), als »Schreiber in Stapi« (»Skrifarinn á Stapa«) bezeichnet. Páll Pálsson arbeitete als Sekretär des Amtmanns und trug eine außerordentlich große Handschriften- und Buchsammlung zusammen.[53]

Die Linie der literarischen Interessen, die sich auf diese Region ausrichten, findet im 20. Jahrhundert spannende und innovative Fortsetzungen. So schreibt Þórbergur Þórðarson in den Jahren 1945–50 eine umfangreiche, sechsbändige Biographie über den Pfarrer Árni Þórarinsson, den es aus dem Süden in den Westen verschlagen hatte (Ævisaga Árna prófasts Þórarinssonar. Fært hefur í letur Þórbergur Þórðarson). Wie Ástráður Eysteinsson in einem neuen Aufsatz zeigt, handelt es sich bei diesem Text von Þórbergur Þórðarson erneut um eine stilistische und gattungsmäßige Innovation, die – wiederum ist er hier der Erste in Island – mit dem Konzept des Biographischen und Autobiographischen und der Zuverlässigkeit der Erzählerstimme experimentiert, wie es in den 1960er Jahren ein Hauptthema des Dokumentarismus werden wird.[54] Als Halldór Laxness dann 1968 im Roman Kristnihald undir jökli (Am Gletscher, 1989) seine eigene Auseinandersetzung mit dieser Gattung führt, verwendet er Þórbergur

Þórðarsons Quasi-Biographie über den kuriosen, erzählfreudigen Pfarrer, der mit seiner Gemeinde nicht zurechtkommt, als Modell für die ebenso bizarre Figur Pfarrer Jon Primus.

Als ein weiterer Snæfells-Autor kann auch der heute etwas in Vergessenheit geratene Autor Jón Dan (1921–2000) bezeichnet werden; zahlreiche seiner psychologisch genau beobachteten Erzählungen spielen dort. – In Steinunn Sigurðardóttirs »japanischem« Roman *Hanami. Sagan af Hálfdani Fergussyni* (1997; »Hanami. Die Geschichte von Hálfdan Fergusson«) wächst die Hauptfigur in der Nähe des Gletschers auf. Hálfdan ist als Kind völlig von dem Berg besessen, nennt ihn »den alten Kaiser« und will, als er in die Stadt zieht, nur eine Wohnung mieten, von der aus er den Gletscher am westlichen Horizont sehen kann:

> Der ganze Gletscher war durch das Wohnzimmerfenster zu sehen, wenn die Sicht gut war. Hálfdan fand es einen guten Beginn des Tages, wenn der Alte zu sehen war, auch wenn es nur die blauen Wurzeln oder der Krater waren. Die dunklen Tage waren in dieser Hinsicht schwieriger, denn dann war schon so viel vom Tag verstrichen, ehe der Gletscher sichtbar wurde.[55]

Der Snæfellsjökull, für viele die isländische Entsprechung zum Fujiyama, wirkt noch aus der Distanz magisch, und *Hanami* führt denn den Helden auch tatsächlich nach Japan, einen imaginären Raum, dem der Text viele Ähnlichkeiten mit Island zuschreibt. Der Gletscher wird hier als Teil der Biographie des Helden und als sein Sehnsuchtsort in der Natur in die Zivilisation überführt.

Die Bedeutung, welche die Natur selbst für die moderne Stadtarchitektur hatte, lässt sich vielleicht am besten an der Bauweise der Hallgrímskirkja erkennen, jener großen Kirche, die als Wahrzeichen Reykjavík dominiert, fast wie der Eiffelturm Paris. Diese Kirche wurde aufgrund von Plänen des führenden isländischen Architekten Guðjón Samúelsson (1887–1950) 1945–86 erbaut. Sie greift vor allem in der Bauweise des Turms die Struktur der Basaltsäulen in der isländischen Landschaft auf und holt so gewissermaßen die Natur in die Stadt herein; es ist dies ein Stilzug, der sich an vielen öffentlichen Gebäuden, die unter dem Einfluss des Modernismus entstanden, beobachten lässt. Wo man für den Eiffelturm Stahl verwendete, ist die Hallgrímskirkja aus Beton gebaut, der das Vulkangestein nachahmen kann und dennoch auch ein modernes Material ist. Wie es früher die

Naturlyrik tat, erinnern die überdimensionierten Basaltsäulen des Kirchturms im Zentrum von Reykjavík die Menschen, die heute in der Stadt leben, daran, wo ihre Herkunft ist und wo die eigentlichen Werte liegen.

Ein Beispiel, das das Verhältnis von Text und Ort auf einer ganz anderen Ebene ansiedelt, ist der satirische Umgang mit der Rolle, die der Zuschreibung von Räumen in der Literatur zukommt, in der bereits mehrfach angeführten Gedichtsammlung von Þórbergur Þórðarson, *Edda Þórbergs Þórðarsonar* (1941). Hier finden sich viele, oft absurd genaue Ortsangaben zur Entstehung einzelner Gedichte, z. B.: »Dieses Gedicht wurde in Reime gebracht im Sommer 1922 im Haus des Arztes Vilmundur Jónsson, in der Silfurgata 7 in Ísafjörður, im Gästezimmer im westlichen Ende des Hauses, auf der Nordseite oben im Dachstock.«[56] Þórbergur Þórðarson scheint zwar vordergründig in seiner Sammlung eine biographische Lektüre von Literatur zu propagieren, die er an reale, konkret aus der Erinnerung abgerufene Orte knüpft; er hebt dieses Programm jedoch durch solche Ironisierungen in der Umsetzung sogleich wieder auf.

In diesem Zusammenhang darf schließlich auch der Literaturort »Dichterheim« nicht unerwähnt bleiben, von denen Island inzwischen einige kennt und die für die Etablierung eines literarisch-kulturellen Bewusstseins von immer größerer Wichtigkeit werden. In Akureyri in Nordisland

Die 1945–86 nach Plänen von Guðjón Samúelsson erbaute Hallgrímskirkja ist zum Wahrzeichen von Reykjavík geworden.

stehen beispielsweise den literarisch Interessierten die ehemaligen Häuser von Davíð Stefánsson frá Fagraskógi (1895–1964), das Davíðshús, oder von Matthías Jochumsson (1835–1920), Sigurhæðir, ebenso wie das Kindheitsheim von Jón Sveinsson (1857–1944), das Nonnahús, offen. Alle drei hatten einen engen Bezug zum Städtchen. Auch Halldór Laxness' modernistisch gestaltetes Haus Gljúfrasteinn (erbaut 1945, s. die Abbildung S. 136) ist seit 2004 ein Museum, und in Skriðuklaustur kann seit 2000 die Gunnarsstofnun besichtigt werden, der mächtige, 1939 von Gunnar Gunnarsson (1889–1975) im zeitgenössischen Stil erbaute Komplex. Architektonisch und kulturpolitisch interessant ist das dem Schriftsteller Þórbergur Þórðarson gewidmete Kultur- und Literaturzentrum Þorbergssetur im südisländischen Hali, Suðursveit, das 2006 neu errichtet wurde (s. die Abbildung S. 3); eine mit großen Buchrücken als verzierende Struktur ausgeschmückte Längswand des Museumsgebäudes bringt sozusagen Literatur in die Natur, oder zumindest in die Peripherie in beträchtlicher Distanz zur Kulturmetropole Reykjavík, hinaus.

Dettifoss – eine poetische Energiedebatte um 1900

Was über das isländische Verhältnis zu Raum und Landschaft gesagt wurde, gilt in hohem Maß für einen anderen durch seine Naturschönheit herausgehobenen Ort der Insel. Wie die isländischen Spät- und Nachromantiker die Natur besingen und sie zum Singen bringen, wie aber gleichzeitig die außertextliche Welt in die Lyrik um die Jahrhundertwende 1900 einbricht, kann sehr schön anhand einer Reihe von Gedichten über den Wasserfall Dettifoss abgelesen werden. Dieser im großen Gletscherfluss Jökulsá á Fjöllum im nordöstlichen Island fernab von bewohnten Siedlungen in einem kargen Gebiet gelegene Wasserfall war der mächtigste und in Bezug auf die Wasserkraft energiereichste Fluss Europas. Von den Wassermassen dem Rheinfall, von der literarischen Inspirationskraft den Trümmelbachfällen (Goethes »Gesang der Geister über den Wassern«) vergleichbar, brachte der Dettifoss in der zweiten Hälfte des 19. und im ersten Jahrzehnt des 20. Jahrhunderts mehrere bekannte und einflussreiche Gedichte hervor und führte zu einer energiepolitischen Auseinandersetzung, die – bezeichnend für das kulturelle Klima und den literarischen Geschmack in Island in den Jahren um 1900 – in dichterischer Form ausgetragen wurde.

Als Erster schrieb der junge Kristján Jónsson (1842–1869), der aufgrund seiner Herkunft aus der Gegend des Dettifoss den Beinamen Fjallaskáld (»Dichter der Berge«) trug, in einem 1861 entstandenen Jugendgedicht mit dem Titel »Dettifoss« über den Wasserfall.[57] Kristján Jónsson ist dem isländischen literarischen Gedächtnis vor allem als der Autor des Vierzeilers »Kveðið á Sandi« (»Auf dem Sprengisandur gedichtet«) präsent geblieben, einer heute noch sehr beliebten und vielgesungenen, wehmütigen Beschreibung der Reise eines Nordisländers über die Sprengisandur-Wüste in der Mitte des Landes in den Süden nach Reykjavík:

Yfir kaldan eyðisand
einn um nótt eg sveima.
Nú er horfið Norðurland,
nú á eg hvergi heima.

[Über kalten öden Sand
schweif ich nachts alleine,
Nordlands Heimat mir entschwand,
nun aber hab' ich keine.[58]]

In »Dettifoss« bezeichnet Kistján Jónsson, der auch der Dichter der Sorge und der Tränen genannt wurde, den Fall als einen alten Freund (»minn forni vinur«), der dort, wo nie eine Blume wächst, mit donnernder Stimme Lieder über verschwundene Helden der Vorzeit und die alte Freiheit dichtet. Während die Zeiten sich ändern, bleibt der Wasserfall sich gleich. Das lyrische Ich wird zu seinen Wogen hingezogen, in denen es nach seinem Tod schlummern möchte, wo niemand es beweint (»Blunda vil eg í bárum þínum,/ þá bleikur loksins hníg eg nár,/ þar sem enginn yfir mínu/ önduðu líki fellir tár«). Während die Leute traurig das Schicksal anderer Verstorbener besingen, soll der Dettifoss in seinem Riesenmut über ihm donnernd lachen (»í jörmunefldum íturmóði/ yfir mér skaltu hlæja þá«). Bereits in Kristján Jónssons fünfstrophigem Gedicht tauchen Elemente auf, die in den naturromantischen Gedichten immer wieder mit der überschäumenden Kraft der Wasserfälle verbunden werden. So steht nicht zufällig in Strophe 2 der Anruf der heldenhaften Geschichte des Vaterlands, ein für das Genre typischer Gestus. Doch der »Dichter der Berge« fühlt sich dem Wasserfall besonders eng verbunden und lässt sein Ich angesichts der Kraft der Wassermassen eine Todessehnsucht formulieren, die dieses Gedicht von anderen unterscheidet.

Der nächste Dichter, der sich den Wasserfall zum Thema machte, ist der Dichterpfarrer Matthías Jochumsson (1835–1920). Er besichtigt den Wasserfall auf einer Reise im Sommer 1888 und publiziert das Gedicht »Dettifoss« in seinen Reiseerinnerungen im gleichen Jahr.[59] Nach einer kurzen Prosaeinleitung gibt Matthías Jochumsson den gattungstheoretisch bemerkenswerten Kommentar ab, dass sich der Dettifoss nur in poetischer Form beschreiben lasse: »Diesen Wasserfall in ungebundener Sprache zu beschreiben, ist nicht der Mühe wert« (»Að lýsa fossi þessum í óbundnu máli borgar ekki ómakið«). Es gibt, so die Überzeugung dieses Dichters, also Themen, die sich nur im Modus der Poesie abhandeln lassen. Leider enthält sich Matthías Jochumsson an dieser Stelle weiterer expliziter Aussagen darüber, warum denn eine Behandlung des Dettifoss nach Poesie verlange. In seinem Text selbst ist er nämlich eher zurückhaltend. Zwar ist auch er von der Kraft des Wasserfalls überwältigt, so dass das lyrische Ich zu mythologischen Bildern greift: »Gerade von senkrechter Klippe/ stürzen gewaltige Fälle,/ flockige Mähne mit Wut/ schüttelt der Wasserfall-Troll.« Oder: »Der Troll, so glaube ich, weint,/ die Tränen fallen dicht!« Doch diese Naturbeseelung leitet unmittelbar über zur Erkenntnis Gottes in der Natur: »Mein Geist verwundert sich über dich,/ Zeichen der Allmacht!« »Der Strahl der Gottheit spielt/ durch dich selbst hindurch«, und endet mit der Bitte: »Leuchte, Sonnenflamme,/ erhebe meine Seele!« Im Mittelpunkt des Gedichts steht jedoch ein Bekenntnis zum Humanen, und die ganze Naturgewalt verliert an Kraft gegenüber den einfachsten menschlichen Grundbedingungen: »Auch wenn von deinem Schädel/ diese See hinunterstürzt,/ berührt mich mehr, wenn sie fallen,/ ein paar Tränen eines kleinen Kindes.«[60] Matthías Jochumssons nur vier Strophen umfassendes Gedicht sieht in der Naturkraft des Dettifoss vor allem das Göttliche und das Menschliche – ein etwas ambivalentes Verhältnis zu dem Wasserfall also, das mit der eher zurückhaltend-neutralen Schilderung des direkten Erlebnisses des Naturschauspiels korrespondiert: »Wir standen dort eine Weile in dichtem Regen (vom Wasserfall) und schauten einmal direkt auf den Fall, einmal hinab in den siedend-kalten Höllenpfuhl zu unseren Füßen.«[61]

Die schillerndste Persönlichkeit, die sich literarisch mit dem Dettifoss auseinandergesetzt hat, ist Einar Benediktsson (1884–1940), ausgebildeter Jurist, Politiker, öffentlicher Angestellter, Geschäftsmann, Dichter, Herausgeber. Einar Benediktsson war ein fortschrittsgläubiger Projektmacher. So war er beispielsweise der erste Isländer, der die neu eingeführte drahtlose Kommunikation verwendete. Er wollte in Island Eisenbahnlinien bauen und aus Wasserkraft gewonnene Elektrizität nach England exportieren. Zugleich wirkte er als – ästhetisch konservativer – Lyriker. Einar Benediktsson schrieb nicht nur ein wuchtiges Dettifoss-Gedicht, das die lyrische Wahrnehmung der isländischen Literatur veränderte (1905 in der Zeitschrift *Skirnir* publiziert), sondern er erwarb gleichzeitig ab demselben Jahr verschiedene Grundstücke in Nordisland an Flüssen mit dem Ziel, sie an Ausländer zur Energienutzung weiterzuverkaufen. Überall in Island entstanden damals nach norwegischem Vorbild solche Staudammprojekte, und die Wasserrechte an der Jökulsá á Fjöllum waren beispielsweise schon 1897 vermietet worden. Im Winter 1907/08 gelang es Einar Benediktsson, zusammen mit norwegischen Geldgebern den Dettifoss zu kaufen, worauf im Februar 1908 eine Firma mit dem sprechenden Namen Gigant gegründet wurde. Er verkaufte aber bereits ein Jahr später der Gesellschaft seine Anteile und erhielt dafür die erkleckliche Summe von 50.000 Kronen, die dem sechsfachen Gehalt des Ministers für Island, des damals höchsten Politikers im Land, entsprach. 1917 eskalierte die sogenannte »Wasserfallaffäre« (»fossamál«) zu einem politischen Skandal, in den Einar Benediktsson als Bevollmächtigter einer neuen Wasserfallfirma Titan erneut direkt verwickelt war. Man hat ihn wegen seiner Geschäftstätigkeit manchmal als »Grossistendichter« (*heildsalaskáldið*) belächelt.[62] Vielleicht liegt gerade in dieser zu Mythenbildungen einladenden Kombination von Lyrik und Spekulation, Pathos und Rationalismus ein Stück jener Faszinationskraft, die Einar

Der Dettifoss in der Jökulsá á Fjöllum, Nordostisland, ist der energiereichste Wasserfall Europas, ca. 45 Meter hoch, 100 Meter breit.

Benediktsson auf die Isländer aus den Jahren vor dem Bankencrash auszu-
üben schien; auf jeden Fall trägt ein renommiertes Feinschmeckerlokal im
Zentrum Reykjavíks den Namen »Einar Ben«.

Einar Benediktssons »Dettifoss« setzt mit der berühmten Zeile ein:

Syng Dettifoss. Syng hátt mót himins sól.
[Sing, Dettifoss. Sing laut der Sonne des Himmels entgegen.]

Das Ich bittet den »König unserer stolzen, starken Fälle«, um dichterische
Inspiration (»kný minn huga [...] til ljóða«): »Stärke meinen Geist und meine Hand zu schreiben« (»Styrk minn hug og hönd að skrifa«). Wie Matthías
Jochumsson vergleicht auch Einar Benediktsson den Wasserfall mit den
heidnischen Trollen und Riesen (»þessi römmu tröll«, »vatnsins jötunn«).
Doch vor allem sieht er in ihm den großen Reichtum Islands (»hve Íslands auðn er stór«), der dem Volk eine Zukunft in Glück bescheren würde
(»framtíð á vor þjóð«), um daraus den zentralen Gedanken des Gedichts
abzuleiten:

Hve mætti bæta lands og lýðs vors kjör
að leggja á bogastreng þinn kraftsins ör, –
[...]
já, búning hitans sníða úr jökuls klæðum.
[...]
Ég þykist skynja hér sem djúpt í draum,
við dagsbrún tímans, nýja magnsins straum
[...]

[Wie könnte es die Verhältnisse von Land und Leuten verbessern,
deinen Pfeil der Kraft auf eine Bogensehne zu legen
(...)
ja, ein Gewand der Wärme aus den Kleidern des Gletschers zu schneiden.
(...)
Ich meine hier wie in einem tiefen Traum zu vernehmen
am Anbruch der Zeit, einen Strom der neuen Kraft]

Im Unterschied zu den beiden älteren, rückwärts blickenden Dettifoss-
Gedichten von Kristján Jónasson und Matthías Jochumsson steht bei Einar
Benediktsson die Gegenwart und vor allem die Zukunft im Vordergrund.
Der Ort, der Literatur entstehen lässt, ist auch der Ort, von dem aus die
Nation ihren materiellen Aufstieg in Angriff nehmen soll.

Gegen den Verkauf des Dettifoss und seine Zähmung zur Elektrizi-
tätsgewinnung opponierte das 1907 in der Zeitschrift *Sumargjöf* erschienene Gedicht »Við fossinn« (»Beim Wasserfall«) von Þorsteinn Erlingsson
(1858–1914), der sich für die traditionelle Bauernkultur interessierte und
als Spätromantiker ein konservierendes Naturverständnis entwickelte,
das in vielen Aspekten an das der heutigen ökologischen Bewegungen erinnert.[63] Es ist interessant zu sehen, wie man auf Seiten der Befürworter
wie der Gegner des Verkaufs von isländischer Wasserkraft an ausländische
Konsortien die Positionen mit den Mitteln einer formal höchst traditionellen Naturlyrik verhandelte. Diese Dichtungsart wurde, obwohl sie, wie die
avantgardistischen Strömungen des folgenden Jahrzehnts zeigen sollten,
literaturgeschichtlich eigentlich schon überholt war, in einer Weise mit ta-
gespolitischen Inhalten gefüllt, die durchaus an die ersten nationalromantischen Gedichte der Fjölnismenn um Jónas Hallgrímsson (s. u. S. 58, 119)
erinnern.

Þorsteinn Erlingssons »Við fossinn« wendet sich wie die anderen Gedichte eingangs an den Wasserfall selbst. Das Ich kommt in der Eröffnungs-
strophe zu dem nicht näher genannten Wasserfall, »so lange dein Strang
noch nicht zertrennt/ oder dein Joch noch nicht zugeschnitten oder dein
Wert gezählt/ und Teer auf dein Haupt getragen ist.« Das Ich appelliert im
Folgenden an die patriotischen Gefühle, die sich mit dem Wasserfall ver-
knüpfen, wenn es sagt: »und gut war es, dem Gesang zu lauschen,/ denn er
wurde zur Mutterstimme [...]. Aus dem Busen des Vaterlands hast du diesen Gesang getragen,/ der in uns den empfindlichsten Grund fand«. Und
auch in diesem Gedicht ist die Natur der Schatz des unterdrückten Volkes:
»Und hier war der Reichtum, den Regierungslosigkeitsprogramme/ und
Monopolhandel nicht rauben konnten.« Das Ich spricht hier aber auch zu
»euch Dichtern« (»þið skáldin«), und ohne Einar Benediktsson mit einem
Wort zu erwähnen, ist »Við fossinn« eine scharfe Abrechnung mit dem Ma-
terialismus der Zeit, für die dieser wie kein anderer steht. »Aber sollten sie
dich verkaufen und in eine Mühle setzen können,/ dann sieht man, was
man verloren hat/ und wo unsere misshandelten und kraftlosen Kinder/
in den Fesseln mahlen können.« Und der Text klagt abschließend Einar Benediktsson geradezu an, ein Judas zu sein, wenn in der zweitletzten Strophe steht: »Und ihre Vaterlandsliebe fragt [nun] zuerst danach,/ ein wie
wertvoller Gegenstand sie sei,/ denn jetzt wird für Tausende verkauft, was
früher/ dreißig Silberlinge wert war.«[64]

Als letzten Beitrag in dieser Auseinandersetzung aus dem frühen
20. Jahrhundert über die Bedeutung der Naturschätze für die nationale und

kulturelle Identität Islands bzw. ihre Ausbeutung als natürliche Ressourcen kann hier ein Gedicht erwähnt werden, das zu Beginn des Jahres 1910 in Übersee, und zwar von Stephan G. Stephansson (1853–1927), geschrieben wurde: »Fossa-föll« (etwa »Stürzender Wasserfall«/«Sturzbach«).[65] Stephan G. Stephansson war einer der vielen Isländer, die ab den 1870er Jahren aus wirtschaftlichen Gründen Island verließen und sich in Nordamerika, vor allem im kanadischen Manitoba ansiedelten, wo die meisten von ihnen als Bauern lebten. Er gilt zu Recht als der bedeutendste Dichter aus dem Kreis dieser *Vesturíslendingar* (»Westisländer«).

Formal ist an dem Gedicht »Fossa-föll« bemerkenswert, dass es aus Rede und Antwort zwischen dem lyrischen Ich, wie es auch die anderen Texte aufweisen, und dem Wasserfall als sprechender Figur besteht. Nach drei Strophen wird ein Refrain eingeschaltet, der auch das Gedicht beendet: »Aus deinem ganzen Gesang ist die Seele verloren,/ wenn ich, mein Wasserfall, das Gedicht nach dir aufsage –/ ja, auch wenn zum Herzen die Geheimnisse/ in deinen Klängen durch mich hindurch zittern.« Im großen Mittelteil von »Fossa-föll« ist es dann aber der Fall selbst, der in sechs Strophen von seinen Fähigkeiten spricht. Er nimmt gewissermaßen eine vermittelnde Position zwischen den Texten von Einar Benediktsson und Þorsteinn Erlingsson ein und verweist, was die Nutzung seiner Kraft betrifft, auf die Gefahren – »Ich kann harte Sklavenfesseln schmieden/ für

Isländisches Wasserkraftwerk aus den 1980er Jahren

ein ganzes Volk, wenn man mich darauf ansetzt« – aber auch die Möglich-keiten – »Mich verlangt [jedoch] nach dem anderen, so lange wie der Berg steht/ die Bürden zu heben, die Tausende nicht heben könnten,/ [...] und meinen Durchlauf weben und spinnen zu lassen«.[66]

Alle fünf Dettifoss-Gedichte sind wie erwähnt formal durchaus im Rah-men des Traditionellen gehalten, auch die von Kristján Jónsson, Matthías Jochumsson, Einar Benediktsson, Þorsteinn Erlingsson und Stephan G. Stephansson verwendete Bildsprache ist die eingebürgerte. Der mit Du an-gesprochene, große Wasserfall wird anthropomorphisiert, in allen Texten finden wir die übliche Dialogsituation zwischen dem Singenden und dem Besungenen. Erwartungsgemäß spielt die Natur die Hauptrolle. Es ist aber doch aufschlussreich zu beobachten, wie sich aus der Beschreibung eines Wasserfalls, wie sie im Kontext der nachromantischen Landschaftsdich-tung nichts Außergewöhnliches an sich hat, ein politisierter Streit entwi-ckelt, so dass der geographische Ort Dettifoss erst zum literarischen Topos und danach zur Chiffre für die Berechtigung des Modernisierungsprojekts überhaupt werden kann. Natürlich drängen sich hier unmittelbar Verglei-che auf mit den Debatten um die großen Staudamm- und Industrieprojekte des neuen Jahrtausends, wie sie zum Beispiel Andri Snær Magnason in sei-nem Buch *Draumaland* (2006; *Traumland*, 2011) führt, oder allgemein die Auseinandersetzungen um den »Verkauf des Landes«, wie es Halldór Lax-ness in *Atómstöðin* (1948; *Atomstation*, 1989) formuliert und wovon weiter unten in anderem Zusammenhang die Rede sein soll.

Gunnarshólmi – die Entstehung eines literarischen Gedenkortes

Kein anderes Gedicht der neueren isländischen Literatur kann den Zusam-menhang zwischen Landschaft und Text wie auch die spezifische Art der Kommunikation von mittelalterlicher und moderner Dichtung und die da-durch vorgenommene ›Erzeugung von Geschichte‹ besser illustrieren als Jónas Hallgrímssons (1807–1845) »Gunnarshólmi« (1837). Das Gedicht, das sich für die Stoffgrundlage einer Episode aus der Njáls saga bedient, beginnt mit einer weit ausgreifenden Schilderung der Naturszenerie im Süden des Landes, die zwischen erhabenem Mythos und idyllischer Buko-lik oszilliert. Nach dieser gewaltigen Eröffnung wendet sich der Text den beiden Brüdern Gunnar und Kolskeggur zu, die zur Küste reiten, um das

Land zu verlassen. Während Kolskeggur aufs offene Meer hinausschaut, richtet Gunnar seinen (an der Romantik geschulten) Blick zurück auf den Hof und entschließt sich zur Umkehr:

»Sá eg eí firr so fagran jarðargróða,
    fjenaður dreifir sjer um græna haga,
    við bleíkan akur rósin blikar rjóða.
Hjer vil eg una æfi minnar daga
    alla, sem guð mjer sendir. Farðu vel,
    bróðir og vinur!« – So er Gunnars saga.
        Því Gunnar vildi heldur bíða hel,
    enn horfinn vera fósturjarðar ströndum.
    [...]
    flúinn er dvergur, dáin hamra tröll,
    dauft er í sveitum, hnipin þjóð í vanda;
    enn lágum hlífir hulinn verndarkraptur
    hólmanum, þar sem Gunnar snjeri aptur.

[»Ich sah noch nie so schönen Erdenwuchs,
    das Vieh verteilt sich über grüne Wiesen,
    am hellen Acker leuchtet die rote Rose.
Hier will ich meiner Tage Leben genießen
    alle, die Gott mir schickt. Leb wohl,
    Bruder und Freund!« – So war Gunnars Saga.
        Denn Gunnar wollte lieber den Tod erleiden,
    als fern sein den Stränden der Heimaterde.
    (...)
    geflohen ist der Zwerg, gestorben die Trolle der Klippen,
    trüb ist es im Land, gebückt das Volk in Not;
    doch bewahrt eine verborgene Schutzkraft
    die niedrige Insel, dort wo Gunnar zurückkehrte.[67]]

Gunnars Entscheidung für einen Tod zu Hause ist begründet in seiner Liebe zum Vaterland, dessen Naturschönheit er über alles schätzt. Das Zentralwort ist hier *fósturjörð* (Heimaterde). Jónas Hallgrímsson schließt das Gedicht mit einer Schilderung der elenden Zustände im entzauberten Land – die verschwundenen mythischen Wesen, die »Gunnarshólmi« auf das berühmte Gedichte des dänischen Romantikers Adam Oehlenschläger »Guldhornene« beziehen (s. u. S. 60) –, sowie der Überzeugung, dass in dem Land selbst die Kraft zur Erneuerung der alten Würde steckt. Dieses

25. Hlíðarendi í Fljótshlíð

W.G. Collingwood (1854–1932), *A Pilgrimage to the Saga-steads of Iceland*, 1899,
Zeichnung von Gunnars Hof Hlíðarendi aus der Perspektive von Gunnarshólmi, wo
Gunnar sich zur Umkehr entschließt

Gedicht gehört idealtypisch zu jener Richtung in der isländischen Literatur, die man als »Renaissance Islands« bezeichnet hat.

Die einzelnen Etappen der Hintergründe, Produktion und Rezeption dieses Gedichts zeigen, wie Literatur in Vereinigung mit Natur überhaupt entstehen und wie umgekehrt Landschaft als Ort der Literatur geschaffen werden kann. Dass das Gedicht daneben auch ein eigentliches Monument in der Geschichte der isländischen Poetik darstellt, soll später zusammen mit der Entwicklung der Poetologie erörtert werden.

Im Kapitel 75 der Njáls saga wird erzählt, wie der auf dem Althing geächtete Gunnar mit seinem Bruder Kolskeggur Island verlassen will, um im Ausland seine Strafe als Landesverwiesener anzutreten. Er hat sich von seinen Leuten verabschiedet und reitet von seinem Hof Hlíðarendi an der isländischen Südküste zum wartenden Schiff:

Sie reiten bis zum Markarfljót. Da strauchelte Gunnars Pferd und er sprang vom Sattel. Sein Blick fiel hinauf auf die Anhöhe und auf den Hof in Hlíðarendi. Da sprach er: »Schön ist die Anhöhe, so dass sie mir nie gleich schön erschienen ist, helle Felder und gemähte Wiesen, und ich werde zurück nach Hause reiten und nirgendwohin fahren.«[68]

Gunnars Umkehr ist in mehrfacher Hinsicht ein Wendepunkt in der Erzählung. Sie ist zum einen eine konkrete Handlung, die sich im Raum abspielt, indem der Held zurückkehrt, in Island bleibt und der Schauplatz sich nicht nach Norwegen verlagert. Auf der Figurenebene führt sie dazu, dass der hervorragendste Held der Sagas auf seinem Hof überfallen und umgebracht wird, was wiederum auf der übergeordneten narratologischen Ebene des Textes mittelbar die Katastrophe der großen Brenna (des Mordbrands) im zweiten Teil der Njáls saga nach sich zieht. Im hier interessierenden Kontext kann fürs erste festgehalten werden, dass die Saga den Ort, an dem Gunnar vom Pferd springt und unter dem Eindruck der Schönheit seines Gehöfts den unheilvollen Entschluss zur Umkehr fasst, sehr unspezifisch markiert und nur von dem Fluss Markarfljót spricht. Von einer »kleinen Insel des Gunnar«, wie Gunnarshólmi wörtlich übersetzt heißen würde, ist jedenfalls in der Njáls saga nichts zu lesen und auch von einer tiefergehenden Naturempfindung des Wikingers Gunnar, die ja auch recht anachronistisch wäre, ist hier nirgends die Rede; der Sagaerzähler gibt keine Naturschilderungen und ihn interessiert an der Landschaft nichts außer die funktionale Tatsache, dass Gunnar – in einem Anflug von Sentimentalität? – seinen Hof schön findet und seine Reise abbricht.

Vielmehr ist es dann die erst viel später einsetzende mündliche Überlieferung der Region von Fljótshlíð, die auf der Grundlage der Njáls saga die fatale Stelle lokalisiert. Auf solche Volkssagen beruft sich jedenfalls Jónas Hallgrímsson, als er »Gunnarshólmi« im vierten Band der von ihm in Kopenhagen mitherausgegebenen Zeitschrift *Fjölnir. Árrit handa Íslendíngum* (Fjölnir. Jahresschrift für die Isländer) 1838 abdruckt und mit folgender Prosaeinleitung versieht:

Im Süden von Island, in dem Gebiet, das von den Landeyjar hinaufgeht, zwischen den Eyjaföll-Bergen und Fljótshlíð, ist eine recht große Ebene, die früher mit Gras überwachsen war, heute aber, durch den Gang des Wassers, fast ganz unter Geröll und Sand verschwunden ist; an einem Ort dort auf den Sandbänken, östlich des Þverá-Flusses, ist noch ein kleiner grüner Platz nicht verwüstet, der Gunnarshólmi genannt wird, denn das ist noch immer der Bericht der Leute, dass dort Gunnar von Hlíðarendi umgekehrt sei, als die beiden Brüder zum Schiff ritten, wie aus der Njála bekannt ist. Dies ist der Anlass des kleines Gedichts, das hier nachfolgend gedruckt ist.[69]

Der Anlass, von dem Jónas Hallgrímsson hier spricht, ist somit ein doppelter: die Aktualisierung des (vermeintlich) historischen Ereignisses, das in die Sagazeit des 10. Jahrhunderts verlegt und in der mittelalterlichen Saga aus dem späten 13. Jahrhundert niedergeschrieben wurde, auf der einen Seite und auf der anderen der Besuch des Ortes durch den Dichter selbst. Jónas Hallgrímsson war nämlich, was sich durch Tagebücher und Briefe belegen lässt, im Sommer des Jahres 1837 zu einem längeren Aufenthalt aus Kopenhagen nach Island zurückgekehrt und verbrachte knapp drei Wochen bei seinem Dichterkollegen Tómas Sæmundsson (1807–1841), der auch zu den Fjölnismenn, wie die romantisch inspirierten Herausgeber und Autoren der Zeitschrift *Fjölnir* hießen, gehörte und auf dem Hof Breiðabólstaður in Fljótshlíð, also in unmittelbarer Nähe von Hlíðarendi, 1835 Pfarrer geworden war. Während dieser Zeit dürften die beiden Romantiker mit an Sicherheit grenzender Wahrscheinlichkeit auch an dem schon damals von der Versandung bedrohten Ort Gunnarshólmi vorbeigeritten sein und dürfte Jónas Hallgrímsson die Idee zu einem großen historischen Gedicht über einen Stoff aus der Njála gehabt haben, das er danach im Lauf des Sommers, unter anderem nach erneuter Lektüre der Njáls saga in Reykjavík, ausarbeitete.[70]

An dieser Stelle muss jedoch eine alternative Darstellung und bezeichnende Anekdote eingeflochten werden. Sie verlegt die eigentliche Inspiration zum Gedicht in eine Begegnung von Jónas Hallgrímsson mit dem renommiertesten isländischen Dichter der damaligen Zeit, Bjarni Thorarensen (1786–1841), Amtmann in Nordisland und wohnhaft in Möðruvellir in Hörgárdalur. Bjarni Thorarensen ist der Autor des bedeutenden Gedichts »Íslands minni« (»Islands Erinnerung«), das mit den bekannten Zeilen »Eldgamla Ísafold,/ ástkæra fósturmold,/ fjallkonan fríð!« (»Uraltes Island,/ geliebte Heimaterde,/ schöne Bergfrau!«) einsetzt, den Begriff *fjallkonan* für die Verkörperung Islands in Frauengestalt einführt und als eine Art Nationalhymne zur gleichen Melodie wie die englische »God save the Queen/King« (und die bis 1961 gültige schweizerische »Rufst du mein Vaterland«) gesungen wurde. Auch das bildhaft grimmige Wintergedicht »Veturinn« und eine Reihe bekannter Nekrologe in Versform stammen von ihm. Ihn besuchte Jónas Hallgrímsson später im selben Sommer 1837, als er sich in seiner nordisländischen Heimat aufhielt, ehe er sich in Akureyri einschiffte und nach Kopenhagen zurückkehrte. Die überlieferte Anekdote ist so bezeichnend für literaturhistorische Mythenbildungsprozesse, dass sie es verdient, hier referiert zu werden. Sie geht zurück auf einen Neffen von Jónas Hallgrímsson, Hallgrímur Tómasson, der den Dichter an einem schönen Sommertag während der Heuernte zu einem Besuch bei Bjarni Thorarensen in Möðruvellir begleitete. Dieser Neffe konnte dort mithören, wie sich die beiden Dichter unterhielten, und

er erinnert sich gut daran, dass Bjarni über die alten Sagas, besonders die Njála, sprach und sagte, es gereiche den Dichtern nicht zum Ruhm, dass sie nicht öfter Stoffe aus ihnen holten, aber besonders erinnert er sich, dass »Gunnarshólmi« erwähnt wurde und es schien ihm, dass Bjarni Jónas aufgefordert habe, über das Inselchen zu dichten. Nach einem langen Aufenthalt ritten die beiden Verwandten am Abend nach Akureyri; es war Mondschein und es herrschte Windstille. Auf dem Weg sagte Hallgrímur etwas zu seinem Onkel, der meistens schweigend ritt. Da sagte Jónas: »Sprich nun so wenig wie möglich, lieber Neffe, ich dichte jetzt.« In der Nacht [...] saß er [JH] an einem Tisch und schrieb oder dichtete. Am nächsten Tag fuhr er mit dieser Tätigkeit fort. Gegen Abend bat er Hallgrímur, nach Hause zu gehen und ihn zurückzulassen, und er gab ihm einen verschlossenen Brief mit und bat ihn, diesen selbst dem Amtmann [Bjarni Thorarensen] auf dem Heimweg zu überbringen. Danach verabschiedeten sie sich, und als Hallgrímur nach Möðruvellir kam, fragte der Amtmann nach Jónas' Reise, und Hallgrímur überbrachte ihm dann sein Grüße und gab ihm den Brief. Er hörte dann, dass im Brief das Gedicht »Gunnarshólmi« war, und Hallgrímur erinnert sich noch nach gut fünfzig Jahren an verschiedene Lobes- und Verwunderungsworte [...]. »Nun ist es am besten für mich« – oder »nun ist es Zeit für mich, mit dem Dichten aufzuhören«.[71]

Wie schon Hannes Pétursson bemerkt hat, lassen es die komplizierte metrische Form der Terzinen, die im Isländischen hier zum ersten Mal verwendet wurden, wie auch der Umstand, dass die von Jónas Hallgrímsson bewahrten Handschriften in anderen Fällen von einem intensiven Überarbeitungsprozess zeugen, als höchst unwahrscheinlich erscheinen, dass das Gedicht in so kurzer Zeit unter diesen Umständen entstanden ist. Die Legende über die Entstehungsumstände eines der wirkungsmächtigsten Gedichte der isländischen Literatur zumindest des 19. Jahrhunderts hat also wenig quellenkritischen Wert, aber sie trug wesentlich zu dem Bild bei, das sich die Nachwelt vom Dichtergenie Jónas Hallgrímsson gemacht hat. Bei der frühen Mythisierung hat namhaft der bei den isländischen Lesern ebenfalls äußerst beliebte und produktive Nationaldichter der Jahrhundertwende, Matthías Jochumsson (1835–1920), mitgeholfen, der mit Essays über isländische Autoren wie Hallgrímur Pétursson (1614–1674) oder eben Jónas Hallgrímsson deren Kanonisierung beförderte und der die ihm von Hallgrímur Tómasson selbst zugetragene Anekdote in seiner Zeitschrift *Norðurljósið* 1891 veröffentlichte. Jón Helgason erwähnt in seiner Ausgabe der Gedichte Bjarni Thorarensens eine weitere, leicht abweichende Fassung der Episode: Bjarni Thorarensen habe nach der Veröffentlichung von »Gunnarshólmi« den Dichter und Philologen Sveinbjörn Egilsson in Reykjavík 1841 getroffen und zu ihm gesagt: »Nun denke ich, dass wir mit dem Dichten aufhören können, Freund! Du hast das letzte Gedicht von Jónas gesehen?«[72]

Die in Island (wie in ganz Skandinavien) lange Zeit ausgeprägt biographisch-positivistisch orientierte Literaturwissenschaft fand an solchen Spekulationen natürlich großen Gefallen; vor allem Autoren wie Matthías Jochumsson, Halldór Laxness, Hannes Pétursson, Matthías Johannessen trugen ihren Teil dazu bei. Allgemein sind Gründungs- und Entstehungslegenden dieser Art, die sich an der Person des Dichtergenies festmachen, in (Literatur-)Geschichtsschreibungen häufig zu finden und offenbar sehr effektiv. In Dänemark rankt sich eine ganz vergleichbare Legende um die Entstehung von Adam Oehlenschlägers (1779–1850) »Guldhornene«, das im Nachhinein zum Gründungsgedicht der dänischen und damit der nordischen Romantik stilisiert wurde. Auch Oehlenschläger soll »Die Goldhörner« 1803 nach einer langen Unterredung und Wanderung mit seinem Lehrer Henrich Steffens in einem Raptus verfasst haben.[73]

Gegen Ende des 19. Jahrhunderts wird »Gunnarshólmi« zum Ziel literarischer Wallfahrten. Der vielseitig begabte und interessierte englische Künstler, Schriftsteller und Historiker William Gershom Collingwood

(1854–1932) beispielsweise unternahm 1897 – anstatt einer Pilgerreise nach Bayreuth, zu der er eingeladen wurde – eine ausgedehnte Islandreise und veröffentlichte zwei Jahre später zusammen mit Jón Stefánsson einen reich bebilderten Prachtband mit dem Titel *A Pilgrimage to Saga-steads of Iceland*.[74] Collingwood hielt sich unter anderem längere Zeit im Gebiet der Njáls saga auf und malte und zeichnete verschiedene Orte, die als Sagastätten bekannt geworden waren. So hat er Gunnarshólmi in einem Gemälde festgehalten und Zeichnungen von Hlíðarendi und Breiðabólstaður angefertigt. Bei diesen Illustrationen von Sagaschauplätzen ging es Collingwood darum, den theatralischen, performativen Aspekt, den die Landschaft für die Erzählung bei einer Betrachtungsweise der Sagas als Schauspiele bekommt, herauszustreichen. Collingwood versteht die Sagas nämlich ganz zeittypisch als eigentliche Dramen und beabsichtigt »to stage these dramas, to visualise the action and events«, wie er im Vorwort schreibt.

Doch das gegenseitige Hochschaukeln von Landschaft und Text macht hier nicht Halt. Zu Beginn des 20. Jahrhunderts – Island ist noch immer nicht unabhängig, die Nationalromantik ist noch immer das vorherrschende kulturelle Paradigma – wird Jónas Hallgrímssons Gedicht stets stärker kanonisiert: Sigurður Nordal nimmt es 1924 in seine *Íslenzk lestrarbók* auf, worauf es von jedem Schulkind gelesen werden wird, und 1928 erhebt Halldór Laxness den früh verstorbenen Romantiker zum Titanen. 1957 wird Laxness dann (nachdem er 1948 in *Atomstation* eine bitterböse Satire über den Umgang der Isländer mit dem Leichnam des Dichters geschrieben hat) in einer Sammlung, die aus Anlass des 150. Geburtstages von Jónas Hallgrímsson erscheint, dieses Gedicht zu einem formalen und rhetorischen Wendepunkt deklarieren, welcher die isländische Kultur mit einem Mal auf eine höhere Stufe gehoben habe.[75]

Je stärker das Gedicht in das literarische und historische Bewusstsein Islands integriert wurde, desto mehr verschwand der »reale« Ort, der landschaftlich schon immer völlig unspektakulär gewesen war, von der Karte, und heute ist von einem Inselchen des Gunnar im Flusslauf des Markarfljót nichts mehr zu sehen, auch wenn inzwischen verschiedene Signale Touristen auf die Stelle verweisen. Das aber zeigt, dass die reale Geographie natürlich keine Rolle spielt. Die verschiedenen Auseinandersetzungen mit dem Ort und den Texten, von denen hier nur einige wenige skizziert werden konnten, illustrieren sehr schön, dass es vielmehr um Erfindungen und Deutungen von Geschichte und von Literatur geht. Mit den Worten einer Archäologie der Literatur gesprochen, wird Gunnar á Hlíðarendi im isländischen Bewusstsein erst durch Jónas Hallgrímssons »Gunnarshólmi«

zum größten Helden der Sagazeit, während der Romantiker selbst seinerseits durch den jungen Halldór Laxness, der damals noch den Mittelna-
men Kiljan trug, zum besten isländischen Dichter glorifiziert wird, da er
der isländischste von allen sei. Der in der Geschichte der isländischen Literatur immer wieder zu beobachtende, untrennbare Konnex von Natur und
Literatur lässt sich am Beispiel dieses Gedichts, das repräsentativ ist für die
nationalromantische Füllung von an sich leerem Raum mit historischer,
nationaler, kultureller Sinnhaftigkeit, wunderbar nachvollziehen. Literatur, die sich wie »Gunnarshólmi« an Orte in der Landschaft bindet, kreiert
Erinnerung und macht die Natur selber zum Denkmal.

Wie andererseits Literatur wieder ganz konkret in Natur übergehen
kann, zeigt eine kleine Grabplatte auf einem Friedhof im westisländi-
schen Hvalfjörður. Sie ließ der Aufklärer Magnús Stephensen (1762–1833)
für den größten isländischen Psalmendichter Hallgrímur Pétursson beim
Ausgang der alten, heute abgerissenen Kirche in Saurbær aufstellen, dem
Hof am Nordufer des Hvalfjörður, wo der ›Barockmeister‹ 1651–69 tätig
gewesen war.[76] Die Platte auf dem alten Friedhof ist heute so stark verwit-
tert, dass die Inschrift – nicht unähnlich der Schrift in einem alten Manuskript – kaum mehr lesbar ist. Dieser verwitterte Text auf einem beinahe
wieder zu Natur gewordenen Stein in der Landschaft verweist als Spur auf
das, was Saxo Grammaticus (ca. 1150–1220) in seiner um 1200 entstandenen Dänengeschichte (*Gesta Danorum*) über die in Felsplatten eingeritzten
Runeninschriften seiner Heimat schrieb, dass es sich nämlich um aus der
Natur entstandene Erinnerung, also um Geschichtsschreibung, handelte.

»Land, Volk und Sprache«

In Snorri Hjartarsons (1906–1986) zweiter Sammlung, *Á Gnitaheiði* (»Auf
der Knetterheide«) aus dem Jahre 1952 findet sich das Gedicht, dessen erste Zeile hier als Überschrift steht: »Land þjóð og tunga«. Das Ich beschreibt
darin, wie es diese drei Werte von Kindesbeinen an gelernt habe und sie
nun gegen eine verrückte Zeit verteidige, denn das Land, das Volk und die
Sprache verkörpern für den Sprechenden, was er mit Island verbindet und
angesichts der Modernisierung und der Errichtung einer amerikanischen
Militärbasis bedroht sieht.[77]

In der Tat ist die Themenkonstellation von Land, Geschichte, Volk, Kultur, um die es hier geht, unvollständig ohne den Einbezug der isländischen

Sprache. Über sie definierte sich die isländische Nation bis in die unmittelbare Gegenwart, und noch immer sind die Isländerinnen und Isländer außerordentlich sprachbewusst. Dieses ausgeprägte Sprachbewusstsein der neueren Zeit ist zwar weitestgehend ein Resultat der politischen und kulturellen Unabhängigkeitsbewegung, die im 19. Jahrhundert einsetzte und mit der Ausrufung der Republik 1944 schließlich ihr Ziel erreichte. Die eminente Bedeutung des Isländischen für die gesamte Kulturgeschichte des Landes reicht aber weit hinter die Romantik zurück. So geht etwa eines der auffälligsten Phänomene der isländischen Sprachpolitik, der Purismus, auf den Humanismus und insbesondere Arngrímur Jónsson zurück.

Der Sprachwissenschaftler Helgi Guðmundsson hat in einem interessanten Beitrag von 1977 die äußeren Bedingungen der isländischen Sprachentwicklung untersucht.[78] Er kommt zum Schluss, dass der relativ archaische Charakter des Isländischen und das Fehlen von Dialekten durch eine ganze Reihe von sprachexternen Faktoren bedingt seien. So fand in der Besiedlungszeit (9./10. Jh.) eine Mischung und ein Ausgleich der verschiedenen nordischen Dialekte der Siedler statt und es gab keine Urbevölkerung, deren Sprache Spuren hinterlassen hätte; die Bevölkerung sprach also nur eine Sprache und der Abstand zu anderen Sprachgemeinschaften war groß. Es entwickelten sich keine regionalen Sondersprachen, da die Verkehrsverbindungen im Land (z. B. durch das Fehlen von Wäldern) einfach waren und die Siedlungen zirkulär um das ganze Land herum lagen. Die Bevölkerung lebte in Streusiedlungen, wodurch meist mehrere Generationen im selben Haushalt wohnten, was einen stabilisierenden Effekt auf das Erlernen der Sprache hatte. Das Land war seit dem 10. Jahrhundert eine politische Einheit und das Althing, die politische Entscheidungsinstanz von Anfang an, und später die Kirche hatten einen verbindenden Einfluss. Auch hatte die Gesellschaft keine ausgeprägten sozialen Schichtungen. Mitbedingt durch diese Faktoren bestand eine weit verbreitete mündliche Dichtung mit traditionellen Metren und Ausdrucksformen sowie sehr früh auch eine schriftliche Normierung des Isländischen. Eine ungebrochene literarische Tradition, die ins 12. Jahrhundert zurückreichte, mit einer umfangreichen, vielseitigen und immer wieder kopierten Literatur tat ein Übriges für die Sprachpflege, zumal die Sprachpolitik der dänischen Herrschaft zurückhaltend bis nicht existent war.

Sicher sind die einzelnen Faktoren in dieser Aufzählung von unterschiedlicher Tragweite für die isländische Sprachgeschichte gewesen und es gibt andere, die hier nicht aufgeführt sind. In ihrer Summe erklären sie jedoch wesentliche Elemente des Isländischen: Die vermeintlich

archaischen Züge, die Einheitlichkeit und eine gewisse Geschlossen-
heit, ein bestimmtes Sprachverhalten, das sowohl Ausfluss einer gezielten Sprachpolitik und -ideologie ist und diese auch mitsteuert. Ein Blick
in die Vergangenheit zeigt, dass diese Homogenität nicht immer bestand
und ein recht neues Phänomen ist. Isländische Texte aus dem 17. und vor
allem 18. Jahrhundert weisen beispielsweise Mengen von dänischen, lateinischen, deutschen, französischen Begriffen auf und haben eine Syntax und Diktion, die weit entfernt war von der des goldenen Zeitalters im
13. Jahrhundert, als Snorri Sturluson schrieb und an die die Sprachpfleger
im 19. Jahrhundert anknüpfen wollten. In den von Dänen kontrollierten
Handelsorten und vor allem in Reykjavík zu Beginn des 19. Jahrhunderts
hatte sich offenbar eine Art von danisierter Mischsprache herausgebildet,
die beispielsweise den jungen Rasmus Rask zu der Prognose verleitete, die
isländische Sprache werde zuerst in Reykjavík und danach im ganzen Land
verschwinden, was ihn und seine Mitstreiter unter den patriotisch gesinn-
ten isländischen Studenten in Kopenhagen dazu bewegte, die Isländische
Literaturvereinigung zu gründen, eine Institution, die wiederum wesentlichen Anteil daran hatte, dass Rasks Prophezeiung nicht in Erfüllung ging
(vgl. das Schlusskapitel, S. 143).

Natürlich haben sich im heutigen Island gewisse Innovationen durchgesetzt, die wie etwa die städtische Jugendsprache den Status von So-
ziolekten erreichen. Dennoch lassen sich bisher trotz der umfangreichen
Einwanderung der letzten Jahre keine wirklichen Tendenzen zur Entwicklung einer Mehrsprachigkeit oder Pidginisierung feststellen, und es
bleibt abzuwarten, ob sich dies in der Zukunft radikal ändern wird. Bis auf
Weiteres ist nämlich absehbar, dass das Isländische der soziolinguistisch
außergewöhnliche Fall einer Sprache bleiben wird, die auf ein nationales
Territorium beschränkt ist und keine andere Sprache in diesem Territorium neben sich hat.

Anders als etwa in Norwegen, wo als Folge der Verwendung des Dänischen als Kirchen- und Verwaltungssprache im 19. Jahrhundert mit dem
Landsmaal/Nynorsk eine neue Variante geschaffen wurde, was in einem
bis heute nicht endgültig beigelegten Sprachenstreit resultierte, und anders auch als auf den Färöer-Inseln, wo wegen des Fehlens einer färöischen Schriftsprache bis ins 19. Jahrhundert der umfassende Gebrauch
des Dänischen zu einer zweisprachigen Situation geführt hat, konnte in
Island die Definition des Nationalen immer über die eine, an das eine
Land gebundene Sprache funktionieren. Das Isländische wurde im Mittelalter eine voll funktionale Schriftsprache, das heißt, man verwendete

in den mittelalterlichen Manuskripten nicht nur das Lateinische, sondern seit dem 12. Jahrhundert für eine große Anzahl verschiedener Textsorten auch die Volkssprache. Die Übersetzungen der Reformatoren machten aus dem Isländischen dann auch eine Druck- und eine Kirchensprache (was beides in Norwegen und auf den Färöern eben nicht der Fall war), während gleichzeitig die handschriftliche Überlieferung von Texten fortgeführt wurde (dies ist eines der Themen des nächsten Kapitels). Auf dieser medialen Basis konnte das Isländische tatsächlich zu jenem stabilisierenden und vereinigenden Faktor werden, von dem die nationalromantisch geprägte Kultur des 19. und 20. Jahrhunderts in all ihren Ausformungen immer sprach. Der Themenkomplex Landschaft/Volk/Sprache/Geschichte, der in sämtlichen kolonialen und postkolonialen Konstellationen in Europa virulent war, lässt sich an kaum einem Beispiel prägnanter darstellen als an jenem der Kulturgeschichte Islands.

Es bleibt als letztes Thema der als Faktor der Sprachgeschichte nicht zu überschätzende isländische Sprachpurismus. In der Einleitung wurde Sigurður Nordals ungemein einflussreicher Essay über den »Zusammenhang in der isländischen Literatur« vorgestellt. Nach ihm sind es zwei Elemente, die als Messlatte für den Zustand der Kultur des isländischen Volkes durch die Zeiten hindurch dienen: zum einen die korrekte Verwendung des Stabreims in der Dichtung (»stuðlar ljóðanna«), zum anderen die ›Reinheit der isländischen Sprache‹ (»hreinleikur tungunnar«). Diese ist, so Nordal, »in der Lage, alle Neuerungen auszudrücken […], sie benötigt aber Zeit dafür, und währenddessen drängen fremde Wörter uneingeladen herein und beflecken sie«. Weiter unten spricht Nordal nochmals von der »Gesundheit« der Sprache.[79] Diese beiden Begriffe »Reinheit« und »Gesundheit« sind zentral in der puristischen Diktion, und das ist die eine Ebene des isländischen Purismus: Eine Ideologie der Abwehr des Fremden und Neuen, die manchmal bis zu einer rassistisch verbrämten Reinheitsideologie verkommen kann. In dieser Anschauung, die in der Sprache etwas Organisches sieht, das es zu schützen gilt, stellen Neuerungen, wie sie jede natürliche Sprachentwicklung mit sich führt, im Vornherein unwillkommene Abweichungen von der Norm dar. Das bedeutet, dass selbst gewisse regionale Aussprachevarianten regelrecht als Krankheiten betrachtet und so benannt und die Sprecher somatisiert wurden. Beispielsweise wurde eine vor allem in Ostisland übliche Aufhebung der Opposition zwischen offenem i und e sowie zwischen ü und ö als »schlappe/nachlässige Aussprache« (*flámæli*) bezeichnet,[80] und eine Tendenz zum Ersatz des Akkusativs durch den Dativ wurde als »Dativkrankheit« (*þágufallssýki*) bekämpft.

65

Þegar ein kýrin pissar
er annarri mál

WC

Ekki er vitað hver uppruni
málsháttarins er en annað
afbrigði hans er *nær ein kýrin pissar, pissa þær allar.* Hér er
verið að vísa til þess hvernig einn hermir eftir öðrum
í hugsunarleysi og minnir okkur á að *allt hermir apinn eftir.*
Það er löng hefð fyrir því að nota dýr til að tákna ýmislegt
í eðli og atferli mannsins og ekki alltaf í neikvæðu samhengi.
Þannig getum við verið *ljóngáfuð* og *kattþrifin,*
með *haukfrán* augu og *synd sem selir!*

Mynd: Ingunn Harpa Bjarkadóttir
8. bekk Vallaskóla, Selfossi

Die Molkereigesellschaft
Mjólkursamsalan illustriert ihre
Milchtüten mit Anleitungen zur
Sprachpflege. Hier werden Rede-
wendungen mit Tieren erklärt.

Hierzu gehört auch, dass die Vorstellung von der Reinheit der Sprache, des Landes und des Volkes in der ersten Hälfte des 20. Jahrhunderts so umfassend verbreitet war, dass die Besatzung Islands durch die Engländer und US-Amerikaner während des Krieges und die damit verbundenen zahlreichen unehelichen Beziehungen zwischen Soldaten und Isländerinnen als Verletzungen der Integrität des gesamten Volkskörpers als besonders traumatisch empfunden wurden.

Ein ganz anderer Aspekt des isländischen Purismus besteht in der kreativen Nutzung der Möglichkeiten der Sprache. Hier kann nochmals kurz Jónas Hallgrímsson herangezogen werden, der im Rahmen seiner umfassenden Übersetzungstätigkeit eine große Zahl von teilweise noch gängigen Neologismen kreierte. So schuf er etwa, als er 1836 die dänische Schwimmanleitung von Fredericus Nachtegall ins Isländische übersetzte (*Sund-reglur prófessors Nachtegalls, auknar og lagðar eptir Íslands þörfum*), die heute üblichen Bezeichnungen für die Schwimmarten Rücken-, Brust- und Kraulschwimmen: *baksund, bringusund, skriðsund.* In solchen Neologismen, mit denen im Isländischen fremde oder neue Begriffe ausgedrückt werden, liegt ein manchmal durchaus attraktiver Zug zur Historisierung der Sprache, welche ihrerseits natürlich einen Beitrag zur gewünschten und angestrebten Bildung von kultureller Kohärenz darstellt.[81]

Nach dem Ersten Weltkrieg gibt es einen Gegenentwurf zu der hier kurz umrissenen nationalistisch-puristischen Sprachideologie in der Esperanto-Bewegung. An ihr beteiligte sich, vielleicht nicht ganz unerwartet, der bereits mehrfach zitierte Þórbergur Þórðarson. Für einen avantgardistischen, experimentierfreudigen, widerspenstigen Außenseiter-Autor wie Þórbergur Þórðarson machten der Anti-Nationalismus bzw. der Inter- oder Übernationalismus, der im Esperanto liegt, diese »Kunstsprache ohne Volk« gerade besonders interessant.[82] In diesem Zusammenhang kann auch darauf verwiesen werden, dass gleichzeitig mit der allmählichen Etablierung einer literarischen Institution zu Beginn des 20. Jahrhunderts in Island, als das Nationale seine Hochkonjunktur hatte, einige isländische Schriftsteller aus anderen Gründen als Þórbergur Þórðarson sich für eine Fremdsprache entschieden. So schrieb der junge Halldór Laxness einige Texte auf Dänisch, ehe er sich ganz für das Isländische entschied, andere wiederum – zum Beispiel Gunnar Gunnarsson, Guðmundur Kamban (1888–1945) oder Jóhann Sigurjónsson (1880–1919), um nur die bekanntesten zu nennen – schrieben ausschließlich oder vorwiegend in dieser Sprache, während der äußerst produktive Kristmann Guðmundsson (1901–1983) das Norwegische verwendete. Nochmals anders liegt der Fall bei Jón Sveinsson, der aufgrund seiner Tätigkeit im Ausland seine Nonni-Bücher auf Dänisch und vor allem Deutsch verfasste. Von dem in der Zwischenkriegszeit sehr beliebten Gunnar Gunnarsson, dessen Werke in Dänemark und Deutschland große Auflagen erzielten, kam beispielsweise der Roman *Svartfugl* 1929 im dänischen Original des Autors heraus (deutsche Übersetzung aus dem Dänischen von Pauline Klaiber: *Schwarze Schwingen*, 1930). 1938 erschien dieses Buch in einer isländischen Übersetzung von Magnús Ásgeirsson, und 1971 besorgte Gunnar Gunnarsson selbst eine weitere, isländische Fassung (die bei der neuen deutschen Übersetzung von Karl-Ludwig Wetzig, *Schwarze Vögel*, 2009, ebenfalls zugrunde gelegt wurde).

Kapitel 3
Mediengeschichten der isländischen Literatur: vom Mittelalter bis zur Moderne

Der Geruch von Dichtung: Skaldik

Der Kleriker Einar Skúlason war der bedeutendste und produktivste isländische Skalde des 12. Jahrhunderts (er starb nach 1161). Er stammte aus dem Geschlecht des nicht weniger berühmten Skalden Egill Skalla-Grímsson. Von Einar berichtet eine Königssaga-Handschrift von ca. 1275, die Morkinskinna (»Verrottetes Manuskript«, auf eine ältere Version von 1220 zurückgehend) und erzählt, dass er sich, vermutlich im Jahr 1153, am norwegischen Hof bei den beiden miteinander regierenden Königen Sigurðr und Eysteinn aufgehalten habe:

> Einarr Skúlason war bei den Brüdern, Sigurðr und Eysteinn, und König Eysteinn war ein großer Freund von ihm. Und König Eysteinn bat ihn, ein Preisgedicht auf Olaf [Haraldsson den Heiligen] zu dichten, und er dichtete es und trug es im Norden in Trondheim, in der Christkirche selbst, vor und es wurde von großen Wundern begleitet, und es strömte ein herrlicher Geruch in die Kirche. Und das sagen die Leute, dass diese Ankündigungen vom König [Olaf] selbst kamen, dass er fand, das Gedicht sei gut gedichtet.[83]

Dass sich bei dem Vortrag des Preisgedichts Wunder ereignen und ein Wohlgeruch in der Kathedrale verbreitet, hat seinen einleuchtenden theologischen Hintergrund. Im 2. Brief an die Korinther (2, 14–15), wo es um die Befähigung zum apostolischen Dienst geht – und genau davon handelt die Morkinskinna-Episode –, heißt es beispielsweise: »Dank sei Gott, der uns allezeit im Triumphzug Christi mitführt [der uns in Christus allezeit siegen lässt] und durch uns den Duft seiner Erkenntnis überall verbreitet. Denn Christi Wohlgeruch sind wir für Gott unter denen, die gerettet werden [...]«.[84] Die Morkinskinna inszeniert hier eine mehrere Sinne ansprechende, synästhetische Situation, indem sich das Licht der Gottheit, das im Gedicht besungen wird, der Text des Gedichts und der Geruch, der von dem Vortrag ausgelöst wird, als kraftvolle Medien der Verbreitung von Gottes Wort gegenseitig verstärken. Auch in Einars Preislied selbst, das uns überliefert ist, kennzeichnet die Hauptmetapher den Heiligen, der das Christentum in Norwegen im frühen 11. Jahrhundert befestigt hat, als »Licht der Gnadensonne«. Die verwendete Bildsprache von Licht und Helligkeit, die sich mit Olaf verbinden, weisen darauf hin, dass der Heilige gegen die Dunkelheit des Bösen kämpft. Dies alles fügt sich ausgezeichnet ein in die Erhebung von Nidaros zum Sitz des neuen Erzbischofs in Norwegen im Jahr 1153, in deren Umfeld Einars Preislied entstanden sein dürfte.

Das Motiv, dass sich Wohlgeruch verbreitet, wird in der isländischen Überlieferung – in Anlehnung an die legendarische Tradition von lateinischen Vorlagen – wiederholt verwendet, und zwar immer, wenn man Särge von Märtyrern öffnet; dies ist beispielsweise der Fall in der »Saga von Paul dem Einsiedler« (Páls saga eremita), der »Saga von Placidus« (Placidus saga) und der »Großen Saga von Olaf Tryggvason« (Ólafs saga Tryggvasonar en mesta). Auch in der »Saga von Olaf dem Heiligen« (Ólafs saga helga) in Snorri Sturlusons Heimskringla heißt es: »Bischof Grímkell trat dann hinzu, dort wo der Sarg von König Olaf geöffnet wurde. Es war dort ein herrlicher Geruch. Dann entblößte der Bischof das Antlitz des Königs,

Der Dom von Nidaros, heute Trondheim, in Norwegen wurde 1153 auf der Grabstätte von König Olaf Haraldsson errichtet und war das wichtigste Wallfahrtsziel im mittelalterlichen Norden.

und sein Aussehen war in keiner Weise geändert, auch eine Röte auf den Wangen, wie wenn er soeben eingeschlafen wäre.«[85]

Einars »Preislied auf den heiligen Olaf«, von dem die Morkinskinna so lebendig berichtet, ist nicht dort selbst, sondern in den großen Königssaga-Zusammenstellungen (sog. Kompilationen) aus dem 14. Jahrhundert, der Flateyjarbók und der Bergsbók, überliefert. Es trägt den Titel »Geisli« (»[Sonnen-, Licht-]Strahl«), weil dieser zentrale Begriff gleich in der ersten der 71 Strophen des Gedichts verwendet wird:

Eins má orð ok bœnir
alls ráðanda hins snjalla
vel er fróðr sá er getr góða
Guðs þrenning mér kenna.
Gǫfugt ljós boðar geisli
gunnǫflugr miskunnar
ágætan býð ek ítrum
Óláfi brag sólar.[86]

[Des einen Gottes Dreifaltigkeit möge mich Worte und Gebete lehren; wer sich das Wohlwollen des wortgewaltigen Herrschers über Alles erwirbt, ist wirklich weise. Der schlachtstarke Strahl der Sonne der Gnade verbreitet ein glänzendes Licht; ich biete dem herrlichen Olaf ein ausgezeichnetes Gedicht an.]

Wenn man diese erste Strophe ein bisschen genauer betrachtet, so lässt sich als erstes feststellen, dass sie mit dem Wort *Eins* für »ein, alleinig, einzig« einsetzt und diese Einheit im Lauf der ersten Strophenhälfte ausbaut zu »des einen, alleinigen, einzigen Gottes Dreifaltigkeit«; im Kontext der ursprünglich dezidiert nicht-christlichen, paganen Skaldik ist dieses Insistieren auf dem Monotheismus natürlich von Bedeutung. Der einleitende Teil des Gedichts steht ganz unter dem Bekenntnis zu diesem Gott, der in Zeile zwei als »Herrscher über Alles« bezeichnet wird. In der zweiten Halbstrophe geht das sprechende Ich (das sich in Zeile sieben auch explizit selber nennt) dazu über, den Heiligen, dem das Gedicht gewidmet ist, genauer zu beschreiben. Hierfür wählt der Text die in der altnordischen Dichtungslehre »Kenning« genannte Technik der poetischen Umschreibung, hier »Strahl der Sonne der Gnade«, womit eben Olaf gemeint ist; dieser Strahl wird mit »schlachstark« (*gunnöflugr*) nochmals näher präzisiert, einem Adjektiv, das einem ehemaligen Seekrieger gut ansteht, sich aber eher auf seine Missions- und Mirakeltätigkeit beziehen dürfte. In den letzten beiden Zeilen bezieht sich der Text auf das dichtende Ich und seine aktuelle Handlung, das Darbieten eines Gedichts.

Einars erste Strophe zeigt die wichtigsten Züge eines skaldischen Gedichts. Sie weist den korrekten Einsatz des Stabreims auf, der zur germanischen Dichtung als selbstverständliches Element gehörte, hier zum Beispiel in den Wörtern eins, orð und alls, die die ersten zwei Zeilen durch den vokalischen Anlaut miteinander verbinden, während die einzelnen Verszeilen nirgends einen Endreim aufweisen; in den Zeilen drei und vier staben die drei mit g anlautenden Wörter getr, góða, Guðs. Die Strophe besteht aus zwei Mal vier Zeilen (der erwähnten Halbstrophe, die *helmingr* genannt wird), die je für sich eine kleine syntaktische und gedankliche Einheit bilden. Bei dem Gedicht handelt es sich formal um eine sogenannte *drápa* mit Refrainstrophen (*stef*). Für sein Gedicht Geisli verwendete Einar Skúlason also die prestigeträchtigste Gattung des skaldischen Preisliedes. Auch auf der medialen Ebene ist diese Einleitungsstrophe durchaus konventionell, indem am Schluss die performative Situation des Gedichtsvortrags explizit markiert wird: Der Sprechende (*ek*) überreicht dem Patron bzw. dem gepriesenen Objekt (*ítrum Óláfi*) sein Werk (Gedicht, *bragr*).

Das Gedicht Geisli aus der Mitte des 12. Jahrhunderts ist vermutlich die erste große christliche Drápa des isländischen Mittelalters und hat frühchristliche Gedichte im späteren 12. Jahrhundert wie Harmsól (»Sorgensonne«) von Gamli kanóki und Leiðarvísan (»Wegweisung«, von einem unbekannten Skalden) beeinflusst. Es repräsentiert das religiöse Ideal des neuen Glaubens, auf dessen gefestigter Grundlage es beruht, und markiert gleichzeitig ein neues ästhetisches Ideal. Dichtungsgeschichtlich entsteht Geisli nämlich insofern zu einem recht prekären Zeitpunkt, als es diese beiden Größen – Religion und Poetik – miteinander in Übereinstimmung bringen muss.[87] Dies lässt sich am deutlichsten an einer aussagekräftigen Differenz zu den älteren Gedichten ablesen: Die erste Strophe unterscheidet sich von diesen durch den Verzicht auf die in der Skaldik sonst üblichen mythologischen Kenningar. Die Dichtkunst der Skaldik basierte allerdings in diesem Hauptmittel, den Kenningar (den metaphorischen und metonymischen Umschreibungen), auf der heidnischen Mythologie und der germanischen Heldensage, und einzelne Kenningar stellen in ihrer verknappten Anspielungstechnik oft eigentliche Mini-Mythen dar. So setzt beispielsweise die Enträtselung einer Umschreibung für Dichtung als »Schiff der Zwerge« oder »Suttungs Met« die Kenntnis des Mythos von der Herkunft der Dichtung und des Raubs des Dichtermets durch Odin beim

Riesen Suttungr voraus, wie er in den Skáldskaparmál (»Dichtungssprache«) der Prosa-Edda erzählt wird (s. u. S. 84f.). Die mit diesem Mythos
verbundenen und aus ihm abgeleiteten Vorstellungen des Dichtens als
eines Inkorporierens von Flüssigkeit und eines Entäußerns im Zuge des
skaldischen Vortrags prägen viele Gedichte, etwa jene von Egill Skalla-
Grímsson, grundlegend.[88]

Wie ihre Vorläufer aus der vorchristlichen Zeit verwenden die ersten
christlichen Skalden der Zeit um 1000 das Mittel der Kenning weiter und
beginnen, neue Umschreibungen nach den traditionellen Schemen zu

Skaldik

Skaldik ist ein im 19. Jahrhundert geprägtes Kunstwort, das sich vom
altnordischen Wort *skáld* (»Dichter«) ableitet. Etymologisch ist es mit
deutsch »schelten« verwandt, und vielleicht hat die Skaldik ihre Ur-
sprünge in einer alten Scheltdichtung. Bei der Skaldendichtung handelt es sich um ein umfangreiches, rund 16.000 Zeilen umfassendes
Korpus von Gedichten und Einzelstrophen in altnorwegischer und altisländischer Sprache, die zwischen dem 9. und dem 16. Jahrhundert
entstanden. Die meisten Einzelstrophen und Gedichte sind in den Sagas (s. S. 94f.) und in der Prosa-Edda (s. S. 84) überliefert. Die Skaldendichtung ist neben der Liederedda die zweite Gruppe der gebundenen
Dichtung in der altisländischen Literatur. Sie zeichnet sich durch eine
Vielzahl genau definierter, zum Teil sehr komplizierter Versmaße und
Strophenformen aus. Die wichtigste davon wird als *dróttkvætt* (oft als
»Hofton« übersetzt) bezeichnet. Ein zentrales Kennzeichen der Skaldik ist der Stabreim (gleicher Anlaut, Alliteration), während Endreim
selten vorkommt. Weitere wichtige formale Merkmale sind eine stark
verschachtelte, manchmal als »unnatürlich« bezeichnete Syntax sowie
poetische Umschreibungen mit metaphorischer oder metonymischer
Funktion, die sogenannten *heiti* (einfache Umschreibungen) und
kenningar (erweiterte Umschreibungen). Thematisch reicht das Spektrum der Skaldik vom Fürstenpreis und Klagelied über die Genealogie,
Bild-, Gelegenheits-, mythologische und frühchristliche Gedichte bis
hin zu Liebes- und Spottversen.

Im Unterschied zu den anonymen Eddaliedern sind die Namen
von etwa 250 Skalden und einigen wenigen Skaldinnen bekannt.

Weiterhin ungeklärt sind die Voraussetzungen, die zur Entstehung dieser Dichtungsart führten, einer der komplexesten des europäischen Mittelalters überhaupt. Die ältesten Skalden waren Norweger, die Ausübung der Skaldik ging aber schon im 10. Jh. immer mehr zu den Isländern über und im Mittelalter befassten sich ausschließlich Dichter aus Island mit dieser alten Kunst. Im Norweger Bragi hinn gamli (»der alte«) Boddason (9. Jh.) vermutet man allgemein den ersten Skalden. Bekannte isländische Skalden aus der frühen Zeit und der Übergangsperiode vom Heidentum zum Christentum sind Egill Skalla-Grímsson (10. Jh.), Hallfreðr Óttarsson vandrœðaskáld (gest. um 1007), Sigvatr Þórðarson (ca. 995–1045), Þórmóðr Bersason Kolbrúnarskáld (gest. um 1030). Bedeutende christliche Skaldengedichte sind u. a. *Geisli* (vermutlich 1153) von Einar Skúlason, *Harmsól* (spätes 12. Jh.) von Gamli kanóki, *Leiðarvísan* (Mitte 12. Jh.), *Lilja* von Eysteinn Ásgrímsson (gest. 1361).

bilden. Dichter der folgenden Jahrhunderte wie eben Einar Skúlason, für die die pagane Zeit schon längst überholt ist und die sich fest im neuen Glauben etabliert haben, ersetzen die heidnischen Konzepte immer mehr durch eine christliche Bildsprache und können so ihre religiösen Überzeugungen und Anschauungen mit den Mitteln der Skaldik ausdrücken. Nun stehen bei ihnen nicht mehr Preislieder auf Wikingerherrscher, sondern häufig abstrakte Vorstellungen im Vordergrund, in Leiðarvísan etwa die Heilighaltung des Sonntags. Doch sie führen mit diesen Anpassungen die alte Kunst der Skaldik in die neue Zeit des Mittelalters hinüber, und als Snorri Sturluson im ersten Drittel des 13. Jahrhunderts dann seine Skáldskaparmál zusammensetzt, den dritten Teil der Prosa-Edda, in dem es um die Struktur der Kenningtechnik und grundlegende Fragen der altisländischen Poetik geht, werden ihre Texte – vor allem jene von Einar Skúlason – sehr häufig zur Illustration einzelner Kenningar oder metrischer Aspekte angeführt.

Von der Außergewöhnlichkeit vieler Skalden berichten ganze Sagas, die ihnen gewidmet sind, zum Beispiel die als Skaldensagas bezeichnete frühe Untergruppe der Isländersagas, die manchmal eigentliche Dichterbiographien darstellen: Egills saga Skalla-Grímssonar, Fóstbrœðra saga (»Saga von den Schwurbrüdern«), Bjarnar saga Hítdœlakappa (»Saga von Björn, dem Helden aus dem Hítardalr«), Kormáks saga, Hallfreðar saga vandrœðaskálds (»Saga von Hallfreðr, dem schwierigen Dichter«). Es gibt aber wie in der Morkinskinna auch unzählige Kurzerzählungen über einzelne Skalden, die in die Königssaga-Kompilationen aufgenommen wurden. Sie kontextualisieren wie im Fall von Einars Geisli die Gedichte oft durch die Schilderung der Entstehungsumstände, was zur typisch prosimetrischen Form (Mischung von Prosa und der gebundenen Texte) der Sagas führt. Auch über Einar zirkulieren solche Dichteranekdoten. Eine, ebenfalls in der Morkinskinna überlieferte, besagt, dass der König einen

Freund Einars wegen eines Fastenbruchs auspeitschen lassen will und sich Einar für ihn verwendet. Der König befiehlt, den Schuldigen so lange auszupeitschen, bis Einar eine Strophe gedichtet hat. Einar beendet sein Impromptu, als der fünfte Hieb gefallen ist. Doch Skalden retten mit ihrer Dichtung nicht nur Freunde, sondern in Extremsituationen auch den eigenen Kopf, und so gibt es in der isländischen Literatur eine Reihe von Gedichten mit dem Titel »Haupteslösung« (Höfuðlausn). Das berühmteste davon wird Egill Skalla-Grímsson zugeschrieben, der laut der Saga, die seinen Namen trägt, in die Gefangenschaft des Königs gerät, am nächsten Morgen getötet werden soll, in der Nacht jedoch ein Preislied auf eben den König dichtet (zu dessen Exilierung aus Norwegen er – unter anderem mit Schmähstrophen – selber beigetragen hat), mit dem er

Handschrift AM 426 fol, Ende 17. Jh.: Darstellung des Sagahelden Egill Skalla-Grímsson

75

am nächsten Morgen sein Leben rettet. Andere Schilderungen von Anlässen mit lebensbedrohlichen Situationen in den Sagas oder der Prosa-Edda zeugen von einem Glauben an die therapeutische Wirkung, die das Dichten auf den Dichter haben kann; das Beispiel ist hier Egills weiter unten nochmals aufgegriffenes Gedicht Sonatorrek (»Söhneverlust«, s. u. S. 126). Das Ich des Gedichts kann sich auch ironisch von den alten Topoi absetzen, wie dies in der Jómsvíkingadrápa (»Preislied über die Krieger von Jómsvík«) des Orkney-Bischofs Bjarni Kolbeinsson (gest. 1222) geschieht, der die traditionelle Bitte der Skalden um Ruhe am Anfang des Gedichts konterkariert: »Niemanden fordere ich auf zuzuhören [...]. Ich habe nicht unter Wasserfällen dichten gelernt, niemals Zauber ausgeübt, die Dichtkunst nicht unter einem gehängten Mann gelernt.« Oder die Begleitprosa zielt auf die Geschicklichkeit der Skalden ab, so wenn der König dem Dichter Hallfreðr den Auftrag gibt, eine metrisch korrekte Strophe zu verfassen, in der in jeder Zeile das Wort *sverð* (»Schwert«) vorkommt.

Der König sagte: »Du bist der schwierige Dichter, aber du sollst nun mein Mann sein.« Hallfreðr antwortet: »Was gibst du mir, König, zur Namensgebung, wenn ich der schwierige Dichter heißen soll?« Der König gab ihm ein Schwert, aber keine Scheide dazu. Der König sprach: »Dichte nun eine Strophe über das Schwert und lass Schwert in jeder Zeile sein.« Hallfreðr sprach: »Ein Schwert, besser als andere Schwerter, hat mich schwertreich gemacht. Nun wird es schwertvoll werden für die Schwertschwinger [Krieger]. Es wird nicht an Schwertern fehlen; ich bin wert drei Schwerte, wenn eine verzierte Scheide zu diesem Schwert gefunden wird.« Dann gab ihm der König die Scheide.[89]

Die in Geisli verherrlichte Person ist die im norwegisch-isländischen Mittelalter herausragendste und meistverehrte historische Figur: Olaf II. Haraldsson (geb. 995) war nach Olaf Tryggvason (960er Jahre–995/1000) der zweite große norwegische Missionskönig. Er verhalf dem neuen Glauben mit dem Schwert zum Durchbruch. Er kam beim Versuch, Norwegen nochmals unter seine Herrschaft zu bringen, in der Schlacht bei Stiklestad am 29.7.1030 im westnorwegischen Trøndelag ums Leben, wurde bereits am 3.8.1031 heiliggesprochen und zum immerwährenden König Norwegens (*rex perpetuus Norvegiae*) erklärt. Unmittelbar nach seinem Tod wurde Óláfr hinn helgi (altnorwegisch-isländisch) bzw. Olav den hellige (norwegisch) zum Objekt einer umfassenden Verehrung in Form von

Pilgerfahrten, Bauwerken, Bildern, Musik und Texten. Die Überführung der sterblichen Überreste in den Dom nach Nidaros machte seinen Schrein zum bedeutendsten Wallfahrtsort Skandinaviens. Überall in Skandinavien und bis nach Russland hinein errichtete man Olafskirchen und es entstand eine spezifische Olafsikonologie. Lateinische Texte wurden für den Kanonisierungsprozess angefertigt, die um 1170 entstandene Passio Olavi (»Leidensweg Olafs«) erreichte weite Verbreitung in und außerhalb Norwegens und ab dem späten 12. Jahrhundert sind unzählige Handschriften mit volkssprachigen Berichten bewahrt. Ausgehend von den Lebensbeschreibungen über Olaf den Heiligen entwickelte sich in Island die Untergruppe der sogenannten Königssagas. Anfänglich waren das in Anlehnung an die lateinischen Modelle verfasste Erzählungen, danach immer größere und selbständigere Sagas, die in Snorri Sturlusons Óláfs saga hins helga (»Saga von Olaf dem Heiligen«) in der Heimskringla von ca. 1230 einen ersten künstlerischen Höhepunkt fanden, jedoch noch weit ins 14. Jahrhundert hinein zu immer umfangreicheren Kompilationen wie in der Flateyjarbók (um 1390) oder der Bergsbók (um 1370) ausgebaut wurden. Die Künstler, die Olaf jedoch als Erste verehrten, waren isländische Skalden aus seinem Umfeld wie Þórarinn loftunga (1. Hälfte 11. Jh.), der um 1032 in seinem Gedicht *Glælognskviða* (Bedeutung

Flateyjarbók, GKS 1005 fol, um 1390: Die Initiale am Anfang der *Óláfs saga Haraldssonar* zeigt den Schlachtentod des Königs 1030; Marginalien unten: Kampf gegen das Heidentum.

nicht sicher geklärt, evtl. »Gedicht über die Meeresstille« o. ä.) Olafs Hei-
ligkeit erwähnte, oder Sigvatr Þórðarson (995–1045), der um 1040 seine
Erfidrápa Óláfs helga (»Erinnerungsgedicht auf Olaf den Heiligen«) verfasste.

Im 20. Jahrhundert hat sich unter anderen Halldór Laxness mit der Figur des berühmtesten norwegischen Königs des Mittelalters auseinandergesetzt. Sein Roman *Gerpla* (1952; *Die glücklichen Krieger*, 1991), ist eine
scharfe Abrechnung mit Heldenverehrung, Führerwahn und Ideologien
und markiert in der schriftstellerischen und politischen Entwicklung von
Laxness einen wichtigen Punkt, indem er häufig als ein erster Rückzug von
seinen stalinistischen Positionen gesehen wird. Die hier interessierenden
Stellen finden sich ganz zum Schluss des Romans und zeigen Olafs Verhältnis zu den isländischen Dichtern:

> Thormod [...] sagte, wie es war: dass er ein isländischer Skalde sei
> und König Olaf Haraldsson aufsuchen wolle, um ihm ein Gedicht
> darzubringen. [...] Als es Thormod aufging, dass er König Olaf
> Haraldsson vor sich hatte, da trat er näher und sprach laut und
> deutlich folgende Worte: »Ich bin der Skalde Thormod Bessason
> aus Island [...] und ich bitte euch um Gehör, Herr, um euch ein
> Gedicht vorzutragen.« Der König fragte, wer der Bettler wäre, der
> da den Mund aufmachte. »Zu den Trollen mit den isländischen
> Skalden«, sagte er, »in ihnen habe ich mich am meisten getäuscht,
> und ich habe genug von ihrer Prahlerei. [...]« »Er ist wohl verrückt,
> der arme Kerl, der hier solches Zeug daherredet«, sagte der König
> [...]. Nach diesen Worten ging der König fort, um sich wichtigeren
> Dingen zuzuwenden.[90]

Doch was ist an Kunstsinn und Literaturverständnis schon von einem König zu erwarten, der zynisch, brutal und machtbesessen, ungebildet und
darüber hinaus so unzivilisiert ist, dass er schlecht riecht? Wenn man
Halldór Laxness glaubt (was man als Leser seiner Texte eigentlich nie tun
sollte), so gingen von dem historischen Olaf dem Dicken, wie ihn der Roman wegen seiner Körperfülle vor seiner Erhebung zum König durchwegs
nennt, nämlich keineswegs dieselben Wohlgerüche aus wie von dem Preisgedicht, das Einar Skúlason über ihn vortrug. Der Roman« beschreibt den
Seekrieger, der später zum ewig währenden König Norwegens wurde, bei
einem seiner ersten Auftritte im Text folgendermaßen:

Olaf der Dicke war auf Schiffen aufgewachsen bei Salz und Teer, Gestank und Kotze, Läusen und Fäulnis, Schorf und Ausschlag, Scharbock und Krätze und dem übelriechenden Schweiß, der von Schiffsleuten ausgeht, weil sie sich lange nicht waschen.[91]

Im Rahmen seiner ideologiekritischen Saga-Pastiche knüpft der Text in diesem kurzen maliziösen Porträt so ganz nebenbei an eine Hygienediskussion an, die Laxness als junger Autor intensiv und vehement geführt hatte. Viele ausländische Reisende hatten im 19. Jahrhundert den Isländern einen für sie erstaunlichen Mangel an Reinlichkeit und Körperhygiene attestiert, ein Problem, das auch die große volkskundliche Darstellung der isländischen Bauernkultur, *Íslenzkir þjóðhættir* von Jónas Jónasson frá Hrafnagili (»Isländische Volkskunde«, erstmals 1934 erschienen), thematisiert.[92] Hygiene wurde dann wie überall so auch in Island im frühen 20. Jahrhundert in der Modernisierungsdebatte zu einem wichtigen Gradmesser für Fortschritt. Laxness hatte unter dem Eindruck seines Amerikaaufenthalts in einem Artikel über »Reinlichkeit in Island« für eine Verbesserung der hygienischen Zustände agitiert, wobei er Gedanken und Argumente aus einem älteren Beitrag des Arztes Steingrímur Matthíasson (1876–1948) übernehmen konnte.[93] Als der Hygiene- und Fitnessapostel, der er war, ließ sich Laxness später bei seinem Haus in Gljúfrasteinn einen Swimmingpool bauen, ein Luxus, über den allerdings auch sein Dichterkollege aus dem 13. Jahrhundert, Snorri Sturluson, verfügt hatte, dessen bereits in der Sturlunga saga erwähnte Snorralaug (»Snorris Bad«) in Reykholt 1817 als eines der ersten isländischen Denkmäler unter Schutz gestellt wurde.

Das Thema scheint also schon die Menschen im Mittelalter beschäftigt zu haben und vor allem die Sagaliteratur ist reich an Geschichten, die Verletzungen von Reinlichkeitstabus erzählen. Die Eyrbyggja saga (Kapitel 4) etwa erhebt Reinlichkeit an bestimmten, genau abgegrenzten Orten zu einem Bestandteil des religiösen Lebens. Der Gode Þórólfr Mostrarskegg untersagt es seinen Leuten, den Heiligen Berg der Gegend (Helgafell) ungewaschen zu *betrachten*. Den Thingplatz auf Þórsnes erklärt er für so heilig, dass dort weder Mensch noch Vieh verletzt und die Stätte nicht durch das »Vertreiben der Elfen« (*ganga álfrek*) entweiht werden darf, womit das Beschmutzen der Erde (in welcher eben die Elfen leben) durch Verrichten der Notdurft gemeint ist; dafür gibt es eine Insel, die Dritsker (»Dreckschäre«) heißt. – In der Laxdœla saga (Kapitel 47) wird einmal beschrieben, wie eine Partei ihre Gegenspieler auf deren Hof einschließt und ihnen während drei Tagen nicht erlaubt, das Gebäude zu verlassen, um die Aborte aufzusuchen, was sie zwingt, ihre Notdurft drinnen zu verrichten; für diesen erniedrigenden Akt, der folgerichtig eine Rachehandlung auslöst, hat das Isländische sogar einen Terminus technicus, das *dreita inni* (»drinnen verdrecken lassen«) geprägt.

Gerüche aller Art vom Wohlgeruch bis zum Gestank und alle damit verbundenen geistig-imaginären, symbolisch-machtbezogenen, physisch-konkreten Vorstellungen sind also offenbar sehr wirkungsvolle literarische Mittel. Sie werden in der isländischen Literatur, beginnend mit der mittelalterlichen Skaldik und bis hin zu Oddný Eir Ævarsdóttirs postmodernem Roman *Heim til míns hjarta. Ilmskýrsla um árstíð á hæli* (2009; »Heim zu meinem Herzen. Duftbericht über eine Saison in der Klinik«), denn auch regelmäßig und mit Erfolg als aussagekräftige Sinnesmedien eingesetzt.

Die Namen der Edda

In der ca. 1300–1325 geschriebenen Handschrift U der Prosa-Edda, dem sogenannten Codex Upsaliensis mit der Signatur DG (De la Gardie) 11 der Universitätsbibliothek Uppsala, ist dem Beginn des zweiten Teils, der Gylfaginning (»Gylfis Täuschung«), die folgende Rubrik vorangestellt:

Bók þessi heitir Edda. Hana hefir saman setta Snorri Sturluson eptir þeim hætti sem hér er skipat. Er fyrst frá Ásum ok Ymi, þar næst Skáldskaparmál ok heiti margra hluta, síðast Háttatal er Snorri hefir ort um Hákon konung ok Skúla hertuga.[94]

[Dieses Buch heißt Edda. Snorri Sturluson hat es zusammengesetzt in der Weise, wie es hier angeordnet ist. Zuerst handelt es von den Asen und Ymir, danach kommen die ›Dichtungssprache‹ und die Bezeichnungen vieler Dinge, zuletzt das ›Versmaßverzeichnis‹, welches Snorri über König Hákon und Herzog Skúli gedichtet hat.]

Diese Rubrik (hier im wörtlichen Sinn zu nehmen als eine mit ›roter‹ Farbe geschriebene Überschrift) ist die einzige Stelle in der gesamten mittelalterlichen Überlieferung, die den bis heute akzeptierten Titel des Werks, Edda, nennt. Unglücklicherweise hat es der Schreiber der Rubrik unterlassen, die Herkunft und Bedeutung des Wortes Edda zu erklären, so dass

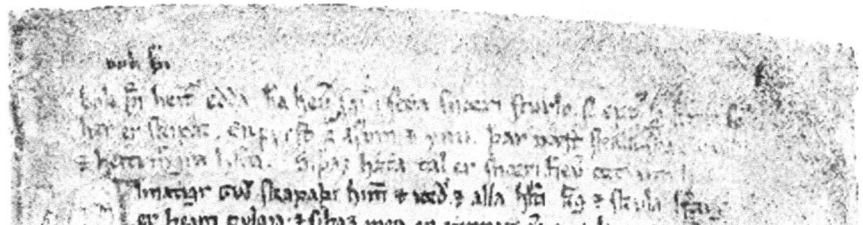

sich die Forschung nach wie vor nicht auf eine allgemein verbindliche Etymologie stützen kann.

Zwar kommt im Altisländischen das Wort *edda* vor, es ist aber eine Bezeichnung für »Urgroßmutter«. So heißt es im Eddalied Rígsþula (»Merkgedicht von Rígr«), dass der Gott Heimdallr unter dem Namen Rígr auf seiner Wanderung durch die Welt zuerst bei dem kinderlosen Ehepaar Ái (»Urgroßvater«) und Edda Unterkunft findet und mit der Frau einen Sohn zeugt, der Þræll (»Sklave, Knecht«) getauft wird; von ihm stammen die Geschlechter der Knechte ab (Strophen 2–13). Allerdings bereitet die Verbindung von Urgroßmutter und Werktitel Mühe, zumal es keine wirklich überzeugenden Parallelen gibt, die eine solche Herleitung stützen würden. Allenfalls ließe sich an eine Geschichtenerzählerin denken, was aber den meisten etwas weit hergeholt scheint. Bei den nächsten beiden Vorschlägen, den Namen Edda als Bezeichnung für eine mittelalterliche Poetik zu erklären, bereitet demgegenüber die sprachgeschichtliche Seite Probleme: Das Wort *óðr* bedeutet im Altnordischen sowohl »Wut« als auch »Dichtung« und erscheint unter anderem im Götternamen *Óðinn*, der auf Deutsch *Wotan* hieß. Odin ist in der nordischen Überlieferung der Gott der Dichtung, und zahllose Kenningar, die Dichtung umschreiben, sind aus seinen verschiedenen Namen oder Taten gebildet. Eine solche altertumskundlich-religionshistorische Herleitung des Begriffs hatte früher viele Anhänger; sie konnten jedoch nie nachweisen, wie lautgeschichtlich aus *óðr* eine Form *Edda* hätte entstehen können. Deshalb ist diese etymologische Option heute nicht mehr gängig, ebenso wenig wie die Verknüpfung von *Edda* und *Oddi*, dem Hof in Südisland, auf dem Snorri Sturluson (1179–1241) von Kindheit an bis zu seinem 19. Lebensjahr als Pflegesohn von Jón Loptsson (gest. 1197) lebte und seine Ausbildung erhielt. Für die meisten Experten fällt somit auch diese biographische Erklärung weg.

Die zur Zeit als am wenigsten unwahrscheinlich geltende Herleitung hat gegenüber diesen Erklärungsversuchen den Vorteil, dass sie linguistisch nachvollziehbar und kulturhistorisch einigermaßen plausibel ist und zudem auf einen frühneuzeitlichen Beleg zurückgreifen kann:

Was ist Edda.

Edda ist eine Kunst von Fabeln, die kluge Männer in frühen Zeiten gedichtet haben, und von viel verwendeten Bezeichnungen von Dingen, die die norröne Dichtung für die Allgemeinheit als dunkel gedichtet erscheinen lässt, für die klugen Männer aber kunstvoll gedichtet zu verfassen ist; diese Kunst, wie ein unerschöpflicher Wasserbrunnen, übermittelt alte Umschreibungen und gebiert stets neue für die Dichtung zuhanden allen Dichtern, die sie mit Fleiß begründen wollen und gründlich anwenden, wovon sie auch ihren Namen bekommen hat, denn Edda kommt vom lateinischen Wort edo, i.e. ich dichte oder verfasse.[95]

Diese Etymologie gibt der isländische Pfarrer und Dichter Magnús Ólafsson í Laufási (ca. 1573–1636), der zu Beginn des 17. Jahrhunderts eine eigene Version der Prosa-Edda (sog. Laufás Edda) kompilierte, sie ins Lateinische übersetzte und vermittels des vom Dänen P.H. Resen veranstalteten Druckes *Edda Islandorum* (1665) den europäischen Gelehrten zugänglich machte.

Magnús Ólafssons kurze Definition von Edda konzentriert sich auf zwei in der Prosa-Edda miteinander verbundene Hauptaspekte, nämlich die Tatsache, dass Snorri in den Skáldskaparmál sein Thema in Form von Erzählungen – manchmal Mythen, manchmal Heldensagen – wie auch mehr theoretisch abhandelt. Die Prosa-Edda (und das gilt für die beiden Abschnitte Gylfaginning und Skáldskaparmál) entwirft verschiedene Rahmenerzählungen, in denen von unterschiedlichen Figuren Wissensdialoge geführt werden. Die von Magnús Ólafsson als »Fabeln« bezeichneten narrativen Passagen, also die mythologischen und heroischen Abschnitte, und die Teile, in denen die dichterischen Vorgehensweisen abstrakter erläutert werden, ergeben zusammen, was schon in den älteren Handschriften als *eddulist*, wörtlich »Eddakunst«, und *eddu reglur*, wörtlich »Eddaregeln«, aber mit der allgemeineren Bedeutung von »Dichtungslehre« oder eben »Dichtungssprache«, Skáldskaparmál, zusammengefasst wurde.

Die Prosa-Edda beschreibt in einem Prolog die Herkunft der Asen, der nordischen Götter, in christlicher und sog. euhemeristischer Deutung (sie seien ursprünglich Helden des Trojanischen Krieges gewesen, nach Norden

Edda

Unter dem nicht geklärten Begriff *Edda* versteht man zwei Werke aus dem isländischen Mittelalter, die Liederedda und die Prosa-Edda.

1. Liederedda
(auch Ältere Edda oder Poetische Edda, früher fälschlicherweise auch Sæmundar-Edda)

Hierbei handelt es sich um eine Gruppe von etwas über 30 Gedichten (»Liedern«) in altisländischer Sprache, die vermutlich auf mündliche, zwischen dem 9. und dem 13. Jahrhundert entstandene Erzählungen zurückgehen und im 13. Jahrhundert niedergeschrieben wurden. Die Eddalieder sind zum aller größten Teil (29 Gedichte) in der Handschrift Codex regius der Lieder-Edda (Signatur GKS 2365 4to), drittes Viertel 13. Jh., überliefert; diese Handschrift wurde 1643–1971 in der Kgl. Bibliothek in Kopenhagen aufbewahrt und befindet sich heute im Arnamagnäanischen Institut (Stofnun Árna Magnússonar) in Reykjavík (vgl. Kapitel. 1, S. 6–10). Vereinzelt sind eddische Gedichte in anderen Handschriften überliefert. Im Verhältnis zur Skaldik sind die eddischen Versmaße (vor allem *fornyrðislag* »Strophen für alte Erzählungen«, *ljóðaháttr* »Strophenversmaß«, *málaháttr* »Spruchversmaß«) relativ einfach; auch sie weisen durchgängig Stabreim (Alliteration) auf. Die Inhalte der Eddalieder sind pagane Mythologie, Wissensdichtung, skandinavische und germanische Heldensage.

Der Codex regius beginnt mit den Götterliedern. Die bekanntesten sind die *Völuspá* »Prophezeiung der Seherin«, die *Hávamál* (»Lieder, Sprüche des Hohen«), *Skírnismál* (»Lied von Skírnir «), *Þrymksviða* (»Lied von Thrymr«), *Völundarkviða* (»Lied von Völundr«). Danach setzen die Heldenlieder mit den drei auf skandinavischem Erzählgut basierenden Helgi-Liedern. Die darauf folgenden 14 Gedichte stammen aus den Sagenkreisen um Sigurðr, Gunnar, Högni, Brnyhildr, Guðrún, Atli, Jörmunrekr, die auch in der deutschen Heldendichtung (Nibelungenlied u. a.) vorkommen. Gegenüber dieser Überlieferung ist in den eddischen Heldenliedern vor allem die Jung-Sigurd-Dichtung durch verschiedene Lieder vertreten.

Gedichte aus anderen Handschriften sind etwa *Rígsþula, Hyndluljóð*, Hunnenschlachtlied, Hildibrands Sterbelied. Als *Eddica minora* bezeichnet man eine Gruppe von Gedichten in eddischen Versmaßen, die in verschiedenen Sagas enthalten sind.

2. Prosa-Edda
(auch Jüngere Edda, Snorra Edda)

Hierbei handelt es sich um ein Prosawerk mit zahlreichen Stropheneinlagen in altisländischer Sprache, das im zweiten Viertel des 13. Jahrhunderts entstanden sein dürfte und ganz oder teilweise Snorri Sturluson (1178/79–1241) zugeschrieben wird. Die Prosa-Edda umfasst vier Teile: Prolog, *Gylfaginning* (»Täuschung des Gylfi«: Mythographie), *Skáldskaparmál* (»Dichtersprache«: Sprach- und Dichtungstheorie, mythologische Erzählungen), *Háttatal* (»Versmaßverzeichnis«: Auflistung der skaldischen Versmaße in rund 100 Strophen). Sie ist in zahlreichen Handschriften ab ca. 1300 überliefert. Die Prosa-Edda wurde vermutlich als Dichtungslehrbuch und Poetik konzipiert, was auch der Name wahrscheinlich macht; die Bezeichnung Edda geht auf eine Rubrik in der Handschrift U (Universitätsbibliothek Uppsala, ca. 1300) zurück (vgl. Kapitel 3, S. 80f.).

gewandert und dort Könige geworden); sie gibt darauf in der Gylfaginning aus der Perspektive des Mittelalters einen systematischen Überblick über die Vorstellungen der heidnischen Vorfahren vom Anfang der Welt, den Taten der Götter und dem Untergang und der Neuerstehung der Welt; sie bietet im dritten Teil, den Skáldskaparmál, eine *ars poetica* (Lehre der Dichtkunst), wobei hier unter vielem anderen besonders interessant ist, dass die mittelalterliche Poetik, Dichtungs-, Grammatik- und Sprachtheorie wie in anderen Literaturen mit mythologischen Erzählungen zusammen überliefert wird; und sie schließt mit dem Háttatal (»Versmaßverzeichnis«), in dem Snorri möglichst viele der in den Skáldskaparmál besprochenen Metren in einem langen skaldischen Gedicht umsetzt.

Obwohl die Prosa-Edda sehr stringent und folgerichtig komponiert wirkt, ist es keineswegs sicher, dass die vier Teile von Anfang an als ein geschlossenes Werk konzipiert waren. Von dieser philologischen Frage abgesehen, sind es in den zahlreichen spät- und nachmittelalterlichen Handschriften vor allem die Skáldskaparmál, die das größte Interesse auf sich zogen. Dieser Teil der Prosa-Edda wurde oft zusammengefasst in

Überlieferungsverbünden mit den sogenannten Grammatischen Traktaten, welche ihrerseits nicht nur sprachliche Phänomene im heutigen Sinn, sondern entsprechend damaligem Verständnis von Grammatik auch zentrale Bereich der Rhetorik und Poetik beinhalteten und so als eine Erweiterung der poetologischen Teile der Edda dienten. Und die Anleitungen zum korrekten Dichten wie auch die Regeln, die beispielsweise für das Entwerfen neuer Kenningar galten, wurden durch die Jahrhunderte in handschriftlichen Kopien weitergegeben. Noch bis vor kurzer Zeit hat man im Isländischen zwischen den guten Dichtern (*góðskáld*, die vom »teuren Met«, *inn dýri mjöðr,* kosteten) und den Dreckdichtern (*leirskáld,* die nur den Ausschuss kriegten) unterschieden und so eine Zweiteilung fortgeführt, die letztlich auf die Erzählung von Odins Raub des Dichtermets zurückgeht, wie sie Snorri in den Skáldskaparmál schildert:

Melsteðs Edda, Prosa-Edda, 1765–66: Odin in Adlergestalt bringt den Dichtermet nach Asgard.

> Bölverkr [Odin] ging dorthin, wo [die Riesin] Gunnlöd war, und lag drei Nächte bei ihr, und dann erlaubte sie ihm, drei Schlucke vom Met zu trinken. Mit dem ersten Schluck trank er alles aus [dem Kessel] Óðrœrir, mit dem zweiten aus [dem Kessel] Boðn, mit dem dritten aus [dem Kessel] Són, und dann hatte er den ganzen Met. Dann nahm er Adlergestalt an und flog so rasch er konnte. Aber als [Gunnlöds Vater] Suttungr den Flug des Adlers sah, nahm er Adlergestalt an und flog ihm nach. Und als die Asen sahen, wo Odin flog, dann stellten sie ihre Gefäße auf den Hof hinaus, und als Odin durch Asgard kam, dann spuckte er den Met in die Gefäße aus, aber er war dann so nahe dran, dass Suttungr ihn erwischen würde, dass er einigen Met hinten hinaus ließ, und darum kümmerte man sich nicht. Jeder, der wollte, konnte das haben, und das nennen wir den Teil der Dichterlinge. Aber Suttungs Met gab Odin den Asen und den Männern, die dichten können. Deshalb nennen wie die Dichtung Fang Odins und seinen Fund und Trank und seine Gabe und Trank der Asen.[96]

Aus literatur- und medienhistorischer Sicht ist an der Prosa-Edda faszinierend, wie sie sich der Tatsache bewusst ist, dass sich ihr Text im Rahmen einer ausdifferenzierten Schriftkultur bewegt. Dies zeigt schon die kurze Rubrik, die im ersten Satz den Objektstatus des Werks als konkret vorliegender Handschrift, als ›Buch‹, in den Vordergrund rückt und im darauf folgenden Satz auf die Gesamtkomposition eben dieses Buches als Text, der sich aus mehreren Teilen zusammensetzt, aufmerksam macht. Der Schreiber der Notiz legt in seiner höchst stereotypisierten Formulierung gleich am Anfang das Gewicht auf den Umstand, dass ein (mittelalterlicher) Text zusätzlich zu seiner thematisch-ästhetischen Seite immer auch eine materielle Dimension hat und referiert auf Entstehungsgeschichte, nimmt eine Zuschreibung an einen bekannten Autor/Kompilator vor,[97] versieht den ganzen Text und die einzelnen Abschnitte mit Titeln und gibt einen Überblick über seine Gliederung. Dazu bedient er sich mit *setja saman* für »kompilieren« im Sinn von »zusammensetzen, zusammentragen, zusammenstellen« und *yrkja* für »dichten, komponieren« einer spezifischen poetologischen Terminologie.

Zeichnung nach DG 11, Gylfaginning, Prosa-Edda: Gylfi befragt Hoch, Gleichhoch und Dritter.

Diese gelehrte Schriftkultur wird durch die Vorstellung einer auf mündlicher Weitergabe basierenden Kommunikation erweitert, die besonders die Dialogabschnitte der Rahmen- und Binnenhandlungen in der Gylfaginning und den Skáldskaparmál inszenieren. Das dialogische Grundprinzip der als Wissensgespräche angelegten Passagen, zu denen auch das Háttatal zu zählen ist, wird in den ausführlichen narrativen Rahmungen in zahllosen Einzelsituationen ausdrücklich hervorgehoben und trägt maßgeblich zur poetologischen und medialen Selbstreflexion des Textes bei. Beispielsweise beschließt Hoch in Kapitel 21 der Gylfaginning das Porträt des Gottes Thor mit folgendem Kommentar: »Aber niemand ist so klug, dass er alle seine [Thors] Großtaten aufzählen könnte, aber ich kann dir so viele Ereignisse von ihm erzählen, dass die

Stunden vergehen, bevor alles erzählt ist, was ich weiß.«[98] Hier verweist der Text auf ein orales, improvisierendes Geschichtenerzählen, das auf einem im Prinzip unerschöpflichen Reservoir an mündlichen, jeweils kontextuell abrufbaren Erzählungen basiert. Genau diese mediale Situation wird in dem berühmten Bild in der Handschrift DG 11 wiedergegeben, in dem der Schwedenkönig Gangleri/Gylfi links auf einen Stab gestützt steht und sich mit drei Figuren unterhält, die auf einem Dreierthron auf der rechten Seite sitzen.

Eine ausgefeilte Erzählung über die Entstehung von Mythenerzählungen, das heißt nichts weniger als eine metapoetische und medienreflexive, sich selbst ausstellende ›Textursprungsgeschichte‹, wie Christian Kiening dies genannt hat,[99] bietet dann der Schluss der Gylfaginning, der die Mund-zu-Mund-Tradierung als Transmissionskern ansetzt:

> Dann geht er [Gangleri] seines Weges und kommt nach Hause in sein Reich und erzählt die Ereignisse, die er gesehen und gehört hat. Und nach ihm erzählte ein Mann dem anderen diese Erzählungen. Aber die Asen setzen sich zur Unterredung zusammen und halten Rat und erinnern sich an all die Erzählungen, die ihm erzählt worden waren [...].[100]

Die distanzierende Ironisierung, die in der Aufhebung des illusionsschaffenden Rahmens am Schluss der Gylfaginning (s. u.) liegt, bezieht sich dabei auf eine weitere fundamentale Bedingung von Erzählen, indem sie zeigt: Dichtung (mündliche wie schriftliche) beruht im Innersten auf Betrug, wer an sie glaubt, erliegt einer Täuschung. Wiederholt macht der Text nämlich deutlich, dass es sich bei den Erzählungen von Hoch, Gleichhoch und Dritter (Gylfaginning) bzw. Bragi (Skáldskaparmál) um Mythen handelt, die unter dem Vorzeichen der Sinnestäuschung, *sjónhverfingar* (wörtlich »Täuschung, Verdrehung des Sehens«), betrachtet werden müssen. Zu Beginn der Gylfaginning macht sich der zauberkundige Schwedenkönig Gylfi auf, um herauszufinden, warum die Asen so kenntnisreich sind:

> Er begann seine Reise nach Asgard und ging im Geheimen und nahm das Aussehen eines alten Mannes an und verhüllte sich so. Aber die Asen waren deshalb weiser, da sie die Sehergabe hatten, und sie sahen seine Reise, bevor er kam, und veranstalteten Sinnestäuschungen gegen ihn. Und als er in die Burg kam, sah er dort eine große Halle.[101]

Aus medialitätstheoretischem Gesichtspunkt ist diese Szene zentral, weil sie mittels einer kleinen Situation vorführt, wie wenig zuverlässig die menschlichen Sinne, hier der Sehsinn (›er sah‹), in Tat und Wahrheit sind.

Dasselbe Muster von Täuschung und Gegentäuschung wiederholt sich am Anfang der Skáldskaparmál, als der wie Gylfi zauberkundige Ægir nach Asgard zieht: »Er war sehr zauberkundig. Er unternahm eine Reise nach Asgard, aber als die Asen von seiner Reise wussten, wurde er gut empfangen, aber dennoch wurden ihm viele Dinge vorgetäuscht.«[102] Als am Schluss der Gylfaginning Hoch, Gleichhoch und Dritter das Gespräch abrupt abbrechen und die Illusion, in der sich der Dialog bewegt hat, aufgehoben wird, heißt es bezeichnenderweise mit Verben der Wahrnehmung (»hören«, »schauen«, »sehen«), die auf eine mediale Situation verweisen: »als nächstes hörte Gangleri überall um sich herum großen Lärm und er schaute zur Seite. Und als er sich weiter umsieht, steht er auf dem ebenen Feld, und sieht keine Halle und keine Burg.«[103]

Literarische Fiktionen, das führen diese Geschichten der Prosa-Edda mit schöner Prägnanz vor, beruhen auf dem Grundprinzip der Täuschung von Sinnen, sind eigentliche Phantasmagorien. Die vielfach gerahmten und gebrochenen Erzählungen über die alten Göttergeschichten inszenieren rhetorische und mediale Situationen und zeigen, wie aus solchen Illusionen Mythen entstehen. In Mythenerzählungen – das ist eine der Lehren, die Gangleri aus seinem Gespräch mit den Asen ziehen kann: »nutze nun, was du gelernt hast«[104] –, sollte dem, was man zu sehen und hören meint, kein zu großer Glaube geschenkt werden. Die Erzählungen der Gylfaginning und der Skáldskaparmál bauen Trugbilder auf und brechen sie gleich wieder nieder.

Diese implizite Poetik der Prosa-Edda weist auf einen weiteren Umstand hin, der im vorliegenden Zusammenhang wichtig ist. Das Werk enthält keine Mythen ›an sich‹ und besteht nicht aus direkten, unvermittelten Mythenerzählungen, sondern stellt, zur Gattung der Mythographie gehörend, eine prototypische mediale Situation dar: Die Prosa-Edda (be-)schreibt und diskutiert das Erzählen von (Mythen-)Erzählungen. Dieser im eigentlichen Wortsinn mythographische Aspekt verweist an sich auf die Medialität des Textes.

Die Prosa-Edda zeigt somit sehr deutlich, worauf der deutsche Philosoph Hans Blumenberg in einer klassisch gewordenen Arbeit mit dem Titel *Arbeit am Mythos* (1981) aufmerksam machte, dass mythologische Inhalte nie als solche greifbar, sondern immer rezipiert, also durch ein Dazwischen vermittelt sind. In religionshistorischer Sicht stellt sich dieser kreative Umarbeitungsprozess dabei in der Regel als negativ dar, wenn einseitig der Abbau älterer Formen einzelner Stoffe zugunsten anderer Akzentuierungen derselben Stoffe in den neuen Medien betrachtet wird. Dies ist beispielsweise der Fall in Jón Hnefill Aðalsteinssons Untersuchung der Geschichte vom Dichtermet, deren Verschriftlichung im medialen Kontext des isländischen Hochmittelalters er als »Entweihung« eines alten nordischen Mythos interpretiert.[105] Aus einer literatur- und medienhistorischen Perspektive sind demgegenüber die Bearbeitungs- und Transmissionsprozesse, die im Text selbst auf verschiedenen Ebenen zur Sprache kommen, durchaus interessante Hinweise darauf, wie sich das Mittelalter das Zustandekommen von mythologischen Erzählungen vorstellte.[106] Wenn es, wie oben zitiert, beispielsweise am Schluss der Gylfaginning heißt, die Asen hätten sich zur Unterredung zusammengesetzt, Rat gehalten und sich an die Erzählungen erinnert, die sie zuvor selbst Gangleri erzählt hatten, so wird hier die Vielschichtigkeit und Komplexität von Erzählen in unterschiedlichen Medien zum Thema gemacht. Mit Begriffen wie *minnask* (»sich erinnern«), *frásagnir* (»Erzählungen«), *segja* (»sagen, erzählen«), *setjask á tal* (»sich zur Unterredung zusammensetzen«), *ráða ráðum sínum* (»beratschlagen«) wird die Bedeutung des Gedächtnisses, der menschlichen Stimme und des kollektiven, performativen Aktes des Erzählens für die Entstehung und Weitertradierung von Dichtung evident. Hoch, Gleichhoch und Dritter und Bragi markieren als Vermittelnde in den narrativen Rahmen der Prosa-Edda die (oftmals prekären) medialen Situationen an den Schnittstellen zwischen den einzelnen Medienformen. Unter medialitätshistorischen Gesichtspunkten handelt es sich bei der Prosa-Edda um einen Text mit zahlreichen Kontexualisierungen in einer Schriftkultur, der zugleich viele Spuren anderer medialer Vermittlungsformen in sich trägt und mit einem dichten Netz von Darstellung und Reflexion unterschiedlicher Situationen ein elaboriertes textuelles Selbstbewusstsein zur Schau stellt.

Þórbergur Þórðarson, der 1941 die *Edda Þórbergur Þórðarson* (aus bestehenden Gedichten) zusammenstellt, geht ganz ähnlich vor wie Snorri Sturluson. Er kann an eine Fülle von poetologischen, medialen, rhetorischen Aspekten anknüpfen, und sein eigenes »Dichtungslehrbuch« diskutiert denn auch, obwohl ›kleine Literatur‹, die sie ist, zahlreiche Fragen von allgemeinem literarischem Interesse, genau wie dies die Edda des Snorri Sturluson im Mittelalter tat.

Die Liederedda

Das Augenmerk hat bisher in diesem Abschnitt über die Edda auf der Prosa-Edda, auch Snorra Edda oder Jüngere Edda genannt, gelegen. Die altisländische Literatur kennt jedoch ein weiteres Werk, das ebenfalls die Bezeichnung Edda trägt und das abschließend kurz vorgestellt werden soll,
wobei es nicht um eine ausführliche Behandlung gehen kann.[107] Wie oben
wiederholt erwähnt, benutzt Snorri in den Skáldskaparmál zur Erläute-
rung des dichterischen Vorgehens und der poetologischen Ideale immer
wieder Skaldenstrophen. Er zitiert in der Gylfaginning aber auch Götterlieder, die nicht in skaldischen, sondern in eddischen Versmaßen gehalten
sind und schreibt vor allem die Völuspá aus, indem er die Figuren Hoch,
Gleichhoch und Dritter fleißig aus diesem Gedicht zitieren lässt. Zu seinen
Quellen gehören somit neben der mündlichen Tradition gebundene Texte, die er in Versionen kannte, die mit den heute bewahrten nicht immer
ganz übereinstimmen. Während man die Prosa-Edda auf etwa 1220–30
datiert und von diesem Werk älteste Handschriftfragmente aus dem
späten 13. Jahrhundert erhalten sind, ist die handschriftliche Überlieferung der Eddalieder vor allem mit einem relativ kleinen, vom Äußeren her
unscheinbaren Manuskript von ca. 1270–75 verbunden. Nur von einzelnen
Gedichten gibt es Parallelüberlieferungen in anderen Werken.

Auch für diese zweite Sammlung, die Edda (Sæmundar-Edda, Ältere
Edda, Poetische Edda, heute in der Regel Liederedda) genannt wird, ist
die Medien-, Transmissions- und Rezeptionsgeschichte auf die gelehrten
Kreise Islands am Ende des 16. und Anfang des 17. Jahrhunderts fokus-
siert. Beide Werke sind thematisch und überlieferungsmäßig nicht voneinander zu trennen, wie eine kurze Zusammenfassung der Benennungs-
und Transmissionsgeschichte der Liederedda zeigt.[108] Magnús Ólafsson í
Laufási etwa ging von der Existenz einer Handschrift mit Eddaliedern aus.
Der gelehrte Skálholt-Bischof Brynjólfur Sveinsson (1605–1675) schrieb
dann in den Jahren 1641/42 an den dänischen Historiker Stephanus Johannis Stephanius allerdings, dass die Edda des Sæmundr verloren sei;
wie aus einem Zitat in Stephanius' Ausgabe der *Gesta Danorum* von 1645
hervorgeht, hatte Brynjólfur Sveinsson zudem mitgeteilt, dass in der Prosa-Edda nur ein Tausendstel dieser Sæmundar-Edda bewahrt sei. Um und
kurz nach 1640 war also die Existenz einer Handschrift der Liederedda
in Island nicht bekannt. Als der Bischoff 1643 dann doch in den Besitz einer Sammelhandschrift mit eddischen Gedichten kam, wurde sie mit der
verloren geglaubten Sæmundar-Edda identifiziert. Diese Bezeichnung geht

auf Jón Guðmundsson lærði (1574–1658) zurück, der sie als erster um 1623 in dem sogenannten Grænlands annáll (»Grönländische Annalen«) verwendete. Die isländischen Gelehrten des frühen 17. Jahrhunderts, die sich in einem antiquarisch-nationalphilologischen Sinn für die historische und literarische Kultur ihres Landes interessierten, schrieben die Liederedda somit dem berühmten Historiographen Sæmundr hinn fróði Sigfússon (1056–1133) zu. Auch nachdem klar geworden war, dass weder die Gedichte noch die Handschrift das Werk von Sæmundr sein konnten, hielt sich die Bezeichnung Sæmundar-Edda zur Unterscheidung der Liederedda von der Prosa-Edda während langer Zeit, ist aber heute nicht mehr üblich. Nachdem die Handschrift – die also den Großteil des eddischen Gedichtkorpus enthält, aber eine Lakune (Lücke) im Heldenliederteil aufweist[109] – in den Besitz des Bischofs gekommen war, der ein eigenes Projekt einer großen Darstellung der Edda verfolgte und aus diesem Grund möglichst aller einschlägiger mittelalterlicher Texte habhaft zu werden suchte, schickte er sie 1662 dem dänischen König Frederik III. Auf diese Weise wurde sie in die Königliche Bibliothek integriert und erhielt später die Signatur GKS 2365 4to (Gammel kongelig Samling/Alte königliche Sammlung), was die Bezeichnung Codex regius der Liederedda (isländisch Konungsbók eddukvæða) erklärt. Der Status dieses Manuskripts als isländisches Nationalkleinod wurde deutlich, als es – wie in der Einleitung (S. 6 ff.) geschildert – zusammen mit der Flateyjarbók 1971 von Dänemark an Island zurückgegeben wurde.

Anders als bei der Prosa-Edda gibt es für die Texte in dieser Handschrift keinen mittelalterlichen Gattungsbegriff. Es handelt sich bei diesen Texten der Liederedda um strophische, gebundene Dichtungen, die man als Lieder oder Gedichte bezeichnet; im Heldenliederteil kommen zudem in und zwischen einzelnen Texten kürzere Prosaabschnitte vor. Im Unterschied zu den skaldischen Gedichten weisen die eddischen Lieder relativ einfache Versmaße auf. Obwohl eine übergreifende Bezeichnung fehlt, haben einzelne Texte Titel, aus denen sich so etwas wie eine implizite Gattungspoetik ablesen lässt. So verweist etwa das erste Gedicht im Codex regius, die Vǫluspá, bereits im Titel, mit dem sie in den Handschriften der Prosa-Edda zitiert wird – svá sem segir í Vǫluspá, »wie es in der Vǫluspá heißt« – darauf, dass es sich um eine Weissagung, Prophezeiung (spá) einer Seherin (vǫlva) handelt. Der Titel wurde denn manchmal auch als »Gesicht der Seherin« verdeutscht. Auch im Heldenliederteil hat ein Gedicht diese Bezeichnung: Grípisspá (»Weissagung des Grípir«). Die häufigsten Gattungsbezeichnungen sind -mál (»Lied, Rede, Sprüche«) in Hávamál (»Sprüche, Lied des

Hohen«) und in den jeweils mit dem Götter-, Riesen-, Zwergen-, Drachen-, Walküren- oder Heldennamen gebildeten Vafþrúðnismál, Grímnismál, Alvíssmál, Reginsmál, Fáfnismál, Sigrdrífumál, Atlamál, Hamðismál; -*kviða* (»Gedicht, Lied«) in Hymiskviða, Þrymskviða, Völundarkviða, Helgakviða, Guðrúnarkviða, Sigurðarkviða, Atlakviða; -*ljóð* (»Lied, Gedicht«) in Hárbarðsljóð, Hyndluljóð. Andere Gedichte werden als -*senna* (»Streitrede, Spottrede«) wie in Lokasenna, als -*grátr* (»Weinen, Klage, Elegie«) wie in Oddrúnargrátr, als -*hvöt* (»Hetzrede, Aufreizung«) wie in Guðrúnarhvöt, als -*söngr* (»Lied, Gesang«) wie in Grottasöngr, oder als -*þula* (»Merkgedicht, Wissensliste«) wie in Rígsþula bezeichnet. So haben die eddischen Gedichte zwar ebenso wenig wie die skaldischen einen in die mittelalterliche Überlieferung zurückreichenden, übergreifenden Gattungsnamen, die genremäßige Thematik einzelner Texte wird aber durchaus in ihren Titeln angedeutet.

Wie für die Skaldik so gilt auch für die Eddalieder, dass über die Art des konkreten Vortrags so wenig Quellen bestehen, dass man sich kein genaueres Bild von den Aufführungsumständen machen kann. Unklar muss etwa bleiben, ob die Gedichte zu Instrumentenbegleitung vorgetragen wurden und bzw. oder man eine gesangsähnliche Vortragsweise pflegte. Das Zeugnis der Rímur, die in einem spezifischen Vortragston aufgeführt wurden (s. u.), stammt erst aus nachmittelalterlicher Zeit. Dass der Anteil an mündlicher Vermittlung bei den vor-schriftlichen Eddaliedern und den Skaldengedichten beträchtlich und entscheidend war, versteht sich von selbst. Der Umstand, dass die Stoffe einzelner Heldenlieder im Codex regius in verschiedenen Ausformungen vorliegen (zum Beispiel das erste und das zweite Lied von Helgi dem Hundingstöter oder das Ältere und das Jüngere Atlilied), kann auf eine orale Weitergabe hindeuten,[110] wenn auch Variation natürlich keineswegs auf das Medium der mündlichen Sprache beschränkt war, sondern ebenso häufig im Medium der Schrift vorkam.

So ist die Edda, das hat dieser geraffte Überblick hoffentlich zeigen können, die Bezeichnung für ein Werk mit vielen Namen.

Das Ende der Saga

Im Jahre 1922 starb der 1835 geborene Magnús Jónsson, ein isländischer Bauer, der auf dem Hof Tjaldanes in Westisland gelebt hatte. Vier Jahre nach seinem Tod wurde in Island erstmals eine Rundfunksendung ausgestrahlt. Die beiden Ereignisse haben natürlich nichts direkt miteinander zu tun. Sie lassen sich jedoch als wichtige Daten in der Kultur- und Mediengeschichte Islands verstehen, denn mit Magnús Jónsson í Tjaldanesi kam eine seit dem 12. Jahrhundert ununterbrochene Kontinuität der handschriftlichen Überlieferung von mittelalterlichen Erzählungen an ihr Ende, welches maßgeblich durch die modernen Kommunikationsmittel herbeigeführt wurde, für die unter anderem auch das Radio stand. Magnús Jónsson war einer der letzten großen isländischen Schreiber von Sagahandschriften. Matthew Driscoll hat berechnet, dass von ihm Texte von 171 Sagas überliefert sind und sich die Gesamtzahl der von ihm abgeschriebenen Texte auf 315 beläuft. Sein Hauptwerk ist die zwischen 1880 und 1905 geschriebene, zwanzigbändige Sammlung von »Sagas über alte Helden aus dem Norden«, wobei jeder Band exakt 800 Seiten umfasst. Diese »Fornmannasögur Norðurlanda«, von denen mindestens einige, vielleicht aber auch alle Bände mehrmals kopiert wurden, stellen eine Art »Summa« der isländischen Sagaliteratur und Handschriftenkultur in ihren letzten Jahrzehnten dar.[111]

Magnússon Jónsson í Tjaldanesi: Beginn der Blómsturvalla saga, *Fornmannasögur Norðurlanda*

Die lateinische Alphabetschrift kam als Teil der neuen kirchlichen Kultur im 11. Jahrhundert nach Island. Die ältesten erhaltenen Handschriften, in denen die isländische Sprache verwendet wird, stammen aus dem 12. Jahrhundert und im Lauf dieses und des nächsten Jahrhunderts bildet sich in den Skriptorien der Klöster, Bischofssitzen und wichtigen weltlichen Zentren eine umfangreiche Schriftkultur aus. Insbesondere das 1133 gegründete Benediktinerkloster Þingeyrar im nordisländischen Húnavatn spielte offenbar bei der Verbreitung der Schrift eine bedeutende Rolle. Auch in Island wurde die Schrift zuerst für administrative Angelegenheiten wie das Anlegen von Güterverzeichnissen verwendet, doch es gibt Anzeichen dafür, dass schon um die Mitte und dann intensiviert gegen das Ende des 12. Jahrhunderts umfangreichere legendarische Texte ins Isländische übersetzt wurden (sogenannte Heilagra manna sögur) und danach immer mehr Pergamenthandschriften mit originalen Sagas, anfänglich über die norwegischen

Könige, sogenannte Konungasögur, und vermutlich ab den 1220er Jahren auch über Isländer, sogenannte Íslendingasögur, angefertigt wurden. Von diesen Sagas sind älteste Fragmente aus der Mitte des 13. Jahrhunderts bewahrt, die meisten vollständig erhaltenen Handschriften stammen aber aus viel späterer Zeit.[112]

Überhaupt muss betont werden, dass von den Sagahandschriften kein einziges »Original« erhalten ist und es sich bei den bewahrten Texten, seien es Pergament- oder (ab dem 16. Jahrhundert) Papierhandschriften, stets um Abschriften handelt. Doch dies ist genau der Punkt: Die mittelalterliche Schriftkultur war eine Abschreib-, eine Kopierkultur. Da aber jede Abschrift ein einmaliges materielles Phänomen darstellt, unterscheidet sich jede handschriftliche Kopie von ihrer Vorlage, wenn unter Umständen auch nur geringfügig. Die Abweichungen, Differenzen zwischen den einzelnen Abschriften waren für die traditionelle Handschriften- und Editionsphilologie wichtige Hinweise, anhand derer sich Beziehungen und Abhängigkeiten zwischen einzelnen Texten (re)konstruieren ließen, was eine Voraussetzung dafür ist, dass man von den konkret existierenden, also heute bewahrten handschriftlichen Fassungen eines Textes zu dessen Archetyp gelangen konnte, einer materiell nicht erhaltenen, nur durch

Saga

Als *saga* (»Erzählung, Geschichte, Saga«) bezeichnet man im Isländischen allgemein eine in Prosa erzählte Geschichte. Als literaturhistorischer Fachbegriff wird Saga (Plural Sögur oder auf Deutsch Sagas) daneben für eine umfangreiche Gruppe von Prosaerzählungen aus dem isländischen und zum Teil norwegischen Mittelalter verwendet und man spricht dann meistens von der Sagaliteratur. Die Gattung ist nicht identisch mit (Volks-)Sage. Bei den Sagas handelt es sich um die umfangreichste der drei altisländischen Hauptgattungen. Die sehr umfassende handschriftliche Überlieferung setzt im späten 12. Jahrhundert ein, die meisten Manuskripte stammen jedoch aus dem späten 13., 14. und 15. Jahrhundert.

Thematisch lassen sich folgende Untergruppen der Sagaliteratur unterscheiden:
– Die Heiligensagas (*Heilagra manna sögur*) sind als Übersetzungen von lateinischen Texten der Kirche (Legenden, Viten, Passionen, Mirakel usw.) die ältesten Sagas.

- Die Königssagas (*Konungasögur*) behandeln die Geschichte Norwegens und anderer nordische Gebiete von der mythischen Vorzeit bis in die Gegenwart. Bekannt ist vor allem Snorri Sturlusons *Heimskringla*.
- Die rund drei Dutzend Isländersagas, auch Familiensagas (*Íslendingasögur*), umfassen die bekanntesten Werke der Sagaliteratur, z. B. *Egils saga Skalla-Grímssonar, Gísla saga, Laxdœla saga, Njáls saga, Hrafnkels saga, Grettis saga* u. a. Sie handeln von isländischen Individuen und Geschlechtern und beschreiben einen Zeitraum ca. vom 9. bis 11. Jahrhundert.
- Als Bischofssagas (*Biskupasögur*) bezeichnet man Erzählungen über die frühe Geschichte der Kirche Islands und einzelne herausragende Bischöfe.
- Die Gegenwartssagas (*Samtíðarsögur*) stellen die Geschichte Islands im 12. und 13. Jahrhundert dar; die große Kompilation *Sturlunga saga* ist ein wichtiges historisches Dokument über das mittelalterliche Island.
- Vorzeitsagas (*Fornaldarsögur*) heißt eine Gruppe von Erzählungen, die auf skandinavische Heldensagenstoffe zurückgehen und in einer Zeit vor der Besiedlung Islands spielen; wichtige Beispiele sind *Völsunga saga* und *Ragnars saga loðbrókar*.
- Die Übersetzten Rittersagas (*Riddarasögur*) sind Übersetzungen von höfischer und heroischer Dichtung aus dem Altfranzösischen bzw. Anglonormannischen (Artusromane, Chansons de geste usw.); wichtige Beispiele sind *Tristrams saga ok Ísöndar, Ívens saga, Erec saga, Parcevals saga*.
- Unter Märchensagas oder Originalen Rittersagas (*Íslenskar riddarasögur, lýgisögur*) versteht man eine aus den Rittersagas und den Vorzeitsagas weiterentwickelte Gruppe von phantastischen Erzählungen aus dem Spätmittelalter.
- Antikensagas sind aus dem Lateinischen übersetzte historische und pseudo-historische Werke aus der Antike und dem Mittelalter.

Daneben gibt es zahlreiche thematische und überlieferungsmäßige Beziehungen zwischen den Sagas und den historiographischen Schriften wie *Íslendingabók* und *Landnámabók*.

Textvergleiche und Fehleranalyse erschlossenen, angenommenen ›Urfassung‹. Ausgehend von stärker kulturwissenschaftlichen Betrachtungsweisen der mittelalterlichen literarischen Kultur in den 1990er Jahren ging die Mediävistik daran, sich vermehrt nicht ausschließlich für die oftmals gar nicht erhaltenen, ältesten Fassungen eines Textes zu interessieren, sondern auch die konkret vorliegenden, meist späteren Handschriften als solche zu analysieren. In einem einflussreichen Essay hat der französische Mediävist Bernard Cerquiglini das Lob der Varianten gesungen, ja laut Cerquiglini besteht das europäische Mittelalter mit seiner Kultur des immerwährenden Kopierens nicht aus Varianten, sondern es *ist* Varianz.[113]

Wenn man mit solchen Überlegungen an das riesige Material der isländischen Sagaliteratur herangeht, eröffnen sich tatsächlich neue Perspektiven. Es wird dann weniger darum gehen, die vorhandenen Sagahandschriften aus dem 13., vor allem aber aus dem 14. und 15. Jahrhundert daraufhin zu befragen, wie die Vorgeschichte und Entstehungsweise der Erzählungen im 13. Jahrhundert gewesen sein könnte – womit sich ein Großteil der älteren Sagaforschung beschäftigte. Vielmehr rücken dann neben der Phase, in der die Sagas aller Wahrscheinlichkeit als Erzähltexte in der vorliegenden Form verschriftlicht wurden (13. Jahrhundert), auch jene anschließenden Phasen in den Mittelpunkt des Interesses, in denen sie immer wieder ab- und damit auch jeweils leicht oder stark umgeschrieben, also kreativ gelesen, aufgeführt, weitergegeben wurden. Dies ist wie erwähnt vor allem die Zeit des 14. und 15. Jahrhunderts, aus denen die meisten mittelalterlichen Manuskripte erhalten sind. Es steht außer Zweifel, dass die Menschen in Island in dieser spätmittelalterlichen Periode aus ganz bestimmten soziokulturellen Gründen ein immenses Interesse daran hatten, die Geschichten über ihre Vorfahren, die Island im 9. und 10. Jahrhundert entdeckt, besiedelt und aufgebaut hatten, weiter im Medium der von Hand beschriebenen Pergamente zu überliefern. Die Sagaforschung hat sich in den letzten Jahren intensiv mit der Leistung befasst, die die Sagas für die Herausbildung eines kulturellen Gedächtnisses hatten.[114] Im Medium der Schrift, die zu gewissen Anlässen durch Stimme und Gestik zum Sprechen gebracht werden konnte, verständigten sich die Mitglieder der sozialen und kulturellen Elite Islands im 13., 14. und 15. Jahrhundert über ihre Herkunft, die früheste Geschichte ihrer Dynastien, die Verteilung von Boden, Macht, Prestige in der alten Zeit, was ihnen unter anderem die Legitimität gab, ihren Besitz, ihre Reichtümer, ihr Ansehen weiterhin, auch in ihrer Gegenwart zu beanspruchen. Wenn diese Gruppen nun im 14. und 15. Jahrhundert häufig doch ziemlich aufwendig gestaltete

Handschriften herstellen ließen, so mussten sie also ein direktes Interesse mit den Texten und den darin enthaltenen Erzählungen verbinden.

Saga-Prologe

Für die beschriebenen Transmissionsverläufe war eine ausdifferenzier-te Schriftlichkeit eine unabdingbare Voraussetzung. In der isländischen Literatur des hohen und späten Mittelalters gibt es eine ganze Reihe von Texten, in denen sich die Herausbildung einer solchen avancierten Schrift-lichkeit ausgezeichnet und textnah beobachten lässt. Wie in anderen mit-telalterlichen Literaturen finden sich Überlegungen darüber, was Schrift und Fiktion sind und was sie vermögen, vor allem in den Paratexten, also den die eigentlichen Erzählungen umgebenden Beitexten, hauptsächlich in Prologen von Prosawerken. Einige davon sollen im Folgenden etwas genauer betrachtet werden.[115] Bereits einer der ältesten Prologe der islän-dischen Literatur, jener von Ari Þorgilssons Íslendingabók (ursprüngliche Fassung auf ca. 1125 datiert, erhaltene Fassung aus dem 12. Jahrhundert in einer Handschrift aus dem 17. Jahrhundert), enthält einige der zentralen Elemente, die in der Folge immer wieder auftauchen:

> Das Isländerbuch habe ich zuerst für unsere Bischöfe Þorlákr und Ketill gemacht, und ich habe es ihnen beiden und dem Pfarrer Sæmundr gezeigt. Aber da es ihnen gefiel, es so zu haben, oder es zu ergänzen, dann schrieb ich dieses in gleicher Weise, außer den Genealogien und den Königsleben, und fügte hinzu, was mir später besser bekannt wurde und was nun umfangreicher erzählt ist in diesem als in jenem Buch. Aber was falsch gesagt ist in diesem Werk, dann soll man das bevorzugen, was sich als wahrer erweist.[116]

Ari berichtet hier, wie er sein Werk über Islands frühe Besiedlung und Kirchengeschichte als Schriftstück konzipiert hat. Die Rede ist von einem »Buch« (bók), von dem er verschiedene Fassungen herstellte (»in diesem«, á þessi, bezieht sich auf die jüngere, das heißt die jetzt überarbeitet vorlie-gende, »in jenem«, á þeiri, auf die ursprüngliche, ältere Fassung von Aris Werk). Der physische Aspekt des Bücherschreibens (gera, »machen«) wird ebenso betont wie die materielle Seite des Textes, die erst ein Zeigen (sýna) der Handschrift ermöglicht. Der Prolog der Íslendingabók vermittelt, obschon dies eigentlich gar nicht sein unmittelbares thematisches Anliegen ist, das Bild eines Werks, das in einem größtenteils auf Schriftverwendung beruhenden Kontext zu denken ist. Daran ändern die Hinweise auf mündliche Erörterungen der in der ersten Fassung dargestellten geschichtlichen Inhalte durch die beiden Bischöfe und Sæmundr nichts. Denn auch der oft besprochene quellenkritische Passus am Ende des Zitats ist in seiner vollen Konsequenz nur im Rahmen einer textuell fundierten Wissenschaft denkbar: Quellenkritik setzt die Schrift voraus. Somit steht dieser frühe volkssprachige Text ganz in einem Zusammenhang von Schrift und beteiligt sich implizit an einer Diskussion über die mediale Form von Literatur.

Eine vergleichbare Voraussetzung findet sich im wichtigen Prolog der sogenannten Hungrvaka (wörtlich »Hungerweckerin«, einer wohl kurz nach 1200 verfassten, aber erst in Handschriften aus dem 17. Jahrhundert überlieferten Geschichte der isländischen Kirche), in dem es heißt:

> Dieses Buch nenne ich Hungerweckerin [...] hier wird in dieser Aufzeichnung wenig gesagt. Aber ich habe doch fast alles zusammengeworfen, um das zu schreiben, was ich in meiner Erinnerung festgehalten habe. Deshalb habe ich dieses Büchlein zusammengesetzt, damit mir das nicht ganz aus der Erinnerung fällt, was ich über diese Sache den weisen Mann Gizurr Hallsson habe erzählen hören, und was einige andere bemerkenswerte Männer in Erzählungen gebracht haben. Auch soll diese Schrift junge Männer dazu verleiten, sich unsere Sprache anzueignen und zu erkunden, was auf Nordisch geschrieben ist, Gesetze oder Geschichten oder Genealogien. [...] Ich bin dazu auch verpflichtet, denn es ist auf Grund von mir und meiner Unachtsamkeit, wenn in dieser Sache etwas ist, was sich als falsch erweist, was geschrieben ist, aber nicht wegen der Männer, nach denen ich diese Weisheit zu haben glaube.[117]

Das (aber nur das), »was geschrieben ist« (*þat er ritat er*), so argumentiert der anonyme Verfasser, kann sich »als falsch erweisen« (*reynisk rangt*), das heißt, dass erst Schrift den quellenkritischen Umgang mit Wissen ermöglicht. Mit dieser Überlegung folgt die Hungrvaka der Íslendingabók bezüglich der Beurteilung der Bedeutung von Schrift. Ein wichtiges Element, in welchem der Hungrvaka-Verfasser über Ari allerdings hinausgeht, ist für ihn die Leistung der Schrift für die Sicherung von Erinnerung, wenn er – im Unterschied zu Ari eben nun explizit – erwähnt, er habe das niedergeschrieben, was er »in der Erinnerung festgehalten« habe (*festa í minni*), und damit er nicht aus der Erinnerung verliere, was er gehört habe bzw.

was andere in Erzählungen gebracht hätten (*heyra segja, færa í frásǫgn*). Neben diesen Beiträgen zur Quellenkritik und Gedächtnistheorie, die beide eng mit dem Schriftgebrauch gekoppelt sind, enthält der lange Prolog u. a. Bemerkungen zur literarischen Terminologie (*bœklingr*, »Büchlein«, *skrá*, »Aufzeichnung«) und zu isländischen Gattungen, die um 1200 bereits verschriftlicht vorlagen (*lǫg*, »Gesetze«, *sǫgur*, »Geschichten«, *mannfrœði*, »Genealogien«). Die Hauptelemente ›Quellen‹ und ›Erinnerung‹ sind naturgemäß charakteristisch für historische Schriften wie Íslendingabók und Hungrvaka.

Aber es werden auch in anderen Gruppen der Sagaliteratur entsprechende Phänomene ausdrücklich erwähnt, allen voran in den übersetzten und originalen Rittersagas (sogenannte Riddarasögur), den Königssagas und Vorzeitsagas (sogenannte Fornaldarsögur), jedoch nicht in den Isländersagas. Die Prologe und Epiloge dieser Sagas entwickeln eine literarische Terminologie, die in großer Variation thematisiert wird. Als umfassendster und am häufigsten verwendeter Begriff für ein literarisches Werk wird in den Sagas das Wort *saga* selbst verwendet, und zwar sowohl in der Bedeutung »Ereignis« wie als »Erzählung«. Weitere häufige Termini mit der Bedeutung »Erzählung« sind *frásaga* und *frásǫgn*, wobei Letzteres auch die Nuancierung von »Erzählen, Erzählvorgang« übernimmt. *mál* (»Rede«) kann als Synonym für *saga* verwendet werden, während ein dazu gebildetes Wort für »zu ausführliche Rede«, *langmælgi*, ebenso wie *skjal*, »Gerede«, pejorativ die schlechte Ausführung einer Erzählung bezeichnet:

Nun kann es sein, dass dieses Gerede und langweilige Geschwätz diejenigen langweilen, die vorlesen, und nicht weniger diejenigen, die zuhören, und deshalb soll jetzt diese Sache abgeschlossen und die Erzählung zu Ende gebracht werden [...] und dies ist nun das Ende dieser Sache.[118]

ævintýri (»Abenteuer«, vgl. mittelhochdeutsch *aventiure*, erst später auch »Märchen«) betont in der Regel den phantastischen, *fabula* den lehrhaften Gehalt einer Erzählung:

þáttr (»kurze Saga, Abschnitt einer Saga, novellenartige Erzählung«) bezeichnet einen Teil eines größeren Erzählkomplexes, beispielsweise eine einzelne Saga innerhalb des Komplexes einer großen Kompilation. *atburðr* (»Geschehen, Ereignis«) wird verwendet, um das beschriebene Ereignis zu bezeichnen: »Nun erzählt dieses Buch von einem interessanten und lustigen Ereignis«,[119] während *efni* den Erzählstoff meint.

Einzelne Sagas verweisen auf andere Sagaarten oder individuelle Texte und verraten durch diese explizit gemachte Intertextualität literaturwissenschaftliche Kenntnisse oder zumindest ein Bewusstsein für die Existenz verschiedener literarischer Gattungen und Modi. So spricht etwa die Flóres saga konungs ok sona hans einleitend davon,

> dass die meisten Sagas einen dieser Inhalte haben: Einige sind von Gott und seinen heiligen Männern [...] Sagas der heiligen Männer. Andere Sagas handeln von mächtigen Königen, von diesen kann man züchtige Hofsitten lernen [...]. Der dritte Teil von Sagas handelt von jenen Königen, die auf große Proben gestellt werden.[120]

In besonders großer Zahl werden die Tätigkeiten der an der literarischen Kommunikation Beteiligten genannt und manchmal in ihrer Qualität kommentiert. Der Akt des Verfassens und Niederschreibens einer Saga wird vor allem mit den Begriffen *(láta) rita/skrifa* (»schreiben [lassen]«) bezeichnet. *setja saman* (»zusammensetzen«) entspricht lateinisch *componere*, das für den intertextuellen Herstellungsprozess eines Textes steht, während *gera sögur* (wörtlich »Sagas machen«) den handwerklichen Aspekt beim Verfassen betont. Mit *auka orðum* (»mit Worten anreichern«) wird der Amplifikationsvorgang beschrieben. *versa* bedeutet, dass etwas »in Versform gebracht wird«, während *fabulera* (»fabulieren«) primär das Erfinden einer Geschichte meint. Das Verb, mit dem das Erzählen eines Textes am häufigsten beschrieben wird, ist *segja* (»sagen«), auch *segja frá* (»von etwas erzählen«), wobei dieses auch das Vorlesen aus einer Handschrift bedeuten kann; *segja fyrir* (»vorsagen«) bezeichnet demgegenüber in der Regel das Diktieren eines Textes. Dem (lauten) *lesa* (»lesen, vorlesen«) auf der Seite des Manuskriptvortragenden entspricht auf der Rezipientenseite das *heyra* (»hören«), *(til)hlýða* (»[zu]hören«) oder auch ein *sjá á* (»ansehen, betrachten«) einer Handschrift.

Eine besondere Kategorie innerhalb dieser historischen Dichtungs- und Schriftlichkeitsterminologie bilden jene Ausdrücke, die auf den Prozess des Übersetzens und Adaptierens verweisen. Für diesen gibt es vor allem die Termini *(láta) snara/snúa/venda* (»übersetzen, drehen, wenden [lassen]«), doch auch *(láta) norrœna* (»vernordischen [lassen]«) und ganz einfach *skrifa á norrœnu* (»auf Nordisch schreiben«) kommen vor. Beispiele bieten die übersetzten Rittersagas, wie etwa Af frú Olif in der

Karlamagnús saga: »Herr Bjarni ließ sie aus der englischen Sprache ins Nordische übersetzen«;[121] Elis saga ok Rosamundu: »und Abt Robert wendete, und König Hákon, der Sohn von König Hákon, ließ dieses nordische Buch übersetzen«;[122] die Ívens saga: »Und es endet hier die Saga von Herrn

Sog. Zeichnungsbuch, Handschrift AM 673 a III 4to, 15. Jh.: Der Heilige Georg kämpft gegen den Drachen, links die Prinzessin Kleodolinda, im Hintergrund eine Stadt und das Meer.

Ivent, die König Hákon der Alte aus dem Französischen ins Nordische wenden ließ«.[123] Als wichtigste Sprachen, aus denen ins *norrœna* (»Nordische, Norwegische, Isländische«) übersetzt wird, nennen die Prologe und Epiloge der Rittersagas somit erwartungsgemäß *valska* oder *franzeiska/franzeisa* für Französisch, *enska* für Englisch und *latina* oder *bókmál* für Latein.

Im Zusammenhang mit diesen teilweise fiktionalen Übersetzungs- und Auftraggeber-Topoi verdienen auch die Quellen- und Autorisierungsfiktionen Erwähnung. So sagen verschiedene Texte, sie seien an einem bestimmten Ort gefunden worden. Während beispielsweise der bekannte Prolog in Af frú Olif in der Karlamagnús saga auf eine historische Figur der norwegischen Geschichte verweist: »Herr Bjarni Erlingsson aus Bjarkey fand diese Geschichte in Schottland geschrieben und erzählt in englischer Sprache«,[124] berufen sich andere Sagas auf klassische Autoritäten der Weltliteratur: »Diese Saga wurde von der Steinmauer im großen Babylon genommen, und Meister Homer hat sie verfasst«.[125]

Die Sagaverfasser zeigen, dass ihnen die Unfestigkeit des Textes als grundlegende Bedingung handschriftlicher Transmission (ebenso wie mündlicher Überlieferung) vertraut ist. Auf den Umstand, dass die konkret erzählte Geschichte von einer Figur nur eine von vielen Möglichkeiten darstellt, also auf die Kontingenz von Literatur verweisen kleine Formulierungen vom Typ »Oddgeir war sein Bannerträger, so lange er und der König lebten; es gibt viele andere Geschichten über Oddgeir«[126]. Sie zeigen, dass sich der Verfasser dieser Einzelsaga (*þáttr*) bewusst war, dass eine bestimmte Erzählung lediglich ein kleiner Ausschnitt aus einem größeren Erzählkomplex darstellt, der – in der in der geschriebenen wie in der mündlichen Form – nur teilweise repräsentiert ist.

Auf die Tatsache, dass Texte in der Regel aus mehreren Fassungen bestehen, wird wiederholt hingewiesen, etwa im Prolog der Sigurðar saga þögla und der Göngu-Hrólfs saga:

> Viele Männer in früheren Zeiten haben viele Erzählungen zusammengesetzt, einige nach alten Gedichten oder weisen Männern, andere nach alten Büchern, die zuerst in kurzer Form zusammengesetzt waren, aber später mit schönen Worten ausgefüllt, denn vieles hat sich langsamer ereignet, als es gesagt wird.[127]

Hier zeigt sich, wie die Texte selbst ihr Entstehen in einer Traditionslinie konzipieren: einen Beginn entweder in oral überlieferten Gedichten und mündlichem Wissen, gleichzeitig alternativ dazu jedoch bereits auch in verschriftlichter Form und später dann ausschließlich in verschiedenen Phasen der schriftlichen Transmission.

Auch Aspekte des Oralen bzw. des Vokalen werden thematisiert. Schrift entfaltet im Mittelalter erst im Vokalen ihre volle Dynamik und gleichzeitig hat die Oralität ihre Voraussetzung in der Schriftlichkeit. Wenn etwa der Tristrams saga-Prolog nach der Datierung der Übersetzung ins Jahr 1226 und der Erwähnung des Mäzenats von König Hákon schreibt, »Bruder Robert führte es aus und schrieb nach seinem Wissen mit diesen Worten auf, wie sie in der Geschichte folgen und wie nun gesagt werden soll«,[128] dann ist damit genau die Doppelheit von Saga als aufgeschriebenem Text (*skrifa upp*) und daraus vorgetragener Erzählung als performativer Vokalität (*segja frá*) angesprochen. Ein mittelalterlicher Text ist ohne die Verbreitung durch die Stimme nicht denkbar, erfordert jedoch Schrift.[129]

In einer Reihe von Stellen wird der Objektcharakter von Literatur deutlich markiert. Dies ist überall dort der Fall, wo Schreiberverse auf die Materialität des Textes hinweisen: »das Pergament nimmt ab, die Tinte wird dick, die Augen werden schwer, die Zunge träg, die Hand wird müde, die Feder stumpf und alles Schreibzeug geht kaputt«.[130] Hier wird das Schreiben im Sinn von Produzieren von Text als eine Tätigkeit definiert, die neben dem Materiellen die physischen Aspekte des Schreibers umfasst. Auch ironisierende Abwandlungen von Schreiberversen funktionieren nur im schriftlichen Kontext: »und dort schließen wird diese Geschichte. Es habe der Dank, der diktierte, aber der keinen, der kritzelte«.[131]

Dass die Sichtbarkeit eines Textes an seine Materialität gebunden ist und diese ihrerseits in der handschriftlichen Kultur immer mit dem Manuskript zusammenhängt, ist mehrmals belegt. Ein Text wird nämlich erst zeigbar, wenn auf den materiellen Träger verwiesen, wenn er direkt präsentiert werden kann. Af frú Olif in der Karlamagnús saga endet wie folgt: »Und diese Erzählung endet nun hier mit dem Gebet, dass Jesus Christus den segne, der schrieb und auch den, der erzählte und alle die, die zuhörten und sehen und Freude daran finden wollen«.[132] Den Verfassern und Schreibern stand die Bedeutung der materiellen und nicht zuletzt auch der visuellen Dimension von Text und Schrift klar vor Augen.[133]

Eine Behandlung der Prologe in der altisländischen Literatur wäre unvollständig ohne eine kurze Erwähnung des Þiðreks saga-Prologs,[134] der zentrale Überlegungen zur Gedächtnistheorie anstellt, und aus dem deshalb etwas ausführlicher zitiert werden soll:

Wenn man die großen Ereignisse hören will, die sich in der alten Zeit zugetragen haben, muss man zweierlei tun, nämlich das fragen, was man vorher nicht wusste und es dann in der Erinnerung befestigen. Wenn man unbekannte und lange Geschichten können will, dann ist es besser und geht weniger aus der Erinnerung, wenn sie geschrieben sind. Diese Geschichte ist eine von den größten, die in deutscher Zunge gemacht worden sind. Es wird erzählt von König Þiðrekr und seinen Kämpen, Sigurðr Fáfnisbani und den Niflungar, den Viltina-Männern und vielen anderen Königen und Kämpen, die in dieser Geschichte vorkommen.

Diese Geschichte beginnt draußen in Apulien und geht nach Norden durch die Lombardei nach Venedig, Schwaben, Ungarn, Polen, Russland, Wendland, Dänemark und Schweden, durch ganz Sachsen und das Frankenreich und westlich durch Wallonien und Spanien. Durch alle diese Reiche geht diese Geschichte, wenn sie fertig erzählt ist, von den Großtaten, die diese Männer verrichtet haben, wird in jedem Land erzählt, das erwähnt ist. Die Dänen und Schweden können hiervon viele Geschichten erzählen, denn einiges haben sie in ihre Gedichte gebracht, mit denen sie reiche Männer unterhalten. Viele Gedichte werden nun gedichtet, die vor langer Zeit nach dieser Geschichte gedichtet wurden. Nordische Männer haben einen Teil der Geschichte zusammengeführt, und einiges mit Dichtung. [...] Auch wenn sich einiges in den Namen der Männer oder Ereignissen unterscheidet, dann ist das nicht erstaunlich, weil so viele diese Geschichten erzählt haben, aber dennoch entsteht sie aus fast nur einem Stoff. Diese Geschichte ist zusammengesetzt nach der Erzählung deutscher Männer [...] und auch wenn du einen Mann aus jeder Stadt in ganz Sachsen nimmst, dann werden sie alle diese Geschichte auf eine Weise sagen, und das verursachen ihre alten Gedichte [...].[135]

Der Prolog der Þiðreks saga enthält eine große Anzahl von Stellen, die die Medialität und das Erzählen diskutieren. Er macht Gebrauch von Verben für Erzählen, Schreiben, Zuhören (*heyra*, »hören, lauschen«, *spyrja*, »fragen«, *vita*, »wissen, erfahren«, *rita*, »schreiben«, *gera sögur*, »Geschichten machen«, *segja frá*, »erzählen«). Ein wichtiger Begriff, auf den er mehrmals zurückkommt, ist *festa (í minni)* »(im Gedächtnis/in der Erinnerung) befestigen«. Der Prolog behandelt die verschiedenen Aspekte eines Textes, der sich in einer zeitlichen und einer räumlichen Dimension bewegt, unterschiedliche sprachliche Bereiche durchquert und mehrere, zum Teil voneinander abweichende Fassungen hat, die aber doch auf einen gemeinsamen Stoff, Ursprung, fast ließe sich sagen Archetyp, zurückgehen. Der Beobachtung einer textuellen Unfestigkeit als Folge von Transmission wird das Konzept von textueller Stabilität gegenübergestellt, und es folgen Beobachtungen zur Komposition und zu poetologischen Dimensionen der Saga. Ganz am Schluss des Prologs finden sich Überlegungen zu den verschiedenen Übermittlungsformen von Geschichten, die alle auf die Performanzaspekte aufmerksam machen. Insgesamt bietet dieser Prolog eine Diskussion mittelalterlicher Textualität, die stellenweise geradezu theoretische Dimensionen annimmt und grundlegende poetologische Fragen aufwirft, wie beispielsweise jene nach der Art von Geschichtenerzählen oder den Vor- und Nachteilen einzelner Kommunikationsformen.

Der Prolog dokumentiert darüber hinaus den Übergangsstatus von Sagatexten sehr deutlich: Auch hier werden die schriftliche Natur der handschriftlich überlieferten Sagas und die physische Seite der vormodernen Kommunikation belegt, während die vokale Dimension von schriftlicher Literatur nicht überraschend ebenfalls unterstrichen wird.[136] Deutlicher als in anderen Gattungen der weltlichen Literatur im norwegisch-isländischen Mittelalter stellten die Verfasser von Rittersaga-, Märchensaga- und Vorzeitsagaprologen und -epilogen erstmals in der Geschichte der altnorwegischen und altisländischen Literatur umfangreichere Überlegungen an zur Literatur als einem Schriftmedium. Damit entstand in diesen Texten ein literatur- und medienwissenschaftlicher Diskurs über das Funktionieren und die Möglichkeiten von fiktionalen Erzählungen, das heißt, wir haben es hier mit einem ausgeprägten, medialen Bewusstsein vom schriftlichen Text zu tun.

Auf dieser Grundlage einer bereits im 13. und 14. Jahrhundert ausgeprägten und ausdifferenzierten Schriftlichkeit hat man sich die Geschichte der Sagaliteratur im isländischen Spätmittelalter vorzustellen. Für ihre Überlieferung im 14. und 15. Jahrhundert sind Sammel- und Kompilationshandschriften charakteristisch, in denen mehrere Texte zusammengefasst werden, wobei einige Handschriften Texte aus einer einzelnen Gattung, andere wiederum eine Mischung verschiedener Gattungen aufnehmen. Ein berühmtes Beispiel für eine solche Sammelhandschrift ist die nach dem nordisländischen Hof Möðruvellir benannte Möðruvallabók, die in der ersten Hälfte des 14. Jahrhunderts geschrieben wurde und wichtige Versionen einer ganzen Reihe von Isländersagas enthält (z. B. Egils saga, Njáls saga, Hallfreðar saga, Fóstbrœðra saga, Laxdœla saga, Kormáks saga u. a.).[137]

Die Erzählweise der Texte in der Möðruvallabók hat die Vorstellung des isländischen Sagastils wesentlich mitgeprägt. In diesem Kodex sind die einzelnen Sagas nacheinander und integral niedergeschrieben, was bei den großen Kompilationshandschriften aus etwas späterer Zeit nicht immer der Fall ist. So gibt es beispielsweise Handschriften, in denen einige der eben erwähnten Sagas – Hallfreðar saga, Laxdæla saga, Fóstbrœðra saga –, aber auch weitere Texte – Landnámabók, Færeyinga saga, Eiríks saga rauða, Orkneyinga saga, Jómsvíkinga saga u. a. – nicht als geschlossene Erzähleinheiten vermittelt werden, sondern in Form von Interpolationen in übergeordnete Großerzählungen über die norwegischen Könige Olaf Tryggvason und Olaf Haraldsson integriert sind. Von der Erzählung über Olaf Tryggvason gibt es auf diese Weise neben den frühen Versionen von Oddr Snorrason (um 1190) und Snorri Sturluson (Heimskringla, um 1230) eine um oder kurz nach 1300 entstandene Große Saga von Olaf Tryggvason, *Ólafs saga Tryggvasonar en mesta*, eine sehr umfangreiche, möglichst alle bekannten Erzählungen über den König zusammentragende Saga, die in zwei Hauptversionen in vielen Handschriften, darunter Flateyjarbók (1387) und Bergsbók (1360–75), überliefert ist.[138] Mit diesen Handschriften erreicht die Tätigkeit der spätmittelalterlichen Sagabearbeiter ihren Höhepunkt, eine Tätigkeit, die als ein kreatives Kompilieren bezeichnet worden ist.

Für die neue Ästhetik, die sich in diesen Bearbeitungen niederschlägt, ist bezeichnend, dass sie auf der thematischen Ebene wie erwähnt eine Gesamtpräsentation des Materials anstreben, was auf der formalen Ebene eine ständige Unterbrechung des Haupttextes durch inhaltlich jeweils passende Untertexte mit sich führt. Dass dies manchmal die Übersichtlichkeit beeinträchtigt, war einzelnen Kompilatoren durchaus bewusst. So kommentiert ein Erzähler das spezifische Verfahren, eine Handlung mittels Digressionen (Abschweifungen) zu unterbrechen, mit der folgenden Metapher:

> Obwohl in diesem Text viele Reden und Erzählungen geschrieben stehen, die nicht so sehr zu der Saga von Olaf Tryggvason zu gehören scheinen, so braucht das nicht zu verwundern. Denn wie fließende Wässer aus verschiedenen Quellen springen und alle am gleichen Ort zusammenkommen, haben diese Erzählungen von verschiedenem Ursprung in gleicher Weise ein Ziel, den Weg für die Ereignisse zu ebnen, bei denen Olaf Tryggvason oder seine Männer anwesend sind, so wie es erscheinen wird in dem, das hier folgt.[139]

Wir haben in diesem interpolierenden Verfahren der isländischen Sagaverfasser und Kompilatoren aus der ›nach-klassischen‹ Zeit ein wunderba-
res Beispiel für die oben skizzierte Varianz der Handschriftenkultur. Eine
Erzählung war keineswegs an eine einzige, sakrosankt betrachtete und

Möðruvallabók, AM 132 fol, Mitte 14. Jh.: Der Ausschnitt aus Kapitel 75 der *Njáls saga*
erzählt, wie Gunnar auf seinen Hof Hlíðarendi zurückblickt und sich zur Umkehr entschließt (vgl. S. 54 ff.).

107

deswegen nicht veränderbare Textform gebunden, sondern konnte je nach ästhetischen und formalen Bedürfnissen und Erwartungen angepasst werden.

Ein weiteres faszinierendes Moment dieser isländischen Manuskriptkultur besteht in ihrer Langlebigkeit, die sich wohl allenfalls mit jener der irischen vergleichen lässt. Das von Hand beschriebene Pergament oder Papier blieb auch nach der Einführung des Drucks und der Reformation das Hauptmedium für die Überlieferung von alten Erzählungen. Zwar wurden während des 17. Jahrhunderts verschiedene Sagatexte gedruckt – Bischof Þórður Þorláksson zum Beispiel gab 1688–90 in Skálholt die Íslendingabók, die Landnámabók, die Kristni saga und die Óláfs saga Tryggvasonar heraus und in Dänemark und Schweden erschienen isländische Texte in wissenschaftlicher Aufmachung. Doch erst 1756 erschienen mit den *Ágætar fornmannasögur* (»Ausgezeichnete Geschichten von alten Helden«) und *Nokkrir margfróðir söguþættir* (»Einige sehr kluge Saga-Geschichten der Isländer«) in Hólar erstmals gedruckte Sammlungen von Isländersagas. Doch diesen Editionen war beim isländischen Lesepublikum kein Erfolg beschieden. Denn nach wie vor bestand im 18. und 19. Jahrhundert die Hauptvermittlungsform der alten, das heißt mittelalterlichen Literatur (vor allem Sagas und Rímur) im Vorlesen aus einer Handschrift. Solche Vorlesungen fanden in der Regel im Rahmen der *kvöldvökur* (»Abendwachen«) statt, zu denen sich die Leute auf den Bauernhöfen in der Winterhälfte des Jahres zusammenfanden.

Waren Handschriften im Mittelalter das Medium der Mächtigen gewesen, so wurden sie in der frühen Neuzeit und vor allem im 18. und 19. Jahrhundert zu dem der Machtlosen.[140] Erst als in der zweiten Hälfte des 19. Jahrhunderts immer mehr einfache, preiswerte Einzelhefte mit Rímur und Sagas gedruckt auf den Markt kamen, löste dieses Medium, das es in Island zwar seit dem späten 15. Jahrhundert gegeben hatte, das aber bis ins 18. Jahrhundert fast ausschließlich für theologische und juristische Texte verwendet wurde, die traditionelle Sagahandschrift allmählich ab. Und erst als zu Beginn des 20. Jahrhunderts aufgrund von Änderungen der Wirtschafts- und Siedlungsformen auch die Abendwachen obsolet wurden und der Rundfunk allmählich ihre Aufgaben übernahm, war das Ende der Saga gekommen.

Die vielen erhaltenen großen und oft ausgeschmückten Pergamentmanuskripte aus dem Mittelalter und die noch viel zahlreicheren, kleinen und bescheidenen Papierhandschriften aus der frühen Neuzeit, die in Island in soziokultureller Hinsicht bis zum Beginn des 20. Jahrhunderts zentral

Rímur

Rímur ist die Bezeichnung für eine im isländischen Spätmittelalter entstandene Form der Erzählballade, die bis zum Beginn des 20. Jahrhundert außerordentlich beliebt war. Der Begriff geht auf ein Lehnwort aus dem Französischen zurück. Bei den Rímur handelt es sich um manchmal sehr lange, strophische Erzählungen, die meist in Unterabschnitte (*ríma*) mit jeweils eigenen Versmaßen gegliedert sind; die ganzen Erzählungen werden auch als Rímur-Zyklen bezeichnet. Die Stoffe der Rímur basieren hauptsächlich auf Sagas und Eddaliedern, wobei insbesondere Vorzeit- und Märchensagas, aber auch Isländer- und Königssagas verwendet wurden; aus einzelnen Rímur wurden Prosaauflösungen gemacht. Die *Óláfs rímur Haraldssonar* von etwa 1350 sind die ältesten erhaltenen Rímur. Insgesamt sind etwa 1.050 Rímur bewahrt, davon rund 80 aus der Zeit vor 1600.

Die Rímur führen zum Teil thematisch, vor allem aber metrisch die Tradition der Skaldik und der Edda weiter. Sie entwickelten eine sehr große Anzahl unterschiedlicher Metren (gegen Ende des 19. Jh. über 2.000), behielten auch das System der aus der Skaldik übernommenen dichterischen Umschreibungen (*heiti* und *kenningar*) bei und entwarfen immer neue solche Figuren. Wie die Skaldik haben die Rímur einen starken metapoetischen Zug, dem hauptsächlich in den Anfangsstrophen (*mansöngr*, »Frauen-, Liebeslied«) nachgelebt wird. Die Autoren der Rímur sind in späterer Zeit oft bekannt; einer der produktivsten Rímur-Verfasser war Guðmundur Bergþórsson (1657–1705). Aus dem 17. Jh. sind erste Begleitmelodien für Rímur-Vorträge bewahrt. Zusammen mit den sogenannten Märchensagas waren die Rímur im 17.–19. Jh. die populärste Gattung in der isländischen Literatur, während die Volksballade (*fornkvæði* »alte Lieder, Gedichte«; *dansar* »Tänze«) in Island weniger verbreitet war. Zahllose Rímur-Handschriften sind aus dieser Zeit bewahrt. Im 16. und frühen 17. Jh. versuchte Bischof Guðbrandur Þorláksson die traditionellen Themen der Rímur durch sogenannte Bibel-Rímur zu ersetzen. Im 19. Jh. kritisierte der romantische Dichter Jónas Hallgrímsson die beim Volk sehr beliebten Rímur wegen ihrer versteinerten und schematischen Form. Beide Reformversuche scheiterten jedoch. Noch heute wird das Dichten und Vortragen von Rímur in Vereinen ausgeübt.

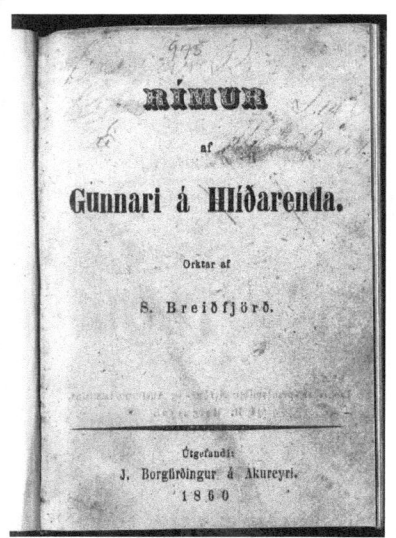

RÍMUR

af

Gunnari á Hlíðarenda.

Orktar af

S. Breiðfjörð.

Útgefandi:
J. Borgfirðingur á Akureyri.
1860

Sigurður Breiðfjörð, *Rímur af Gunnari
á Hlíðarenda*, 1860, Titelseite

waren, machen ein einzigartiges Archiv des isländischen kulturellen Gedächtnisses aus. Ohne
diese handschriftlich vermittelte Kontinuität,
die während Jahrhunderten die alten Textbe-
stände verfügbar hielten, sähe nicht zuletzt die
Geschichte der neueren isländischen Literatur
ganz anders aus.

Die Medien der Macht: Buchdruck seit der frühen Neuzeit

Die meisten Isländer waren erstaunt und viele entsetzt, als sie im September 2009 erfuhren,
dass Davíð Oddsson (geboren 1948) einer der
beiden neuen Chefredakteure der Tageszeitung
Morgunblaðið wurde. Der politisch konservative
Davíð Oddsson, der eine lange Laufbahn als Po-
litiker hinter sich hatte (1982–91 Bürgermeister von Reykjavík, 1991–2004
Ministerpräsident, 2004–05 Außenminister) und danach das Amt des Chefs
der Zentralbank innehatte (2005–09), war wesentlich für den isländischen
Bankencrash vom Herbst 2008 mit verantwortlich gemacht worden. Dass
er in dieser Situation nun so großen Einfluss beim mächtigsten Medienkon-
zern des Landes erhielt, fanden manche abstoßend. Immerhin hat das 1913
gegründete *Morgunblaðið*, nachdem seit den 1990er Jahren die meisten anderen der ursprünglich parteipolitisch gebundenen Zeitungen eingestellt
worden sind, heute mit einer täglichen Auflage von über 50.000 Exemplaren und der meistbenutzten Homepage eine monopolartige Stellung in der
isländischen Medienlandschaft. Allerdings hätte ein kurzer Blick in die isländische Geschichte genügt um zu zeigen, dass der neueste Karriereschritt
des Davíð Oddsson, der der am längsten regierende Ministerpräsident des
Landes gewesen war, überhaupt nichts Außergewöhnliches an sich hat, sondern vielmehr einer festen Konstellation von Macht und Medien entspricht,
einem Muster, das in Island eine Tradition hat, die auf die Einführung der
Drucktechnik im 16. Jahrhundert zurückgeht. Immer sind es die einfluss-
reichsten politischen Machthaber, die im 16., 18. oder nun eben im 21. Jahrhundert kontrollieren, was in Island gedruckt wird. Insofern kann man ohne
allzu große Übertreibung eine Linie der Konstanz von Bischof Guðbrandur

Þorláksson im Zeitalter der Reformation über den Aufklärer Magnús Stephensen bis zum Ideologen des Neoliberalismus Davíð Oddsson ziehen.

Ein erster Hinweis, dass Bücher auf Isländisch oder für Island gedruckt wurden, ist eine Passage aus einer 1530 in Hamburg ausgestellten Rechnung; es ist jedoch sonst nichts über diesen womöglich frühesten isländischen Druck bekannt und man weiß nicht, um was für eine Art von Druck es sich gehandelt haben könnte. Zur selben Zeit, also um 1530, kam der schwedische Pfarrer Jón Matthíasson (gestorben 1567) auf Betreiben des letzten katholischen Bischofs Jón Arason (1484–1550) nach Island und errichtete hier eine Druckerei. Vermutlich aus dem Jahr 1534 datiert der erste Druck, der mit einer gewissen Wahrscheinlichkeit mit Island verbunden werden kann: *Breviarium Holense* (»Stundenbuch von Hólar«), dessen letztes vollständiges Exemplar im Stadtbrand von Kopenhagen 1728 zugrunde ging und von dem nur zwei Blätter bewahrt sind; es sind allerdings sehr viele Unsicherheiten mit diesem lateinischen Druck verbunden, den Jón Matthíasson in Hólar besorgt haben dürfte. Ob er auch ein verlorenes, nur in einer Quelle aus dem 17. Jahrhundert bezeugtes *Evangeliar* druckte, ist umstritten.

Offenbar wurde das neue Medium von den Katholiken, die ja die Druckerei kontrollierten, nicht eigentlich für den Religionsstreit mit den Lutheranern eingesetzt. Es sind jedenfalls nicht wie in anderen Ländern gegenreformatorische Kampfschriften aus Island bewahrt. Dennoch ist der Druck als neues Medium auch in Island aufs Engste mit der neuen Religion verknüpft. Diese wurde von einer Reihe von jüngeren Theologen vertreten, die in Deutschland und Dänemark studiert hatten. 1540 wurde das erste in isländischer Sprache gedruckte Buch, das Neue Testament, *Hid nya Testament*, in Roskilde in Dänemark herausgegeben, da sich die einzige Druckerei in Island ja noch im Besitz des katholischen Bischofs von Hólar befand. Mit dieser Übersetzung des Neuen Testaments von Oddur Gottskálksson (1515–1556), dem Schreiber des letzten katholischen Skálholt-Bischofs Ögmundur Pálsson (Bischof 1521–40), verbindet sich übrigens wiederum eine bezeichnende Entstehungslegende: Oddur Gottskálksson soll, da der alte Bischof die Reformation ablehnte, die Arbeit an der Übersetzung insgeheim im Stall des Bischofssitzes vorgenommen haben. Er kommentiert dies selber wie folgt: »Jesus der Erlöser ist in einen Eselsstall gelegt worden, aber nun mache ich mich daran, Sein Wort in einem Kuhstall auszulegen und in die Muttersprache zu übersetzen«.[141] Ögmundur Pálssons Nachfolger Gissur Einarsson trat dann – durchaus passend für einen Bischof der Reformation – sein Amt als Islands erster lutherischer Bischof (1540–48) im Erscheinungsjahr des isländischen Neuen Testaments an.

Der oben erwähnte Jón Matthíasson war 1535–67 Pfarrer in Breiðaból-staður in Nordisland, wohin die Druckerei gebracht wurde, und hier druckte er nach der Einführung der Reformation im Nordbistum 1559 das erste Buch in isländischer Sprache in Island: Antonius Corvinus, *Passio. Það er píning vors herra Jesú Christi* (»Passio. Das ist die Marterung unseren Herrn Jesu Christi«) sowie 1562 die *Guðspjallabók* (»Ritual«) von Ólafur Hjaltason (1491–1569), der 1552 der erste lutherische Hólar-Bischof geworden war.[142]

Obschon Island also um die Mitte des 16. Jahrhunderts über eine Druckerei verfügte, wurden im Ausland weiterhin Bücher für den isländischen Markt und von Isländern auf Latein geschriebene Werke gedruckt. Bis zum Ende des 16. Jahrhunderts, das für Skandinavien als Inkunabelperiode gilt, sind neben dem unsicheren Druck Hamburg 1530 und dem Neuen Testament Roskilde 1540 folgende Daten für ausländische Islandica bezeugt: 1546 Rostock (*Postilla*), 1555, 1557–78, 1558, 1558, 1558, 1589, 1593 Kopenhagen, 1593 Hamburg. Thematisch handelte es sich bei diesen Büchern um theologische Literatur sowie um Schriften, die von isländischen Humanisten auf Lateinisch geschrieben wurden. Als wichtigster, dann vor allem im frühen 17. Jahrhundert tätiger Autor ist hier der Polyhistor Arngrímur Jónsson (1568–1648) zu erwähnen, auf dessen Initiative das Studium der alten Geschichte Islands zurückgeht und der eine Reihe von Büchern über die isländische Geschichte und nicht zuletzt auch das Islandbild verfasste. So versuchte Arngrímur Jónsson mit *Brevis commentarius de Islandia* (»Kurzer Kommentar über Island«), Kopenhagen 1593, *Crymogæa* (»Island«), Hamburg 1609, und hauptsächlich *Anatome Blefkeniana* (»Anatomie des Blefken«), Hamburg 1612/13, sowie *Epistola pro patria defensoria* (»Verteidigungsbrief für das Vaterland«), Hamburg 1618, ausländische Berichte, die zum Teil völlig absurde Stereotypien über Island und die Isländer verbreiteten, zu parieren. Seine Bücher richten sich an die Gelehrtenwelt Europas und trugen während langer Zeit maßgeblich zum Bild bei, das man sich dort von der Insel machen konnte.[143] Auch von Oddur Einarsson (1559–1630) ist eine lateinische Islandbeschreibung *Qualiscunque descriptio Islandiæ* in einer Handschrift bewahrt.

Für Island sieht das entsprechende Bild der Herstellung von Wiegendrucken wie folgt aus: 1534 Hólar (*Brevarium*, unsicher), 1559 Breiðabólstaður (vermutliches Datum, *Passio*), 1562 Breiðabólstaður (*Gudspjallabók*), 1562 Breiðabólstaður (Katechismus), 1575–89 Hólar (12 erhaltene Drucke), 1589–91 Núpufell (drei Drucke), ab 1594 Hólar.

Die Konzentration der Drucke auf Hólar ab 1575 und vor allem die Zunahme der Anzahl gedruckter Bücher hängen damit zusammen, dass

Guðbrandur Þorláksson (1541/42–1627) 1571 Bischof in Hólar wird. Mit seinem großen Bildungshintergrund und seiner Auslandserfahrung erkennt er die Bedeutung des neuen Mediums und baut die Druckerei systematisch zur Meinungsbildungszentrale des Landes im neuen Zeitalter aus. Unter seiner energischen Führung werden 100 Drucke veranstaltet (wovon 79 erhalten, die restlichen 21 bezeugt sind). Guðbrandur Þorláksson selbst übersetzt 40 Werke, kauft die Druckerei nach 1594, und sie bleibt bis 70 Jahre nach seinem Tod im Familienbesitz. Der Wissenschaftshistoriker Einar G. Pétursson hat ihn nicht ganz zu Unrecht den »Lehrer von ganz Island« genannt und damit seine Stellung und erzieherische Leistung im Sinn der Reformation mit jener von Philipp Melanchthon für Deutschland und Niels Hemmingsen für Dänemark verglichen, die ebenfalls für ihre Länder mit diesem Titel geschmückt wurden. Zu den wichtigen, von Guðbrandur Þorláksson veranlassten Drucken vor der großen Bibelausgabe gehört unter anderem das isländische Gesetzbuch (*Lögbók Íslendinga, Jónsbók*) von 1578, in dem zum ersten Mal in einem isländischen Buch mit schwarzer und roter Farbe gedruckt wurde. Nach langer Vorarbeit erschien dann 1584 die in Hólar gedruckte Übersetzung der Bibel: *Biblía. Þad er øll Heiløg Ritning, vtløgd a Norrænu* (»Bibel. Das ist die ganze Heilige Schrift, auf Nordisch übersetzt«), die hauptsächlich auf Vorbildern von Luthers Neuem Testament 1522, Luthers Bibel 1534 und der dänischen Bibelübersetzung 1550 (sogenannte *Christian den Tredjes Bibel*) basierte. Die *Guðbrandsbiblía* wurde von Guðbrandur Þorláksson selbst und anderen übersetzt, war eine Prachtausgabe mit zahlreichen Illustrationen, für die deutsches Bildmaterial ausgeliehen worden war, und wurde in der sehr hohen Auflage von 500 Exemplaren gedruckt, so dass diese isländische Bibel heute keine allzu große Rarität darstellt und in vielen Bibliotheken vorhanden ist. Für die Anfertigung des Bandes berief der Bischof eigens einen Buchbinder aus Hamburg. Ein Exemplar soll den Gegenwert von zwei bis drei Kühen gekostet haben.

Mit der Reformation waren die Kirchenlieder zu einer wichtigen neuen Gattung geworden, und Guðbrandur Þorláksson ließ 1589 nach dem Modell des dänischen Psalmenbuches (1586) *Ein ny Psalma Bok* (»Ein neues Psalmenbuch«) drucken, für das zum ersten Mal in einem isländischen Buch Noten gedruckt wurden. 1594 kam dann mit *Graduale. Ein Almenneleg Messusöngs Bok* (»Graduale. Ein allgemeines Messegesangbuch«) ein weiteres Beispiel dieser Gattung heraus. Ein Druck, der für die Entwicklung einer neuen, reformatorisch geprägten religiösen Bildsprache von großer Bedeutung werden sollte, war *Ein Ny Wiisna Bok* (»Ein neues Liederbuch«), 1612.

Die Titelseite der *Vísnabók*, die bereits auf die barocken Ausschmückungen späterer Bücher vorausweist, fasst zusammen, worum es Guðbrandur Þorláksson als Herausgeber in diesem Buch geht:

> Ein neues Liederbuch, mit vielen geistigen Liedern und Gedichten, Psalmen, Lobgesängen und Reimen, aus der Heiligen Schrift entnommen. Dem gemeinen Volk zum Nutzen und zum Guten gedruckt, und den anderen, die solche Lieder lieben und Gott dem Allmächtigen zum Lob und zur Ehre betreiben wollen, sich und anderen zum Nutzen und zur Unterhaltung.[144]

Guðbrandur Þorlákssons Vorwort »An den Leser« (»Til Lesarans«) stellt ein wichtiges Dokument der isländischen Poetikgeschichte dar. Der Herausgeber beginnt seine Ausführungen mit einigen aufschlussreichen Bemerkungen zum Druckwesen und beklagt sich über die geringe Resonanz und Kauflust seiner Landsleute:

> Es ist guten Leuten bekannt, dass ich mich während einiger Jahre damit abgegeben habe, Hefte und Büchlein drucken zu lassen, von denen ich meinte, dass sie zum Nutzen und zur Verbesserung von Einfältigen und Ungebildeten sein könnten. Aber was geschieht? Diese Büchlein liegen hier und verfaulen, außer jenen, die ich verschenke. Vor einigen Jahren klagte fast jeder Mann, dass das Neue Testament nicht zu bekommen sei, nicht alle die Bibel kaufen und sie nicht überall mittragen könnten. Aber jetzt, wo alles erhältlich ist, gibt es wenige, die daran denken. Ähnlich und gleich geht es mit den Liedern und Gedichten. Es sind recht viele, die ständig um Lieder und geistliche Lieder gebeten haben, sie denken, es fehle ihnen wenig zum wahren Verständnis der Seelenhilfe, und es wäre schön, wenn sich das so erweist.[145]

Obwohl er deswegen die kostspielige Druckerei eigentlich aufgeben sollte, gebe er nun dennoch nochmals ein Werk heraus, und zwar in der Hoffnung, dass die gängigen und beliebten »Buhllieder« und »Amorsweisen« (»Bruna vijsur / og Afmurs Kvæde«, S. [iv]) durch »geistige Lieder« (»andlegar Vijsur«) ersetzt werden.

Man hat früher Rímur über die alten Helden gedichtet, zur Unterhaltung und zum Zeitvertreib, und ihre Worte und Taten in Geschichten gebracht, warum sollte man dann nun nicht auch Rímur und Gedichte von heiligen Männern dichten, in denen sowohl nützliche Lehre und gute Beispiele zur Nachahmung stecken.[146]

Der Bischof argumentiert hier auf einer Grundlage, die sich identisch in den dänischen Reformationsschriften findet und die in den Formulierungen die deutschen und dänischen Vorlagen durchschimmern lässt. Schon 1589 hatte er im Vorwort zum Psalmenbuch von unnützen Reimereien, Trollen- und Vorzeitrímur, Liebesgesängen, Amorsweisen, Buhlliedern, Spott- und anderer schlechter und hässlicher Dichtung, obszöner Schmäh- und Neckdichtung gesprochen. Diese toposhaften Formulierungen halten sich als fester Bestandteil der isländischen literarischen Debatte bis in die Neuauflage der *Vísnabók*, Hólar 1748.

Der Dichter von neuen Liedern, den Guðbrandur Þorláksson im Vorwort der *Vísnabók* besonders erwähnt und als lobenswertes Beispiel preist, ist Einar Sigurðsson í Eydölum (1539–1626), eine höchst bemerkenswerte Figur des Übergangs der Religionen und der Medien. Einar Sigurðsson war ein sehr fleißiger Dichter und verfasste eine große Zahl von Liedern und Gedichten, die in *Vísnabók* übernommen wurden. Dieses prominente Forum gab ihnen einen sozusagen offiziellen Status und seine Psalmen strukturierten das Kirchenjahr für Generationen von Isländern. Einar Sigurðsson war aber auch ein sehr produktiver Verfasser von weltlichen Gedichten, unter anderem schrieb er 1616 einen »Biographischen Zyklus des Einar in Eydalir« (*Ævisöguflokkur Einars í Eydölum*) und 1626 einen »Gedichtzyklus über die Kinderzahl« (*Barnatöluflokkur*); der erste Text gibt in 214 Strophen einen Überblick über das Leben des dichtenden Pfarrers, der zweite behandelt in 80 Strophen die große Zahl seiner Nachkommen. Einar entstammte sehr einfachen Verhältnissen und lebte in größter Armut, bis sein ältester Sohn Oddur 1588 mit Unterstützung von Bischof Guðbrandur zum

Guðbrandur Þorláksson, *Ein Ny Wiisna Bok*, Hólar 1612, Titelseite

Bischof von Skálholt gewählt wurde. Von da an änderte sich seine wirtschaftliche Lage schlagartig und er erhielt den einträglichen Hof Eydalir. Auch seine anderen Söhne profitierten vom Aufstieg ihres Bruders, konnten studieren und kamen zu guten Pfarreien. In einer rhetorischen Argumentation, die sich in vielen seiner Gedichte beobachten lässt, stellt Einar Sigurðsson seine Armut dem »Sohnesglück« gegenüber und hält fest, dass es Gott war, der Oddur zum Bischof erhob. Bei aller literarischen Stilisierung erlauben diese beiden Texte sehr präzise Einblicke in die Dynamiken der frühneuzeitlichen Kultur, wobei einmal mehr das dynastische Prinzip in dieser kleinen Gesellschaft deutlich wird. Einar Sigurðsson, der in einem Text bezeichnenderweise »Bischofsvater« heißt und über den Erfolg seines Sohnes definiert wird, hatte mit zwei Frauen sieben Kinder, die das Erwachsenenalter erreichten. Zum Zeitpunkt seines Todes zählen seine Nachkommen einhundert. Er hat im Island des 16. und 17. Jahrhunderts eine zentrale Rolle als Dichter und Stammvater, ist Erzeuger von Gedichten und Dichtern: Sein Sohn Ólafur Einarsson í Kirkjubæ (1573–1651) und vor allem dessen Sohn Stefán Ólafsson í Vallanesi (1619–1688) gehörten zu den bedeutendsten Autoren ihrer Zeit; Stefán Ólafsson etwa war neben Hallgrímur Pétursson der wichtigste Barockautor Islands. Einar Sigurðsson war also ein Beispiel für einen in hohem Maß (re-)produktiven Verkünder des neuen Glaubens, der es als seine von Gott gewollte Aufgabe darstellte, zum Ruhm eben dieses Gottes und zur Sicherung seiner weltlichen Existenz Kinder zu zeugen und (auch darüber) Gedichte zu schreiben. In beiden Bereichen war er sehr erfolgreich.[147]

Für andere isländische Dichter der frühen Neuzeit, die ihre Libido nicht wie Einar Sigurðsson in geregelten ehelichen Verhältnissen auslebten, ging die Sache oft weniger gut aus. So wurde der oben als Edda-Kompilator erwähnte Pfarrer Magnús Ólafsson í Laufási (1573–1636) wegen Ehebruchs seiner Stellung enthoben, was unter anderem dazu führte, dass er sich vorübergehend als Schreiber, Kopierer und eben Wissenschaftler versorgen musste. Etwas zynisch könnte man aus der Sicht der Literaturgeschichte sagen, dass sein sexuelles Begehren der Eddaforschung beträchtliche Dienste erwies, indem es Magnús Ólafsson zwang, verstärkt seinem Trieb zur Philologie nachzugeben. Ein ähnlicher Fall im 18. Jahrhundert war der Pfarrer Jón Þorláksson á Bægisá (1744–1819), der literarisch vor allem für seine Übersetzungen von europäischer Aufklärungsliteratur bekannt wurde; er verlor wegen unehelicher Kinder sein Pfarrersamt gleich zwei Mal und hielt sich ebenfalls mit Schreiben und Tätigkeiten für die Druckerei in Hrappsey über Wasser.

Drucken war mit Ausnahme der Jahre 1685 bis 1703, als die Druckerei in Skálholt war, eine Domäne der Bischöfe von Hólar. Der letzte Druck dieser Hólar-Druckerei erfolgte 1799; in diesem Jahr wurde die Druckerei vom Landsuppfræðingarfélagið (Gesellschaft für die Aufklärung des Landes) aufgekauft und mit ihrer eigenen, 1773 in Hrappsey im Westen des Landes als zweite Druckerei errichteten und 1795 nach Leirárgarðar transportierten vereinigt. Damit war die wiederum einzige Druckerei des Landes unter die Kontrolle eines Mannes, nämlich Magnús Stephensen (1762–1833), gekommen, der sie bis 1815 in Leirárgarðar, danach in Beitistaðir (1815–19) und schließlich in Viðey, wo er seinen Amtssitz hatte, bis zu seinem Tod betrieb. Die Druckerei in Viðey wurde danach bis 1844 weitergeführt, worauf Druckereien in Reykjavík und allmählich auch an anderen Orten des Landes eingerichtet wurden.[148]

Wie seinerseits Guðbrandur Þorláksson war Magnús Stephensen als Oberster Richter der mächtigste Mann Islands in seiner Zeit. Gleichzeitig bestimmte er über die Tätigkeit und den Inhalt der Erzeugnisse der neuen, nun in Südisland lokalisierten Druckerei. Sie war nun nicht mehr in den Fesseln der Kirche und propagierte dafür die aufklärerischen Ideen von Magnús Stephensen. In den zahlreichen Schriften, darunter vielen Übersetzungen, die er veranlasste und herausgab, vertrat er eine rigorose, internationalistische Aufklärungsposition und kämpfte vor allem gegen die Phänomene des ›Alten‹ und ›Dunklen‹, von denen er Überbleibsel in der isländischen Volkskultur sah. Wie der reformatorische Bischof war auch Magnús Stephensen überhaupt kein Freund der populären Rímur, über die er in 1806 in *Eptirmæli átjándu aldar* (»Nachruf auf das 18. Jahrhundert«), einem Rückblick über die Natur-, Wirtschafts- und Kulturgeschichte Islands im Zeitalter der Aufklärung, schrieb: »Wechselweise werden sie [die Rímur] mehr herausgeheult, als dass sie gesungen werden.«[149]

Gegen Ende des 18. Jahrhunderts und um die folgende Jahrhundertwende, also zur selben Zeit, in der Magnús Stephensen tätig ist, schreibt der Schreiber und Volksdichter Eiríkur Laxdal (1743–1816) zwei Erzählungen, in denen er auf faszinierende Weise ganz andere Gegenwelten zur kirchlichen entwirft als jene rationalistischen, die dem Richter in seinen Aufklärungsdrucken vorschwebten. Eríkur Laxdal nahm die Stoffe für seine beiden Texte gerade aus den volkstümlichen Sagen und Märchen, gegen die Magnús Stephensen und seine Leute polemisierten. In einer teilweise bizarren, ausufernden, phantastischen Erzählweise, die sich mit der klassizistischen der Aufklärungspoetik nicht im Geringsten in Übereinstimmung bringen lässt, verfasst er um 1777 einen Text, der schon im Titel die Utopie abruft: *Ólandssaga* (»Geschichte von Unland«). Und in der um 1800 geschriebenen, als »die große Elfensaga« (»álfasagan mikla«) in die Literaturgeschichte eingegangenen *Saga Ólafs Þórhallasonar* (»Geschichte von Ólafur Þórhallason«) diskutiert er drängende Fragen der Zeit und verlegt die Szenerie in eine Sagenwelt des Phantastischen. Dafür aber steht ihm die Druckerei nicht zur Verfügung, und er wählt für seine Erzählungen die mediale Form der Handschrift.[150] Es lässt sich eine bemerkenswerte Gleichzeitigkeit und Überlappung der Medien in der Epoche der frühen Neuzeit feststellen. Handschriften werden, obwohl der Druck längst erfunden und die Technik auch in Island eingeführt ist, weiter verwendet, für gewisse Bereiche, wie im vorigen Abschnitt gesehen, zum Teil noch bis in die Moderne. Einzelne literarische Gattungen wie die Sagas und die Rímur scheinen fast ganz an dieses traditionelle Medium gebunden zu sein.

Eine der am häufigsten zitierten und referierten Rezensionen der isländischen Literaturgeschichte erschien im Jahr 1837 im dritten Heft der bereits in Kapitel 2 (vgl. S. 57f.) erwähnten Zeitschrift *Fjölnir. Árrit handa Íslendíngum* (»Fjölnir. Jahresschrift für die Isländer«), dem in Kopenhagen herausgegebenen Organ der isländischen Romantiker. Die Besprechung stammt von Jónas Hallgrímsson und setzt sich aus Anlass eines 1831 gedruckten Rímur-Zyklus von Sigurður Breiðfjörð (1798–1846), *Rímur af Tistran og Indíönu* (»Rímur von Tistran und Indiana«), mit den Rímur als populärer Gattung schlechthin auseinander. Der berühmte Anfang der Besprechung lautet in Übersetzung:

So wie die Rímur (in Island) gereimt werden, und bisher gereimt worden sind, dann sind die allermeisten von ihnen der Nation zur Schande – es hilft nichts, das zu verneinen – und darüber hinaus bewirken sie beträchtlich viel Übles: sie zerstören und verderben das Gefühl dafür, was schön und poetisch ist und sich in guter Dichtung geziemt, und sie nehmen die »Begabungen« und Kräfte vieler Männer in Anspruch, die etwas Nützlicheres hätten tun können – etwas Gescheiteres dichten, oder dann wenigstens einen harmlosen Wollsocken stricken, während sie zum ewigen Spott und Gelächter in der ganzen Welt dabei waren Dreck zu dichten und Unsinn zu reden. Aber es wird besser, es ist, als ob die Leute begonnen hätten aufzuwachen. Es haben sich Stimmen erhoben gegen diese Unsitte; und eine dieser Stimmen, die spricht und sich in der Wüste hören lässt, sie ist nicht nutzlos und hat – wie ich hoffe – etwas bewirkt. [...] ich habe es auf mich genommen, sie [Rímur von Tistran und Indiana] von Anfang bis zum Ende zu lesen – obwohl das eine langweilige Arbeit ist –, um der Allgemeinheit zeigen zu können, wie viel ihr fehlt, dieser Reimerei, und wie abwegig es ist, dass sie Dichtung heißen kann [...][151]

Für Jónas Hallgrímsson tut sich ein Abgrund auf zwischen dem Reimen (*kveð*skapur) der Rímur-Dichter und dem Dichten (*skáld*skapur) richtiger Poeten. Die Differenzierung zielt darauf ab, die beliebte Gattung der Rímur als eine Schemaliteratur abzuqualifizieren, die in als übertrieben erachteten Formen erstarrt ist, und ihr das Ideal einer modernen, romantischen Dichtung entgegenzuhalten. Geschmacklosigkeit und Mangel an Gefühlen (»smekkleísi«, »tilfinningarleísi«) prägten die Rímur und ihnen fehlten auch die Seelenkräfte (»öbl sálarinnar«), so Jónas Hallgrímsson. Die Rímur seien zu leeren Reimereien verkommen und könnten nie ein Kunstwerk werden (»tómar rímur, en aldreí neítt listaverk«). Zum Schluss der Rezension greift er den Dichter der Tistran-Rímur, Sigurður Breiðfjörð, persönlich in scharfen Formulierungen an – »Was für ein Missbrauch der Dichtkunst! Was für eine Unachtsamkeit gegenüber sich und anderen [...] nicht zu versuchen, sich anzustrengen und weniger zu reimen.«[152] – und bezeichnet die Rímur-Verfasser mit dem eingebürgerten Schimpfwort als »Dreckdichter« (*leírskáld*; vgl. dazu oben im Kapitel 3 S. 85).

Jónas Hallgrímsson hält den Rímur-Dichtern nicht zuletzt auch vor, sie hielten sich zu sklavisch an die Geschichte, die sie behandelten. Sein Gegenmodell einer Dichtung, die einen historischen Stoff aufgreift und ihn poetisch verändert und überhöht, wird er selber im darauf folgenden Jahr im vierten Heft des *Fjölnir* mit dem großen Gedicht »Gunnarshólmi« vorlegen, dem Gedicht, das er im gleichen Jahr verfasst, in dem die Rímur-Kritik erscheint (vgl. dazu ausführlich Kapitel 2). Die Position, die er mit diesem Gedicht einnimmt, könnte nicht weiter entfernt von der der Rímur-Dichtung liegen. Wo diese sich auf einen alten Stoff (im besprochenen Beispiel die Geschichte von Tristan und Isolde) bezieht und diesen im engen sprachlichen und formalen Korsett der Rímur-Metren und -Diktion in Reime bringt, entwirft Jónas Hallgrímsson wie gesehen eine völlig neue, nationale und emotionale Erinnerungslyrik. Man hat in dieser im Ton überaus aggressiven und persönlich verletzenden Rezension oft den Kern einer sich langsam entwickelnden neuen, bürgerlich-urbanen Literatur europäischen Zuschnitts in Island gesehen. Doch Jónas Hallgrímsson geht dabei noch einen entscheidenden Schritt weiter, indem er als erster in der isländischen Literatur für sein Gedicht die Form der Terzine und der

32

sljettlendi, og hefir firrum verið grasi gróið, enn er
nú nálega allt komið undir eírar og sanda, af vatnagángji; á eínum stað þar á söndunum, firir austan Þverá,
stendur eptir grænn reítur óbrotinn, og kallaður Gunnarshólmi, því það er enn sögn manna, að þar hafi Gunnar
frá Hlíðarenda snúið aptur, þegar þeir bræður riðu til
skjips, eíns og alkunnugt er af Njálu. Þetta er tilefni
til smákvæðis þess, sem hjer er prentað neðan við.

> Skjeín ifir landi sól á sumarvegi,
>   og silfurbláan Eíafjallatind
>   gullrauðum loga glæsti seínt á degi.
> Við austur gnæfir sú hin mikla mind
>   hátt ifir sveít, og höfði björtu svalar
>   í himinblámans fagurtæru lind.
> Beljandi, foss við hamrabúann hjalar
>   á heíngjiflugji undir jökulrótum,
>   þar sem að gullið gjeíma Frosti og Fjalar.
> Enn hinumeígin föstum standa fótum
>   blásvörtum feldi búin Tindafjöll
>   og grænu belti gjirð á dala mótum;
> með hjálminn skjignda, hvítri líkan mjöll,
>   horfa þau ifir heíðavötnin bláu,
>   sem falla niður fagran Rángárvöll;
> þar sem að una biggðar bílin smáu,
>   dreifð ifir blómguð tún. og grænar grundir.
>   Við norður rísa Heklu tindar háu.
> Svell er á gnípu, eldur gjeísar undir
>   í ógna djúpi, hörðum vafin dróma
>   Skjelfing og Dauði dvelja lángar stundir.
> Enn speígilskjignd í háu lopti ljóma
>   hrafntinnuþökjin ifir svörtum sal.
>   Þaðan má líta sælan sveítarblóma;
> því Markarfljót í fögrum skógardal
>   dunar á eírum, breíða þekur bakka
>   fullgróinn akur, fegurst eíngja val
> þaðan af breíðir hátt í hlíðar slakka
>   glitaða blæu, gróna blómum smám.
>   Klógulir ernir ifir veíði hlakka;
> því fiskar vaka þar í öllum ám.

Jónas Hallgrímsson, Gunnarshólmi, Erstdruck des Gedichts in *Fjölnir*, 1838

33

Blikar í laufi birkiþrasta sveímur,
  og skógar glimja, skreíttir reínitrjám.
þá er til ferðar fákum snúíð tveímur
  úr rausnargarði hæstum undir Hlíð,
  þángað sem heirist öldufalla eímur;
því hafgáng þann eí hepta veður blíð,
  sem voldug reísir Rán á Eíasandi,
  þar sem hún heíir heímsins lánga stríð.
Um trausta streíngji liggur firir landi
  borðfögur skjeíð, með bundin segl við rá;
  skjínandi trjóna gjín mót sjávar grandi.
þar eíga tignir tveír að flitjast á
  bræður af fögrum fósturjarðar ströndum,
  og lánga stund eí litið aptur fá,
fjarlægum ala aldur sinn í löndum,
  útlagar verða vinar augum fjær;
  so hafa forlög fært þeím dóm að höndum.
Nú er á brautu borinn vigur skjær
  frá Hlíðarenda hám; því Gunnar ríður,
  atgjeírnum beítta búinn — honum nær
dreírrauðum hesti hleípir gumi fríður
  og bláu sagsi gjirður ifir grund;
  þar mátti kjenna Kolskjegg allur líður.
So fara báðir bræður enn um stund;
  skjeíðfráir jóar hverfa fram að fljóti,
  Kolskjeggur starir út á Eíasund.
Enn Gunnar horfir hlíðar brekku móti,
  hræðist þá ekkji frægðarhetjan góða
  óvina fjöld, þó hörðum dauða hóti.
"Sá eg eí firr so fagran jarðargróða,
  "fjenaður dreifir sjer um græna haga,
  "við bleíkan akur rósin blikar rjóða.
"Hjer vil eg una æfi minnar daga
  "alla, sem guð mjer sendir. Farðu vel,
  "bróðir og vinur!" — So er Gunnars saga.
    Því Gunnar vildi heldur bíða hel,
    enn horfinn vera fósturjarðar ströndum.
    Grimmleígir fjendur, flárri studdir vjel,
    fjötruðu góðan dreing í heljarböndum.
    Hugljúfa samt eg sögu Gunnars tel,
    þar sem eg undrast, enn á köldum söndum
3

121

Stanze wählt, die beide bekanntlich große weltliterarische Vorbilder haben und für die er vor allem deutsche Modelle übernimmt. Die formale Innovation, die Jónas Hallgrímssons Gedicht vollzieht, findet aber auch, und das ist hier ebenfalls wichtig, in der Originalausgabe in *Fjölnir* 1838 ihre typographische Entsprechung.

So etwas hatte man, darauf macht Halldór Laxness in seinem Vorwort zu den Gedichten von Jónas Hallgrímsson durchaus zurecht aufmerksam, in Island vorher noch nicht gelesen und gehört und man hatte diese Art von Dichtungsform auch noch nie so auf Isländisch gesehen. Denn ohne das Medium des Drucks, der die visuellen Komponenten eines Textes hervorhebt, hätte die revolutionierende Wirkung des Gedichts, die Jónas Hallgrímssons literaturkundige Zeitgenossen sofort erkannten, nicht die gleiche sein können. Auch in diesem Kontext von Ästhetik und Buch kann man den Druck als ein Medium der Mächtigen bezeichnen, wenn es sich hier auch um jene handelt, die die Macht über den literarischen Diskurs ausübten.

Dass allerdings die Rímur-Kritik von Jónas Hallgrímsson keine unmittelbare Erfolge zeitigte und auch die übrigen Vorschläge der Fjölnismenn (der Romantiker um die Zeitschrift *Fjölnir*) wie etwa jene im Bereich der Orthographie vorerst nicht aufgegriffen wurden, illustriert das Beharrungsvermögen der populären Kultur. Wie sich im Abschnitt oben zeigte, konnten erst weitere und andere als rein ästhetische Veränderungen die isländische Bevölkerung allmählich davon abbringen, an den Reimereien der Rímur Gefallen zu finden.

Die Poetik der Rotalge

In der Geschichte der isländischen Lyrik gibt es zahlreiche Gedichte, die bei ihrem Erscheinen aus jeweils unterschiedlichen Gründen für Aufsehen sorgten, auf Zustimmung oder Ablehnung stießen. Ein Text, der im frühen 20. Jahrhundert besonders provozierte, war »Únglíngurinn í skóginum« (»Der Jüngling im Wald«), den Halldór Laxness 1924/25 schrieb und der 1925 in der Zeitschrift *Eimreiðin* erschien. Dieser Text wie auch der zur selben Zeit konzipierte große Roman *Vefarinn mikli frá Kasmír* (1927; *Der große Weber von Kaschmir*, 1988) kann in die kurze Phase von Laxness' avantgardistischen, expressionistisch inspirierten Werken eingeordnet werden. Über dieses Gedicht schrieb der Autor rückblickend in der dritten

Auflage des Bandes *Kvæðakver* (»Gedichtsammlung«) – nochmals eine gern zitierte Entstehungslegende –, es sei »das teuerste [*dýrasta*] Gedicht im Buch gemessen in Kronen« gewesen. Seine Publikation habe nämlich dazu geführt, dass ein vom Althing in Aussicht gestelltes Reisestipendium zur Fertigstellung des Romans *Der große Weber* in der Höhe von 1.500 Kronen von der Oberen Kammer nicht bewilligt wurde: »Als die Abgeordneten das Gedicht lasen, sagten alle wie aus einem Mund, dass in Island ein schlimmerer Dreck [*leir*] noch kaum je gedruckt worden und es nicht wünschbar sei, Leute mit öffentlichen Mitteln zu unterstützen, noch mehr von der gleichen Art zusammenzusetzen.«[153] Halldór Laxness bedient sich hier zweier Begriffe mit einer langen Tradition in der isländischen Poetik. Zum einen zitiert er die Abgeordneten, sie hätten das Wort »Dreck« für dieses Gedicht verwendet, was an die hier bereits mehrfach erwähnte Vorstellung von schlechter Dichtung als Schmutz, Ausschuss anknüpft. Zum anderen benutzt er den Begriff »teuer« (*dýr*) für seinen Text. In Bezug auf das entgangene Stipendium kann er den Betrag genau in Kronen beziffern. Die poetologische Seite des Wortes verweist jedoch auf die Skaldik des Mittelalters, als ein »teuer gedichtetes« Lied eines war, das vom Vokabular her aufwendig und kompliziert und allgemein in einem besonders feierlichen Ton gehalten war. Die Verwendung dieses einen kleinen Begriffs »teuer« rückt Halldór Laxness' für viele unverständliches, leicht absurdes Gedicht in die Nähe der bildhaften skaldischen Gedichte. Für das expressionistische Credo, das er dem Gedicht in der Zeitschrift vorausschickte und unter das er es stellte, musste er jedoch auch ganz konkret »teuer« bezahlen:

> Expressionistische Dichtung hat eher die Aufgabe, durch die Stimmung und die klangliche Verwendung der Wörter Empfindungen hervorzurufen als irgendeine einzige richtige Lösung zu geben. Ein expressionistisches Gedicht kann vor den Zuhörern im gleichen Augenblick die entferntesten Gesichtspunkte aufscheinen lassen. Der Expressionismus ist eine Fata Morgana, wie im Grund alle Kunst, mehr oder weniger; er appelliert an die Kraft der Einbildung, ohne dass jedoch die Vernunft irgendeines Menschen dessen verlustig gehen müsste, was er zu bieten hat, und ohne dass jeder, der keine Gabe zur Phantasie besitzt, hungrig vom Tisch geht. Der Expressionismus ist an sich so alt wie die Kunst, obwohl der Name nicht älter als vom letzten Jahrhundert ist; er ist in der Geschichte der Künste mal mehr, mal weniger in Erscheinung getreten, aber er kann als Mittelpunkt aller modernen Kunst, zu jeder Zeit, gelten.[154]

Rotalge, lateinisch Palmaria palmata, auf Isländisch *söl*

Im gleichen, wesentlich von surrealistischen Überlegungen geprägten Zusammenhang der Arbeit am Romanprojekt entstanden verschiedene kleinere Gedichte, die Halldór Laxness Anfang 1926 »zu einem langen Gedicht« zusammenfasste und unter dem Titel »Rhodymenia palmata« in der Zeitschrift *Lesbók Morgunblaðsins* (4.4.1926) publizierte. Hinter diesem eigenartigen Titel verbirgt sich die Rotalge, auch Lappentang, botanisch Palmaria palmata, für die früher die lateinische Bezeichnung Rhodymenia palmata üblich war, eine an den Küsten des Nordatlantiks, auch in Island, weit verbreitete Algenart. Ihr isländischer Name, unter dem sie seit der Sagazeit bekannt ist, lautet *söl*. In Bezug auf die poetologischen Aspekte des Gedichts von Laxness interessiert hier, dass der kleine Gedichtzyklus wegen seiner »Formlosigkeit und Unregelmäßigkeit« sowie dem »Geschmack von Salz, Süßigkeit und Jod« den lateinischen Namen der Rotalge erhielt, die laut Laxness dieselben formalen und geschmacklichen Elemente aufweist wie der Text.

Der Titel wurde übrigens vom Autor in der ersten Auflage von *Kvæðakver* 1930 gestrichen und nach weiteren 19 Jahren des Nachdenkens in der zweiten Auflage (wie auch der dritten Auflage 1956) wieder aufgenommen.[155]

Obwohl das Gedicht in die avantgardistische Phase der Lyrik von Laxness gehört und gewisse surrealistische und dadaistische Anklänge aufweist, verwendet »Rhodymenia palmata« die traditionellen Elemente der isländischen Lyrik wie Stäbe und Endreime. Sie werden allerdings durch häufige Wiederholungen gebrochen oder durch Wortspiele in den Reimen und Wortwitze ironisiert: »I. (Auf der Rückseite einer Visitenkarte) [...] und ich vergesse nie nie/ deine liebevollen Sorgendrohungen.// Segne nun Gott deine gefärbten Locken/ und leihe dir weiße Baumwollsocken«.[156] Das Gedicht ist durch metapoetische Zwischentitel und Regieanweisungen strukturiert, enthält vereinzelt klar dadaistische Elemente und setzt Nonsense-Effekte ein, deren Wirkung durch Endreime erzeugt werden: »víkíngar«, »svíkíngar«, »líkíngar« (»Wikinger«, »Betrügerein«, »Gleichungen«).[157] Stilistisch ist »Rhodymenia palmata« eine Mischung aus alten Schlagern,

Volksliedelementen, neuen Reimwirkungen, innovativen sprachlichen Konstellationen, thematisch eher traditionell ein Liebesgedicht, das die körperliche Erotik betont. Der Titel des Gedichts wird in der letzten Strophe thematisiert:

> X. (Upphaf á nýu kvæði)
> Fyrir sunnan söl og þara
> sé ég hvíta örnu fara,
> ber við dagsól blóðgan ara.[158]

> [X. (Anfang eines neuen Gedichts)
> Südlich von Rotalge und Tang
> seh ich weiße Adler ziehen,
> ein blutiger Adler erscheint in der Tagessonne.]

Der Ausdruck »südlich von Rotalge und Tang« wandelt die Märchenformel »westlich der Sonne und östlich des Mondes« ab. Die Farben Weiß und Rot werden im nächsten Gedicht »Tvær ferskeytlur og viðlag« (»Zwei Vierzeiler und eine Schlussstrophe«) der Sammlung *Kvæðakver* aufgenommen, wo es heißt: »Hast du gesehen, dass der rote Regen/ in das weiße Meer geflossen ist?«[159]

1992 schrieb der Komponist Hjálmar H. Ragnarsson auf der Textgrundlage des Gedichts »Rhodymenia palmata« eine Oper, die aus Anlass des 90. Geburtstages von Halldór Laxness am Kulturfestival (Listahátíð) im Mai jenes Jahres uraufgeführt wurde; weitere Aufführungen gab es 1995–98, die Oper wurde auch bei der EXPO '98 in Lissabon gezeigt.

Die Rotalge ist eine Pflanze, die in der isländischen Ernährungskultur vom Mittelalter bis ins 20. Jahrhundert eine gewisse Bedeutung hatte. Als Medizinalpflanze wurde sie gegen Kopfschmerzen und gegen Depressionen eingesetzt, und das in ihr enthaltene Jod verhinderte Kropfbildungen. Damit ist es nicht allzu erstaunlich, dass *söl* auch in der Kultur- und Literaturgeschichte gewisse Spuren hinterlassen hat: Im Rechtsbuch Grágás aus dem Mittelalter findet sich die Bestimmung: »Beeren und Rotalge darf man ungestraft auf dem Land eines anderen essen, wenn man will. Aber die werden mit drei Mark bestraft, die sich anschicken, sie unerlaubt abzutransportieren.«[160] – In der Sturlunga saga-Kompilation wird in der Þorgils saga ok Hafliða und der Sturlu saga davon erzählt, wie Leute zum Algenkauf gingen (»til sölvakaupa«, »í sölvafjöru«) bzw. beim Algensammeln am Strand waren.[161] – Eggert Ólafssons und Bjarni Pálssons *Reise igiennem*

Island (1772; *Reise durch Island*, 1775) erwähnt Algen in verschiedenen Zusammenhängen, zumal der eine Autor, der Arzt Bjarni Pálsson 1749 in Kopenhagen eine lateinische Publikation über die Algen an Islands Küsten veröffentlicht hatte.[162] – Jónas Jónasson frá Hrafnagili berichtet in seinen *Íslenzkir þjóðhættir* (1934; »Isländische Volkskunde«), dass die Rotalge und andere Tange häufig als Nahrungsmittel verwendet und ganze Ladungen davon von Eyrarbakki und anderen Orten an der Südküste ins Land hineingebracht worden seien. Man habe die Pflanzen entweder roh oder im Winter in Wasser gekocht und zu Butter und Hartfisch gegessen.[163]

Wie Halldór Laxness' surrealistisches »Rhodymenia palmata« steht jedoch auch eines der bedeutendsten skaldischen Gedichte des isländischen Mittelalters in einer direkten Verbindung mit der Rotalge. In der Egils saga geht es in Kapitel 78 darum, dass Egill zwei Söhne verloren hat und in eine Depression verfällt. Er schließt sich in seinem Alkoven ein und will sich zu Tode hungern. Seiner Tochter Þorgerður gelingt es, sich unter dem Vorwand, es ihm gleichzutun, Zutritt zu Egils Schlafstätte zu verschaffen. Da sieht Egill, wie sie etwas kaut, und auf seine Frage antwortet sie: »Ich kaue Rotalge, denn ich denke, dass es mir dann noch schlechter geht als zuvor; sonst denke ich, dass ich zu lange leben würde.« »Tut einem das schlecht?«, fragt Egill. »Sehr schlecht«, sagt sie, »willst du auch davon essen?« »Was schadet das schon«, sagt er.[164] Den durch das Kauen der salzigen Alge hervorgerufenen Durst wollen die beiden mit Wasser löschen, doch tatsächlich erhalten sie Milch gereicht, die sie auch trinken, so dass das Vorhaben Egils, sich zu Tode zu hungern, vereitelt wird. Er beißt in seiner Wut ein großes Stück aus dem Trinkhorn heraus und wirft es weg. Nun greift die Tochter zur zweiten List und fordert den Vater auf, ein Klagegedicht über den Verlust des Sohnes Böðvarr zu dichten, um diesem eine würdige Beerdigung zu geben. Obwohl Egill zweifelt, dass er es schaffen werde, beginnt er zu dichten, und je weiter er mit dem Gedicht kommt, desto mehr erholt er sich. Als das Gedicht fertig ist, verlässt er seinen Alkoven, nimmt in seinem Ehrensitz Platz und trägt das Gedicht »Der Söhne Verlust« (*Sonatorrek*) vor seinem Hausstand vor.

Die Sagaprosa rahmt den Gedichtvortrag durch diese Episode, die die therapeutische Wirkung von Dichten wie kaum eine andere in der altnordischen Literatur aufzeigt. Durch das listige Vorgehen der Tochter nimmt der trauernde, depressive, lebensüberdrüssige Dichter Substanzen zu sich und entäußert sie nach dem Akt des Dichtens wieder in Form einer Drápa. Fast rituell wiederholt er damit jenes Muster von Körperfüllung und -leerung, das der Mythos von Óðinn und dem Dichtermet in den Skáldskaparmál

vorprägt (s.o., S. 85). Es ist sicher kein
Zufall, dass Egils kluge Tochter Þorgerður den Vater gerade von jener
Pflanze essen lässt, die in der isländischen Volksmedizin als Antidepressi-
vum verwendet wurde. So veranlasst
die Einnahme von Rotalge die Schaffung eines der bedeutendsten Gedichte des alten Island.

Die wikingerzeitliche und mittelalterliche Skaldik ist manchmal – unterschiedlich überzeugend – mit der
Dichtkunst des Barock und jener des
Expressionismus verglichen worden.
Allerdings nimmt Halldór Laxness,
als er in seiner kurzen expressionisti-
schen und surrealistischen Phase sein
Rotalgen-Gedicht schreibt, keinen Bezug auf seinen berühmten Vorgänger
in der isländischen Lyrikgeschichte.
Überhaupt ist diese Phase in Laxness'
Schaffen eher eine Anekdote geblie-

Sjón, *Reiðhjól blinda mannsins* (»Fahrrad des
blinden Mannes«), 1982, Umschlag, Illustration von
Alfreð Flóki (1938–87)

ben. Der »Poetik der Rotalge« folgt in
seiner Entwicklung rasch ein poetologischer Backlash: Laxness geht in den
dreißiger und vierziger Jahren bekanntlich zu sozialkritischen und zunehmend nationalen Themen über; dazu gehört auch, dass er später ganz auf-
hört, Lyrik zu schreiben.

Es lassen sich aber von Halldór Laxness' avantgardistischer Lyrik der
1920er Jahre nicht nur literatur- und medienhistorische Traditions- und
Beziehungsspuren zurück in die wikingerzeitliche Bildwelt der Skaldik
ziehen. Ein kurzer Hinweis auf ein einziges Beispiel aus der Lyrik der
letzten Jahre soll abschließend zeigen, wie das, was oben als »Poetik der
Rotalge« bezeichnet worden ist, noch immer einen höchst prominenten
Vertreter in der aktuellen isländischen Dichtung hat. Damit ist natürlich
der Lyriker und Prosaautor Sjón gemeint. Der sehr produktive Sjón (Sigurjón B. Sigurðsson, geboren 1962) hat seit seinem Debut als Lyriker in
den späten 70er Jahren die isländische Dichtung surrealistisch erneuert,
wie der Literaturwissenschaftler Guðni Elísson es formuliert hat.[165] Diese

127

Innovation lässt sich wie im folgenden bekannten Beispiel, »Brief an F« aus »Das Sinnestäuschungsbuch« (»Kæra F«, *Sjónhverfingabókin*, 1983), vor allem an der Bildsprache ablesen:

Reykjavík 11.03.80

Kæra F–

Í nótt dreymdi mig að þú klipptir af þér
allt hárið og gerðir úr því rúm sem við
elskuðumst í. Á veggnum á móti var spegill
og þegar ég fékk fullnægingu þá sá ég í
honum að þú varst ekki lengur hjá mér.
Þú sast í stól og lakkaðir á þér neglurnar
með grænu naglalakki unnu úr engisprettum.
    Þú sagðir: Rauð hús eru þínar konur.
Þá vaknaði ég við það að ég beit mig í
öxlina. Klukkan var hálf sjö.
    Annars er allt gott að frétta, hér er
kalt en samt nógu heitt fyrir gömul tígrisdýr.

Bless, þinn vinur
    Sigurjón

[Reykjavík 11.03.80

Liebe F–

Letzte Nacht träumte ich, du würdest dir dein
ganzes Haar abschneiden und daraus ein Bett machen,
in dem wir uns liebten. An der Wand gegenüber
war ein Spiegel, und als ich zum Orgasmus kam,
sah ich darin, dass du nicht mehr bei mir warst.
Du saßest auf einem Stuhl und lackiertest dir
die Nägel mit grünem Nagellack aus Heuschrecken.
    Du sagtest: Rote Häuser sind deine Frauen.
Da erwachte ich davon, dass ich mich in die
Schulter biss. Es war halb sieben.
    Ansonsten geht es mir gut, hier ist es kalt,
aber dennoch warm genug für alte Tiger.

Tschüss, dein Freund
    Sigurjón][166]

Sjóns neueste Prosawerke greifen demgegenüber in die Geschichte des 19. und des 17. Jahrhunderts zurück. Während der kleine Roman *Skugga-Baldur* (2003; *Schattenfuchs*, 2007) eine konzentrierte, psychologische Studie über Begehren, Schuld, Natur bietet und sich einer realistisch verknappten Sprache bedient, die mit Anklängen an die Volkssagen aus dem 19. Jahrhundert arbeitet (die isländische Fassung trägt denn auch den Untertitel *þjóðsaga*, »Volkssage«), ist der umfangreiche Roman *Rökkurbýsnir* (2008; *Das Gleißen der Nacht*, 2011) ein ausladendes Projekt über die isländische Frühneuzeit, den Übergang von der alten zu einer neuen Ordnung. Der isländische Titel besteht aus den Wörtern *rökkur* »Dämmerung« und *býsnir* (Plural von *býsn*) »Wunder, Außergewöhnlichkeit« und macht auf die Magie und Irrealität der Zeit und des Verhaltens der aus dem Lot geratenen Menschen aufmerksam: »Dämmerungswunder der Reformation« (»rökkurbýsnir siðbótarinnar«, S. 18). Der Text handelt von dem isländischen Autodidakten Jónas Pálmason, der am Ende des 16. und zu Beginn des 17. Jahrhunderts als Mann aus armen Verhältnissen und ohne dynastische Verbindungen an seiner Opposition gegen die Mächtigen der neuen Kirche scheitert.

Vergleichbar Laxness' *Íslandsklukkan* oder *Gerpla* verwendet Sjón hier eine teilweise archaisierende, pasticheartige Sprache. Sein Text hat jedoch eine viel stärker postmoderne Stilmischung als die sprachlich einheitlichen Romane von Halldór Laxness, der jeweils durch den ganzen Text hindurch dieselbe Kunstsprache einhält und so die Illusion eines historischen Dokuments schafft. Diese Ambition verfolgt *Rökkurbýsnir* überhaupt nicht. Sjóns Roman erlaubt sich einen »verantwortungslosen, leichtsinnigen, spielerischen« Umgang mit den Dokumenten. Die Hauptfigur basiert auf dem Gelehrten Jón Guðmundsson lærði (1574–1658), was *Rökkurbýsnir* auch zu einem Dokumentarroman macht. Die Figur des Textes ist Jónas Pálmason lærði.[167]

In der isländischen Gegenwartsliteratur wird also keineswegs nur auf die Sagazeit und das Mittelalter zurückgegriffen, sondern auch die frühe Neuzeit steht augenblicklich hoch im Kurs. Es erscheinen jedes Jahr mehrere Romane über herausragende Persönlichkeiten der isländischen Geschichte. Von Þórarinn Eldjárn (geb. 1949) stammen etwa die beiden Texte *Kyrr kjör* (1983; »Ruhige Verhältnisse«) über den gelähmten, wortmächtigen Rímur-Dichter Guðmundur Bergþórsson (1657–1705) und *Brotahöfuð* (1996; wörtlich »Bruckstück-Kopf«, etwa »Zerbrochener Kopf«) über den Querulanten Guðmundur Andrésson (um 1615–1654), der ins berüchtigte Gefängnis »Der blaue Turm« in Kopenhagen gebracht wurde.[168]

Vor allem ist im großen Feld der historischen Romane in Island das Genre der historischen Biographie und des historischen biographisch-dokumentarischen Romans beliebt. So hat, um nur einige wenige aus der Flut dieser Texte zu nennen, Þórunn Valdimarsdóttir: *Snorri á Husafelli. Saga frá 18. öld* (1989; »Snorri in Húsafell. Eine Geschichte aus dem 18. Jahrhundert«) eine umfangreiche Dokumentation über den Dichter-Pfarrer Snorri Björnsson á Húsafelli (1710–1803) geschrieben. Zur Person des Barockpoeten Hallgrímur Pétursson liegen Bücher von Úlfar Þormóðsson, *Hallgrímur. Skáldsaga um ævi Hallgríms Péturssonar* (2008; »Hallgrímur. Roman über das Leben von Hallgrímur Pétursson«) und Steinunn Jóhannesdóttir, *Heimanfylgja. Skáldsaga um uppvöxt Hallgríms Péturssonar, byggð á heimildum um ættfólk hans og samtíð* (2010; »Mitgift. Roman über Kindheit und Jugend von Hallgrímur Pétursson, auf der Grundlage von Quellen über seine Verwandten und seine Zeit«), vor. Letztere Autorin hat auch ein umfangreiches Buch über Hallgrímurs Frau Guðríður Símonardóttir (1598–1682) geschrieben: *Reisubók Guðríðar Símonardóttur. Skáldsaga byggð á heimildum* (2001; »Das Reisebuch von Guðríður Símonardóttir. Roman auf der Grundlage von Quellen«). Von Úlfar Þormóðsson gibt es zwei historische Romane über die Isländer, die im 17. Jahrhundert nach Algerien verschleppt wurden (sog. »Türkenraub«): *Hrapandi jörð. Skáldsaga um Trykjaránið* (2003; »Stürzende Erde. Roman über den Türkenraub«); *Rauð mold. Skáldsaga um Íslendinga í Barbaríu* (2004; »Rote Erde. Roman über die Isländer in der Barbarei«).

Auch in diesem Bereich können die Gegenwartsautoren an eine lange und gut ausgebildete Tradition anknüpfen. Der erste historische Roman wurde 1882 geschrieben, stammte von Torfhildur Hólm (1845–1918) und handelte vom Skálholt-Bischof Brynjólfur Sveinsson: *Brynjólfur biskup Sveinsson* (1882). Dies war zugleich der erste isländische Roman von einer Frau. Die Autorin wollte eine »Nachahmung des Wahren« »in seinem richtigen Bild« geben (Nachwort).

Brynjólfur Sveinsson und seine unglückliche Tochter Ragnheiður Brynjólfsdóttir waren auch die Hauptfiguren in einem der größten Romanprojekte der isländischen Literatur, Guðmundur Kambans (1888–1945) vierbändiger, auf Dänisch geschriebener Skálholt-Serie 1930–34 (dramatisiert 1935; dt. *Die Jungfrau auf Skalholt*, 1934; *Der Herrscher auf Skalholt*, 1943). Kamban schrieb einen realistisch-psychologischen Roman in einer sehr einfachen, direkten, nicht problematisierenden Sprache, gab Sacherklärungen und versah den ersten Band *Skálholt. Jomfru Ragnheiður* (1930) mit einem Vorwort, in dem er sein Ziel erläuterte. Er sah das 17. Jahrhundert als Verbindungsglied zwischen der alten Zeit und der Gegenwart und verstand seinen Roman als einen Beitrag zur Erforschung der alten Kultur Islands: »Ich wollte einen isländischen historischen Roman schreiben« (»jeg har villet skrive en islandsk historisk roman«) und »die psychohistorische Aufklärung von Ragnheiður Brynjólfdóttirs bisher so dunklem Schicksal« (»den psykohistoriske opklaring af Ragnheiður Brynjólfdóttirs hidtil så dunkle skæbne«) geben. Hier ist also noch nichts von dem spielerischen Umgang mit den Quellen zu sehen, der für Sjón das Interessante des historischen Romans ausmacht.

Nach Kamban ist es vor allem Halldór Laxness, der mit seiner Reihe über Island im 17. Jahrhundert und die historische Figur des Handschriftensammlers und Philologen Árni Magnússon in *Íslandsklukkan*, Teil 1–3 (1943–46; *Die Islandglocke*, 1993) einen Meilenstein im Genre des historischen Romans markiert. Auch sein oben besprochener Roman *Gerpla* (1952; vgl. oben S. 78f.) über die Wikingerzeit geht vor allem sprachlich ganz neue Wege. Und schließlich liefert er in *Kristnihald undir jökli* (1968; *Am Gletscher*, 1989) eine grandiose Dekonstruktion des Dokumentarromans. Es ist diese sprachbewusste, literarisch experimentierende Tradition des historischen Romans, die bei jüngeren Autoren wie Þórunn Valdimarsdóttir, Þórarinn Eldjárn oder Sjón fortgeführt wird. Immer wieder werden in diesen neueren Texten historische Persönlichkeiten vom Rand der Gesellschaft geschildert, meist Männer des Geistes, die sich mit ihrer Sprachbeherrschung gegen die Mächtigen auflehnen. Das Isländische kennt dafür den Begriff des »Kraft- und Zauberdichters« (*kraftaskáld*), eine Figur, der man stets große Bewunderung entgegengebracht hat. Viele Hauptfiguren der zeitgenössischen historischen Romane waren genau solche Dichter, die wie Snorri á Húsafelli mit ihren Versen einen Untoten wieder in die Erde bannen konnten (*kveða niður draug*).

Sjón geht allerdings in *Rökkurbýsnir* noch einen Schritt weiter und versteht die frühe Neuzeit und den Barock als eine große surrealistische Metapher. Auf einer wissenshistorischen Ebene bringt er nämlich zwei Stränge geschickt zusammen: Jón Guðmundsson lærði, Modell der Hauptfigur von *Rökkurbýsnir*, ist maßgeblich von Paracelsus beeinflusst; auf diesen aber beruft sich auch der moderne Surrealismus über André Breton, das große poetologische Vorbild von Sjóns Lyrik. Insofern findet also der postmoderne Surrealist Sjón im frühneuzeitlichen Polyhistor Jón Guðmundsson lærði alias Jónas Pálmason einen Seelenverwandten, einen sprachgewaltigen Surrealisten vor der Erfindung des Begriffs. Auf einer weiteren Ebene geht es in *Rökkurbýsnir* in kritischer Auseinandersetzung mit der Reformation auch um die mentalen Parallelen zwischen dem 17. Jahrhundert, das als eine Gesellschaft, in der die Mächtigen ihre Gier ausleben, eine Zeit der Konzentration und des Missbrauchs von politischer und wirtschaftlicher Macht geschildert ist, und den isländischen Boomjahren vor dem Kollaps 2008.

Bekanntermaßen hat Sjón wiederholt Texte für Björk geschrieben. Es scheint, dass gerade seine surrealistischen Bilder es der Künstlerin immer wieder ermöglichen, im modernen Medium der Bühnenperformance und des Musikvideos eine kongeniale Sprache und Ausdrucksform zu finden. So kann man festhalten, dass auch die weltweit berühmteste Isländerin, die im Zeitalter der globalisierten Unterhaltungsindustrie sogar noch mehr Anhänger im Ausland hat als im Mittelalter der einzige Heilige Islands, St. Thorlacius bzw. Þórlákur Þórhallsson (1133–1193), ihre Auftritte in eine Tradition des Surrealismus einschreibt, dass auch Björks Lieder sich in gewisser Weise zur »Poetik der Rotalge« verhalten.

Kapitel 4
Isländische Literatur im 21. Jahrhundert

Islands Autor

Einer der repräsentativsten Romane der isländischen Literatur der letzten zehn bis fünfzehn Jahre stammt von Hallgrímur Helgason (geb. 1959), einem Autor, der die Literaturszene vor allem mit dem Party-Text *101 Reykjavík* (1996, dt. 2002) nachhaltig geprägt hat. Er trägt im Original den nicht eben tiefstapelnden Titel *Höfundur Íslands* (2001), was sich mit »Islands Schriftsteller« oder »Der Autor Islands« – durchaus auch im Sinn von »Der Erfinder«, geradezu »Der Urheber«, »Der Schöpfer« – umschreiben, aber nicht richtig adäquat übersetzen lässt.[169]

In diesem Text wacht das Erzähler-Ich, ein, wie sich allmählich herausstellt, alter, international bekannter Schriftsteller, zu Beginn der Handlung auf der Wiese eines einfachen Bauern in Ostisland auf und glaubt, man habe ihn aus seinem Pflegeheim in der Hauptstadt, wo er seine letzten Jahre fristet, dorthin gebracht. Zunächst erinnerungslos, wird er langsam gewahr, dass er sich im Jahr 1952 befindet, als er gerade einmal 40 Jahre alt war, und Einar J. Grímsson heißt. Erst später findet er heraus, dass er eigentlich im Jahr 2000 gestorben ist und nun in einem von ihm selbst verfassten Roman – einer Geschichte über den Heidebauern Hrólfur und seine Familie – lebt, aber mit dem Bewusstsein des gealterten Mannes. Während etwa in Woody Allens *The Purple Rose of Cairo* die Filmfigur Baxter aus der Leinwand in die ›Realität‹ des Films heraustritt, vollzieht Einar Grímsson also eine gegenläufige Bewegung, indem er als fiktive Autorfigur aus der ›Realität‹ des Romans in eine von dieser geschaffene Fiktion hineintritt.

Bereits diese knappen Angaben machen deutlich: *Höfundur Íslands* ist ein Text über Literatur, Schreiben, Fiktion, der die Vermischung verschiedener Erzähl- und Stilebenen zum Prinzip erhebt und darin viele Aspekte nach-moderner Strömungen aufweist. Ein norwegischer Verwandter im Geist aus derselben Generation wäre etwa Jan Kjærstad (geb. 1953) mit seinen vielbeachteten metafiktiven Romanen *Homo Falsus* (1984; dt. 1996) oder *Rand* (1990; dt. 1994). In *Höfundur Íslands* wird die an sich schon etwas skurril anmutende Konstruktion eines gestorbenen Schriftstellers,

HALLGRÍMUR HELGASON
Vom zweifelhaften Vergnügen,
tot zu sein

ROMAN   Klett-Cotta

Hallgrímur Helgason, *Höfundur
Íslands*, Umschlag der deutschen
Ausgabe 2005

der von Gott dazu verdammt worden ist (Kapitel 13), sein Leben nach dem Tod rückwärts zu wiederholen, durch eine weitere Ebene noch einmal verkompliziert, nämlich indem die Autorfigur Einar zahlreiche Züge von Halldór Laxness trägt und der Text, in der sie ihr Leben nach dem Tod fristet, dessen Romanzyklus *Sjálfstætt fólk* (1934–35; *Sein eigener Herr*, 1992) als Folie aufgreift. Wir haben es also in diesem Text, ohne dass man direkt von einem einfachen Schlüsselroman sprechen könnte, mit mindestens drei verschiedenen Ebenen zu tun, jener von Halldór Laxness (die fast ein ganzes Jahrhundert isländischer Literatur- und politischer Geschichte umspannt), jener von Einar J. Grímsson (die eine psychologische Lebensabrechung und eine Literatursatire beinhaltet) und schließlich jener des realen Autors Hallgrímur Helgason (die den Text solide in der ästhetischen Diskussion der Jahrtausendwende verankert). Das über weite Strecken sehr raffinierte Spiel, das *Höfundur Íslands* mit diesen ständigen Wechseln von Erzählebenen und Stilen treibt, bezweckt die gezielte Verunsicherung der Lesenden: Mit wessen Sprache haben sie es zu tun, wessen literarisches Bewusstsein wird gerade exponiert, wessen Intertext abgerufen?

Der umfangreiche Roman *Höfundur Íslands* ist somit, abgesehen von vielen anderen Aspekten, in erster Linie ein Buch, das das Schreiben und Entstehen von Texten explizit thematisiert, dieses aber zugleich auch implizit in seiner Handlungsentwicklung vorführt. Anfänglich geschickt beschränkt auf die Schilderung der unmittelbaren Umgebung und der Körperlichkeit des greisen Mannes in einer für ihn noch völlig unverständlichen Welt und in einer exakten, ausdrucksstarken, am spezifischen Pastiche-Stil von Laxness orientierten Sprache erzählt, weitet sich der Roman in seinem Spektrum im Lauf der Erzählung immer mehr aus und greift schließlich in großen Bögen über weite Teile der politischen und intellektuellen Geschichte des letzten Jahrhunderts aus. Im Zentrum des ersten Teils stehen jedoch immer wieder Fragen, die – in Form von langen Digressionen eingeschoben – die Tätigkeit des Autors berühren. Das beginnt damit, dass der alte Schriftsteller, als er noch ohne Erinnerung

ist, sich seine eigene Identität, sein Leben, seine Existenz von Neuem er-
schreibt und sich an seinen Namen erst erinnert, nachdem ihm eine auf
ihn gedichtete Schmähstrophe in den Sinn gekommen ist. Diese Erinne-
rungs- und Identitätskonstruktion durch Fiktion geht aber viel weiter,
und schließlich ist sich der Schriftsteller seiner Macht im Text bewusst,
beschreibt in einem metapoetischen Anfall, wie er eine Figur ausstattet.
Er glaubt an die Macht der Literatur: »Eine kleine Fliege in einem Roman
hatte mehr Leben als ganze Völker ohne Literatur« (S. 63), und an seine
eigenen Fähigkeiten: »Ich habe jeden einzelnen Halm in dieser Scheune
selbst geschrieben« (S. 110), ja: »Er war der Autor Islands« (S. 305), »Ich
bin ein Kopf im Kopf. Der Schöpfer von allem, was existiert, dieses Landes,
des Himmels« (S. 137), und vergleicht sich mit Gott selbst: »mein Kollege
im Himmel oben« (S. 167).[170] Und obwohl er 1955 aus einem dreijährigen
Schlaf aufwacht und folgert, dass er offenbar 2000 gestorben ist, scheint
er als Künstler unsterblich geworden zu sein und bringt die Erkenntnis auf
den Punkt, dass ein Autor nur als toter in seinem eigenen Roman leben
kann (S. 134). Hier stirbt der Autor ganz konkret und auf eine andere Weise als in der poststrukturalistischen Literaturtheorie, die bekanntlich den
»Tod des Autors« als Axiom postulierte. Doch auch diese Metapher wird in
Hallgrímur Helgasons literaturtheoretisch durchtriebenem Roman nicht
ausgespart:

> Aber es gab auch Intellektuelle unter den Zugvögeln. Einmal [...]
> saß ein junger, schlanker Star auf einem Wäschepfosten und sang
> ein Lied: »Der Tod des Autors, der Tod des Autors ...« Er guckte
> ungemein belesen aus der Wäsche [...] Woher hatte er diesen
> Spruch? Die Parole kam doch erst viel später auf den Markt, und
> manchmal hörte ich sie in Vorträgen auf dem Kontinent. [...] Es
> sollte eine völlig neue Erkenntnis der Wissenschaftler sein: Der
> Autor ist tot, doch der Text lebt. »Alles ist Text«, sagten sie. Ich freue
> mich, das bestätigen zu können. (S. 168)[171]

Die Literatursatire ergießt sich über die dekonstruktive Literaturtheorie
wie den französisch inspirierten modernen Roman gleichermaßen. Wenn
beispielsweise der alte Schriftsteller wieder einmal über die moderne
Kunst und Literatur herzieht, erwähnt er »leere Seiten in Gedichtbänden
oder das Schweigen im Theater und Romane, die in einem menschen-
leeren Zimmer spielten« (S. 413),[172] und verweist mit dem Letzteren auf
den ersten modernistischen Roman der isländischen Literatur, Guðbergur

Bergssons *Tómas Jónsson metsölubók* (»Tómas Jónsson, Bestseller«) von 1966, in dem die Hauptfigur eben in einem Kellerloch haust und den handlungsarmen Text erzählt. Solchem modernistischen Erzählen wird ganz am Schluss die Forderung eines alten Seemanns entgegengehalten: »›Die Schriftsteller sollten schreiben, was ein Seemann in Seenot gern lesen würde‹« (S. 599),[173] womit sich dieser Seemann als Anhänger jener Poetik des Einfachen, Realistischen, Spannenden zu erkennen gibt, das Peter Brooks in seinem Werk *Reading for the Plot* als Wunsch nach packender Handlung bezeichnet[174] und dem übrigens Laxness in seinen Romanen von wenigen Ausnahmen abgesehen nachgelebt hat.

Solche – natürlich hochgradig ironischen – Literaturdiskussionen ziehen sich durch den ganzen Roman. Sie betreffen isländische Autoren wie Þórbergur Þórðarson, Gunnar Gunnarsson, Davíð Stefánsson, aber auch die großen Klassiker wie Kafka, Ibsen, Cervantes und immer wieder den vom erzählten Autor besonders verabscheuten Hamsun. Der einzige Schriftsteller, den er zeitlebens und nach dem Tod hochhält, ist Shakespeare. Doch auch die einheimischen Dichtungsformen geraten ins Visier: So findet sich etwa eine kleine, nach allen klassischen Regeln der alten isländischen Dichtkunst gebaute Strophe, die allein aus Namen der Autos besteht, die er besessen hat:

Halldór Laxness' Haus Gljúfrasteinn in Mosfellsdalur, östlich von Reykjavík, wurde 1945 erbaut. Seit 2006 dient es als Dichtermuseum. Im Vordergrund Laxness' Jaguar.

Russenjeep und Jaguar,
ein Kraftkerl namens Scouty.
Simca, Lada Samowar,
Zephyr, Ford und Audi.

Landrover, Fiat, Lappländer,
Lincoln Continental.
Volvo Amazon und Wagoner,
Willys, Opel, Vauxhall.[175]

So verwundert es auch nicht, wenn in Island die alten Strophen von besonders klugen Schafen verstanden werden.

Wie in jedem guten postmodernen Roman wimmelt es auch in *Höfundur Íslands* von direkten und indirekten literarischen Zitaten, ja diese gehören gewissermaßen zum Markenzeichen des Textes. So zitiert beispielsweise der Schriftsteller im Rückblick auf seine Todesstunde mit dem Ausruf »Auf, auf meine Seele!« (S. 169) die erste Zeile von Hallgrímur Péturssons erstem Passionspsalm »Um herrans útgang í grasgarðinn« (»Von des Herrn Gang in den Garten«) von 1660, die lautet: »Upp, upp, mín sál og allt mitt geð«; ein Psalm, der seinerseits auf Paul Gerhardts berühmtes Lied »Auf, auf mein Herz, mit Freuden« von 1647 zurückgeht. – Als der alte Mann einmal einer attraktiven Frau begegnet – »Eine traumhafte Frau [...] Wie alle Traumfrauen sprach sie mit dem Akzent des Nordlandes [...]« (S. 104) –, entwischt ihm in einem unerwarteten Anflug von längst vergangen geglaubter Brunst ein »Abbalabbalá«. Dieses für sich genommen natürlich völlig unverständliche Wort gewinnt seine Bedeutung erst, wenn man es als eine direkte Anspielung auf das expressionistische, vitalistische Gedicht gleichen Namens aus dem Jahr 1919 von Davíð Stefánsson frá Fagraskógi erkennt. Abbalabbalá ist in diesem Gedicht eine verführerisch-gefährliche, kannibalistische Figur, was den Zusammenhang von Eros und Tod, die auch die aktuelle Szene zwischen totem Mann und junger Frau in sich birgt, mit den Mitteln des Zitats wunderbar ironisch illustriert.[176] – Wenn es in einem satirischen Abschnitt über Altkommunisten, die sich »an den Rand der Gesellschaft drängen [ließen], bis sie als Leuchtturmwärter auf den nördlichsten Landzungen Islands endeten«, heißt, dass sie dort »die Rote Laterne in das Polardunkel leuchten ließen« (S. 200), dann nimmt dies den Titel der wichtigen Gedichtsammlung von Steinn Steinarr, *Rauður loginn brann* (»Rot brannte die Loge«) von 1934, auf, wobei bereits dieser Titel den Refrain der bekannten Mittelalterballade *Ólafur Liljurós* aufgreift.[177] – Oder, um ein letztes Beispiel anzufügen, wenn es von der Kellnerin Jóhanna heißt, sie sei eine »richtige Stößel-Dora« (S. 422),[178] bezieht sich der Erzähler auf eine in Island sprichwörtlich gewordene Figur aus einem Roman von Halldór Laxness, die für ihre Torten bekannte Pfarrershaushälterin in *Kristnihald undir jökli* (1968; *Am Gletscher*, 1989).

Neben solchen mehr oder weniger wortgerechten Zitaten finden sich bearbeitete, in gewisser Weise entstellte und damit noch stärker ironisierte Anspielungen. Die scheinbar harmlose Aussage eines korrupten Politikers, »Irgendwo müssen Hungernde doch essen« (S. 527),[179] etwa spielt an auf die Legende von der Weihung der Insel Drangey durch einen Bischof, in deren Verlauf die dort hausenden unreinen Geister, die der Bischof vertreiben wollte, schließlich verzweifelt aufschreien: »Irgendwo müssen die Bösen sein.«[180]

Stellenweise ist die Lektüre des Romans *Höfundur Íslands* ein regelrechter Gang durch einen Wald von Anspielungen und Zitaten, der sich von der mittelalterlichen Sagaliteratur über die Barockdichtung bis zur klassischen Avantgarde erstreckt, und gewisse Passagen lesen sich wie eine fiktionalisierte, mit scharfen Polemiken versehene Literaturgeschichte Islands im 20. Jahrhundert, ein Panorama von Klassikern der isländischen und europäischen Literatur. Auch für dieses dichte Netz von intertextuellen Verweisungen findet der Autor ein schönes, da zur Situation präzise passendes Bild, wenn er in Zusammenhang mit einer Herde von Pferden, die den Autor beschnuppern, schreibt: »Der Fuchs beäugt mich beidseitig, kommt näher und schnuppert: Jacke, Weste, Hände. Der Text riecht nach Text. Was für Nüstern!« (S. 168f.).[181]

Motive und Themen stammen vor allem aus Texten von Laxness: Auch hier wird einer von Laxness' notorisch leeren Särgen begraben. Die Fixierung auf Kleider, Schuhe, Finger, Hände, Reinlichkeit, Körperlichkeit, ein Kennzeichen Laxness'scher Texte, durchzieht auch diesen Roman. Und dass Frauenbetten Schätze und Geheimnisse in Form von Geschriebenem verbergen können, weiß nicht nur Arnas Arnæus in Laxness' *Íslandsklukkan* (1943–46; *Die Islandglocke*, 1993), wenn er aus dem Lager einer alten Frau in einer Hütte die Reste des unschätzbaren Mittelalterkodexes Skálda hervorzieht, sondern muss auch Hrólfur in *Höfundur Íslands* erfahren, als er den Liebesbrief eines anderen Mannes an seine verstorbene Frau in ihrem Bett findet.

Die Frage, die sich an diesem Punkt der Diskussion stellt, lautet natürlich, ob das Erkennen der zahllosen, bewusst gesetzten und zum Prinzip erhobenen intertextuellen Verweise eine notwendige Voraussetzung für die Lektüre des Romans ist: Ist *Höfundur Íslands* ohne die Kenntnis des umfassenden literarischen Hintergrunds überhaupt verständlich?[182] Selbstverständlich ist *Höfundur Íslands* ein zeitgenössischer Literatenroman, der von der Zitatenmontage lebt. Doch, das zeigt die isländische Rezeption des Textes sehr schön, er funktioniert durchaus auch als Spannungsroman und würde somit zumindest in Ansätzen die Erwartungen erfüllen, die der alte Seemann am Ende des Romans formuliert. Im zweiten Teil jedenfalls erzählt Hallgrímur Helgasons Text – auch darin durchaus ein repräsentativer skandinavischer Vertreter seiner Zeit und der in den 1980er und 1990er Jahren beliebten Poetik der Rückkehr des Erzählens – über weite Strecken eine Sozial- und Kulturgeschichte Islands in literarischer Form, wie sie von Autoren wie Pétur Gunnarsson (geb. 1947), Einar Már Guðmundsson (geb. 1954) oder Einar Kárason (geb. 1955) in großen Romanserien ab 1980 modellhaft geprägt wurde. Auch *Höfundur Íslands* erzählt uns in spannender Weise von dem Einzug der neuen Zeit in die kleine Welt der isländischen Bauern (etwa im Medium des Rundfunks) und dem Zusammenbruch der alten Werte durch das Vorrücken der amerikanisch geprägten Kultur. Der zweite, stärker traditionell-realistische, zum Teil etwas geschwätzige, Teil – manchmal witzig, manchmal kitschig-sentimental, die Grenze zwischen Aphorismus und Kalauer nicht immer strikt einhaltend – ist zudem eine individualpsychologische Identifikationserzählung (vgl. etwa Kapitel 35). Hier wird mit großer Dramatik das Scheitern des Bauern Hrólfur auf seinem Hof im Höllental, die Vergewaltigung der Tochter durch den eigenen Vater, der Tod der Großmutter, der Selbstmord des Bauern geschildert, während der Schriftsteller seine Verjüngung fortsetzt und in einem jugendlichen Alter angelangt ist. Der Roman endet damit, dass er sich, nach einem kurzen Ausblick in die Gegenwart – in der er von den Figuren allerdings gar nicht mehr wahrgenommen wird: »Es war unübersehbar: Ich war zum zweiten, wenn nicht zum dritten Mal tot. Und jetzt obendrein noch komplett unsichtbar« (S. 605)[183] – auf dem Hof befindet, als der Bauer mit seiner Familie zum ersten Mal dort ankommt.

Der zweite Romanteil enthält aber auch einen Rückblick des alten Schriftstellers auf sein Leben, eine Abrechnung mit dem Stalinismus (wiederum mit sehr deutlichen Anleihen in den Schriften des alten Laxness: »*Das Abenteuer im Osten.* Das Buch, das ich besser nie geschrieben hätte« [S. 368] ist beispielsweise Laxness' Bericht über seine Reise in die Sowjetunion *Gerska ævintýrið* [»Russisches Abenteuer«, 1938] nachgebildet), zugleich eine Schilderung seiner schwachen Persönlichkeit; man hat hier Parallelen zu Paul de Mans antisemitischen Jugendschriften gesehen. Der

Schriftsteller und die von ihm geschaffene Figur Hrólfur müssen am Ende das Fazit ziehen: »sein ganzes Leben und seine ganze Freude: vergeblich« (S. 566).[184] Beide waren nicht liebesfähig – ein Thema in sozusagen allen Büchern von Laxness seit *Vefarinn mikli* (1927; *Der große Weber von Kaschmir*, 1988) –, der Bauer hat sich nur um seine Schafe, der Autor nur um seine Romanfiguren gekümmert und deswegen haben sie beide das Leben, die realen Menschen und die fiktiven Figuren verraten. Der Roman handelt über weite Strecken von der moralischen Verantwortung des Künstlers, gegenüber sich selber, seinen Figuren und Lesenden. Doch: »War ich ein schlechter Mensch? Nein, die Zeit war schlecht« (S. 577).[185]

Auch wenn *Höfundur Íslands* viel mehr als ein Schlüsselroman über Halldór Laxness ist, die unbestreitbare Bedeutung des großen Schriftstellers für die isländische Literatur im 20. Jahrhundert wird hier in einem zugleich satirischen und ehrfürchtigen Gestus abgehandelt. Auch zu Beginn des neuen Jahrhunderts kommt die realistische Tradition des Erzählens, für die neben anderen Hallgrímur Helgason steht, offenbar noch immer nicht um Laxness herum. Literaturgeschichtlich präziser ausgedrückt: Während eine erste Generation von isländischen Prosaisten, die wie Thor Vilhjálmsson (1925–2011), Svava Jakobsdóttir (1930–2004), Guðbergur

Erró (geb. 1932), *Halldór Laxness*, 1984/85

Bergsson (geb. 1932) noch zu Lebzeiten von Laxness zu schreiben begannen, sich deutlich von diesem überschattet fühlte und sich folglich von ihm zu distanzieren suchte, bekannte sich eine nächste Generation von Autoren, die in den 1980er Jahren zum Durchbruch kamen, mit magisch-realistischen Romanen zu gewissen Erzähltraditionen des Nobelpreisträgers, und nochmals eine jüngere Generation scheint sich nun wieder ohne Bedenken auf Laxness beziehen zu können. Allen ist jedoch gemeinsam, dass sie sich in irgendeiner Weise an ihm reiben. Im vorliegenden Fall von *Höfundur Íslands* zeigt sich diese Abwesenheit einer »Einflussangst« (Harold Bloom) in der Reverenz an das Vorbild auch im Formalen, denn Hallgrímur Helgason wählt die gleiche Form des großangelegten realistischen Romans, wie es Laxness in seinen Zyklen aus den Zwischenkriegsjahren tat.[186]

Die Beschäftigung mit *Höfundur Íslands* erfolgte hier deshalb so ausführlich, weil der Roman für die isländische Prosa einer von Laxness inzwischen weit entfernt liegenden Generation repräsentativ ist. Die starke Literaturbezogenheit, wie sie in Hallgrímur Helgasons Werk in einer grandiosen Auseinandersetzung mit der gesamten isländischen Literaturtradition des 20. Jahrhunderts am Beispiel von derer charismatischer Hauptfigur exemplarisch vorgeführt wird, gehört sozusagen untrennbar zur modernen und noch zur aktuellsten isländischen Literatur. Dass neben den vielfältigen literarischen Aspekten, die *Höfundur Íslands* als ästhetisch bewussten, zeitgenössischen Text charakterisieren, der Roman auch politisch und ideologiekritisch als ›Krisenbuch‹ gelesen werden kann, indem er – bei seinem Erscheinen stark in die kultur- und wirtschaftspolitischen Debatten der frühen 2000er Jahre über Neoliberalismus, Entwicklung und Wachstum einbezogen – auf einige der Konsequenzen eben der rigorosen, unkontrollierten Expansionsideologie verweist, zeigt die herausragende und für einen Großteil der zeitgenössischen Literatur Islands in der Tat repräsentative Stellung dieses Textes.

Downtown Reykjavík:
Literatur über die kleine Metropole

Die isländische Literatur lebt seit ihren Anfängen von, mit und in der Natur, und spätestens seit dem 19. Jahrhundert ist die Naturlyrik die zentrale Gattung, ist Landschaftsdichtung der sozusagen natürliche Referenzrahmen aller literarischen Äußerungen. Im zweiten Kapitel ist auf die große Rolle der Landschaft in der mittelalterlichen und frühneuzeitlichen Literatur hingewiesen worden, und auch Hallgrímur Helgasons eben besprochener Roman macht, indem er auf einer seiner verschiedenen Erzählebenen einen bestehenden Text von Halldór Laxness über die isländische Landwirtschaft im frühen 20. Jahrhundert thematisiert, von dieser Regel keine Ausnahme. Andere wichtige Gegenwartsautoren wie Gyrðir Elíasson oder Þórarinn Eldjárn kehren mit ihren Romanen und Kurzgeschichten ebenfalls immer wieder aufs Land zurück. So macht der 2003 erschienene Kurzroman von Sjón, *Skugga-Baldur* (*Schattenfuchs*, 2007), der im isländischen Original im Untertitel die Gattungsbezeichnung ›Volkssage‹ (*þjóðsaga*) trägt, die Grenze zwischen Mensch und Natur zum Ausgangspunkt einer eindringlichen psychologischen Studie.

Zwar entsteht seit der zweiten Hälfte des 20. Jahrhunderts in Island im Einklang mit den umwälzenden wirtschaftlichen, sozialen, demographischen Veränderungen das Phänomen einer Stadtliteratur, inzwischen setzt sich Islands Literatur vorwiegend aus urbanen Texten zusammen und der Großteil der aktuellen Literatur hat die Stadt als Handlungsraum – fast ausschließlich den Großraum Reykjavík, in dem heute fast zwei Drittel der Bevölkerung des gesamten Landes leben. Doch diese kulturelle Stadt-Ausrichtung ist wie die Bildung von Agglomerationen eine eher neue Erscheinung.

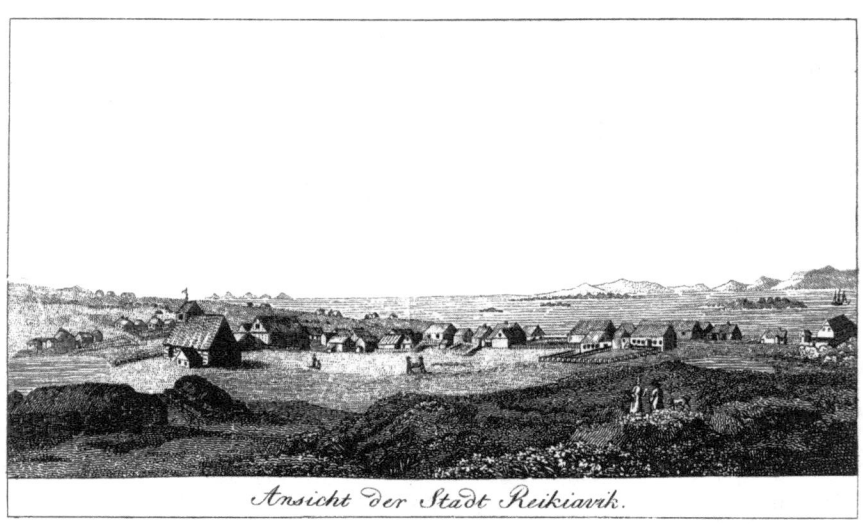

Sir George Steuart Mackenzie (1780–1848), *Reise durch die Insel Island*, 1815:
Reykjavík um 1810

Städtische Themen hatten in der isländischen Literatur einen schweren Start. Die Norm war Stadtkritik, und sie setzte ein, noch ehe Reykjavík überhaupt zu einer Stadt geworden war. Immer wieder werden in kulturhistorischen Darstellungen die Aussagen von ausländischen Reisenden angeführt, die den kulturellen Zustand von Reykjavík, in dem es um 1800 neben dem Gefängnis gerade zwei weitere öffentliche Institutionen – das Oberste Gericht und den Bistumssitz – gab, kurz nach 1800 in Briefen und Berichten als beklagenswert bezeichnen. Besonders prominent unter diesen ist der dänische Philologe Rasmus Christian Rask (1787–1832), der 1813–15 Island bereiste. In einem Brief an seinen Freund Bjarni Thorsteinsson in Kopenhagen teilt Rask seine später vielzitierten Einschätzungen über die isländische Sprache mit:

> Ansonsten dir im Vertrauen zu sagen, denke ich, dass das Isländische bald aussterben wird; ich rechne damit, dass es kaum jemand in Reykjavík in hundert Jahren verstehen wird, und kaum jemand im sonstigen Land noch einmal zweihundert Jahre danach, wenn alles wie bisher geht und dem nicht kräftig Einhalt geboten wird; sogar bei den besten Männern ist jedes zweite Wort auf Dänisch; bei den gewöhnlichen Leuten wird es sich am längsten halten.[187]

All das bewegte Rask dazu, die Initiative zur Gründung einer Isländischen Literaturgesellschaft – einer Art Isländischer Akademie mit dem Hauptziel der puristischen Förderung des Isländischen – zu ergreifen. Diese noch heute aktive Gesellschaft, *Hið íslenzka bókmenntafélag,* wurde 1815–16 mit je einer Sektion in Kopenhagen und Reykjavík etabliert. Rasks romantische Sprachkritik verbindet sich hier bereits in bemerkenswerter Weise mit Stadtkritik. Die Überzeugung lautet, dass die gute isländische Sprache jene ist, die auf dem Land gesprochen wird. Als überhaupt noch keine eigentliche urbane Sprache existiert, wird sie bereits attackiert.

Noch schärfer fällt das Urteil eines weiteren Islandreisenden aus dem frühen 19. Jahrhundert aus. Der Schotte Ebenezer Henderson (1784–1858), Gründer von Bibelgesellschaften in Dänemark, Island und Russland, hielt sich 1814–15 in Island auf und unternahm dort ausgedehnte Reisen. Reykjavíks Dimensionen nehmen sich in Hendersons *Iceland; or the Journal of a Residence in that Island* von 1818 noch recht bescheiden aus:

Reykiawik, welches vor ohngefähr funfzig Jahren bloß aus einigen
Häusern bestand, ist jetzt zu einigem Ansehn gelangt, seitdem es die
Residenz des Gouverneurs und des Bischofs, der Sitz des obersten
Gerichtshofs und der vornehmste Handelsplatz der Insel geworden
ist. [...] Die Stadt selbst besteht aus zwei Straßen, von welchen die
längere, die bloß auf einer Seite Häuser hat, sich längs der Küste
erstreckt, und allein von Kaufleuten bewohnt ist: die andere, welche
am westlichen Ende der Stadt entspringt, und fast in gerader Linie
zurück bis an das Ufer eines kleinen Landsees hinläuft, enthält die
Häuser des Bischofs, des Landvoigts und solcher Personen, die nicht
unmittelbar mit dem Handel beschäftigt sind. [...] Auf der kleinen
Anhöhe am Ende des Hauses des Gouverneurs, von welchem es bloß
durch ein kleines Flüßchen getrennt ist, liegt das Zuchthaus, ein
großes Gebäude von massivem Stein, welches sich von fern so gut,
als [nur] irgend eins in der Stadt ausnimmt.

Doch auch bei Henderson sind es weniger die geringen Dimensionen, die
ihn an Reykjavík stören, als vielmehr der schädliche Einfluss der dort an-
sässigen Ausländer auf die Kultur.

Reykiawik ist unstreitig der schlechteste Ort von Island, um
daselbst den Winter zuzubringen. Der Ton der Gesellschaft ist der
niedrigste, den man sich denken kann. Da es der Sammelplatz einer
Anzahl Fremden ist, wovon nur wenige einige Erziehung genossen
haben, und welche die Insel bloß des Gewinnes wegen besuchen,
so bietet es nicht allein einen traurigen Anblick dem Auge des
religiösen Beobachters dar, sondern ist überhaupt von jedem Mittel
geistiger Erholung entblößt. Die fremden Residenten verbringen
gewöhnlich den kurzen Tag mit Tabackrauchen, und der Abend
verstreicht unter Kartenspielen und Punschtrinken. Es werden zwei
oder drei Bälle im Laufe des Winters gegeben, und zuweilen führen
die vorzüglichsten Einwohner ein Schauspiel auf. [...] Der Einfluß,
den dieser Zustand der Gesellschaft auf die eingeborenen Isländer
in und um Reykiawik ausübt, ist sehr merklich. Zu viel von ihnen
scheinen denselben Geist eingesogen zu haben, und ihre ursprünglichen guten Sitten, verderben sich augenscheinlich durch den
Umgang mit den Fremden die ihre Insel besuchen.[188]

So wird also auch in Hendersons mehr religiös interessierter Perspektive ein harter Gegensatz zwischen der reinen Kultur des alten, ländlichen Island und der neuen, bereits städtische Züge tragenden, kontaminierten Unkultur Reykjavíks aufgestellt.

Und als dann Reykjavík zu Beginn des 20. Jahrhunderts allmählich tatsächlich eine kleine Stadt mit bürgerlichen Ambitionen und Einrichtungen nach europäischem Muster wie Theatern, Museen, Universität usw. geworden ist (und Rasks sprachpolitische Untergangsvisionen nicht eingetroffen sind), wird sie sogleich zur Zielscheibe der Kritik. Auf Þórbergur Þórðarson beispielsweise geht das kleine satirische Gedicht »Seltjarnarnesið er lítið og lágt« zurück. Es geißelt die Borniertheit der Bewohner Reykjavíks, hier nach dem Gebiet Seltjarnarnes benannt:

Seltjarnarnesið er lítið og lágt.
Lifa þar fáir og hugsa smátt.
Aldrei líta þeir sumar né sól.
Sál þeirra' er blind eins og klerkur á stól. [...][189]

[Das Seltjarnarnes ist klein und niedrig.
Es leben dort wenige und sie denken klein.
Nie sehen sie Sommer noch Sonne.
Ihre Seele ist blind wie ein Pfarrer auf der Kanzel. (...)]

Auf der anderen Seite gibt es allerdings auch keinen schärferen Kritiker des Landlebens und seiner Verbrämung in der nationalromantischen, epigonalen Naturdichtung Islands als gerade Þórbergur Þórðarson. Das bringt er vor allem im formal avantgardistischen Roman *Bréf til Láru* (1924; »Brief an Laura«), aus dem diese Verse stammen, oder im mehrbändigen biographisch-dokumentarischen Werk über den Landpfarrer Árni Þórarinsson und seine Erlebnisse mit den Bauern auf Snæfellsnes[190] in herrlichen Satiren zum Ausdruck.

Ein gegenüber dieser ironischen Position ganz anderes, nämlich ein schon rückwärts auf die Jugend blickend, nostalgisch verklärtes Bild von Reykjavík zeigt der äußerst populäre Reykjavík-Dichter Tómas Guðmundsson (1901–1983). Mit den Sammlungen *Við sundin blá* (1925; »An den blauen Sunden«) und vor allem *Fagra veröld* (1933; »Schöne Welt«) wird er der erste isländische Lyriker, der konsequent die Schönheit der Stadt besingt, nicht zuletzt indem er sie als Teil der Natur sieht, in die sie eingebettet ist: »Aber gibt es etwas Wunderbareres –/ hat dein Auge etwas Schöneres gesehen –/ als einen Frühlingsabend in der Weststadt?«[191]

145

Viele seiner Gedichte wurden vertont und fanden Eingang in das nationale Liedgut, denn in ihnen erkannten sich die Isländer, die in immer größerer Zahl nicht mehr auf dem Land, sondern in der Stadt aufgewachsen
waren, ihre ländliche Herkunft aber noch lange nicht abgestreift hatten.
Eines von Tómas Guðmundssons diesbezüglichen Paradestücken ist »Austurstræti«, eine Ode auf eine Straße in der Mitte von Reykjavík:

Austurstræti
Nú verður aftur hlýtt og bjart um bæinn.
Af bernskuglöðum hlátri strætið ómar,
því vorið kemur sunnan yfir sæinn.
Sjá, sólskinið á gangstéttunum ljómar.

Og daprar sálir söngvar vorsins yngja.
Og svo er mikill ljóssins undrakraftur,
að jafnvel gamlir símastaurar syngja
í sólskininu og verða grænir aftur. [...][192]

[*Oststraße*
Nun wird es wieder warm und hell in der Stadt.
Von jugendfrohem Lachen ertönt die Straße,
denn der Frühling kommt vom Süden über das Meer.
Sieh, der Sonnenschein glänzt auf den Gehsteigen.

Und die Lieder des Frühlings verjüngen die düsteren Seelen.
Und so stark ist die Wunderkraft des Lichts,
dass sogar alte Telefonmasten singen
im Sonnenschein und wieder grün werden. (...)]

Dieses Gedicht zeigt wunderbar, wie die behutsame Öffnung der klassischen Szenerie der Naturlyrik für neue, städtische Räume bei gleichzeiti-
gem Festhalten an den althergebrachten Inhalten und Formen eine thematische Erweiterung des literarischen Spektrums ermöglicht. Was man hier
auf der anderen Seite jedoch vergeblich sucht, und was neben der lebens-
bejahenden Grundhaltung sicher einen Teil des allgemeinen Erfolgs dieser
Gedichte erklärt, ist die Moderne: Tómas Guðmundsson präsentiert eine
Stadt vor ihrer Technisierung. Und er ist als Barde der kleinen Metropole
in seiner Zeit noch eine Ausnahme.

Das Zusammenspiel von Stadt und Natur stellt eine Konstante in der
isländischen Stadtliteratur des 20. und 21. Jahrhunderts dar und wird in

einer neuen originellen Sammlung von Prosagedichten der jungen Autorin Sigurlín Bjarney Gísladóttir (geb. 1975), *Fjallvegir í Reykjavík,* 2010 (»Bergstraßen in Reykjavík«), die gewisse Themen von Tómas Guðmundsson aufgreift, nochmals neu, ironisch gewendet. Nun ist es der Straßenverkehr, der den inhaltlichen Mittelpunkt ausmacht, und die Reykjavík umgebenden Berge und Hügel werden von Ausfahrtsstraßen durch die Windschutzscheibe des Pkw betrachtet. Hier etwa ein Text über die Suðurgata und den Vulkankegel Keilir:

Reykjavík, Straße der Altstadt mit Blick nach Norden auf die Esja

Südstraße Richtung Süden
N64°08'25"/ W21°57'28"

Fährst du die Südstraße an einem Morgen in voller Fahrt, in der
Dämmerung, die auf der Flucht vor einem verdrießlichen Tag
ist, sollst du dich vor dem Keilir in Acht nehmen, der in der Ferne
thront und geheimnisvoll in den Himmel zeigt. Denn zweifellos ist
eine verborgene Bedeutung darin versteckt, wie er zeigt, und das
darf man nicht missachten, einfach so im Zwielicht. Deshalb sollst
du, aus Respekt, das Radio leiser drehen, die Heizung ausschalten
und die Geschwindigkeit drosseln. Das Handy ausschalten und die
Zigarette in die flüchtige Dämmerung hinauswerfen. [...] Wenn du
die Südstraße Richtung Süden im Schutz der Nacht fährst, wenn der
Wind durch undichte Autoscheiben weht und an Antennen rüttelt,
sollst du den Keilir nicht vergessen. Denn er wacht, auch wenn er
schläft – lebt, auch wenn er tot scheint.

Oder ein anderes Beispiel über die »Gefahren auf den Bergstraßen Reykjavíks«:

Du sollst dich nie auf die Bergstraßen Reykjavíks hinauswagen,
ohne auf alles vorbereitet zu sein. Bevor du dich ans Steuer setzt,
sollst du in einen Ballon blasen, um zu sehen, ob du nüchtern bist,
du sollst die Absätze deiner Schuhe benageln und einen Schal um
den Hals wickeln. Auf alle Fälle sollst du schon lange vorher Lippen-
stift aufgetragen haben, so dass du nicht darüber nachdenken musst
und so vermeiden kannst, dein elegantes Aussehen im Rückspiegel
zu betrachten. Du sollst die Sicherheit in Person sein und während
des Fahrens alle Verwirrung und Schusseligkeit vermeiden, denn
das kann nichts Gutes verheißen.[193]

Doch es bleibt nicht bei der Wahrnehmung und Repräsentation der jungen
Stadt in Begriffen der Naturdichtung. Auch ein zweiter wichtiger Pol des
kulturellen Selbstverständnisses, die literarische Kultur des Mittelalters,
hinterlässt im Reykjavík des frühen 20. Jahrhunderts seine Spuren. Eine
städtebaulich und literarisch-rezeptionsgeschichtlich gleichermaßen interessante Episode, die eine weitere Seite des Themas Literatur und Stadt in
Island beleuchten kann, stellt die Anlage und Benennung neuer Straßen
östlich des alten Zentrums von Reykjavík dar. Hier findet sich nämlich ein

dem Hereinholen der Natur in die Stadt, wie es in Tómas Guðmundssons Gedichten zu beobachten ist, vergleichbarer Prozess in der Abbildung von Sagatopologien und Mittelalterfiguren mittels Straßennamen. So entstehen ab 1900 – in der Verlängerung eines Quartiers, in welchem mythologische Namen wie Baldur-Straße und ähnliche vorherrschen – beispielsweise zuerst eine Njáls-Straße (Njálsgata) und eine Grettis-Straße (Grettisgata), dann eine Reihe von anderen Straßen und Gassen mit Namen von Sagafiguren, ehe 1930 eine Egils-Straße (Egilsgata) angelegt wird; Snorri Sturluson erhält mit der Snorrabraut einen eigenen Boulevard.

Der isländische Literaturwissenschaftler Jón Karl Helgason hat in einer aufschlussreichen Studie über die Wiederverwendung und Fortschreibung der Njáls saga gezeigt, wie in diesem ›Sagaquartier‹ die kulturelle Bedeutung der Sagahelden in die Stadtentwicklung übersetzt wird, indem einzelne Straßen nach bestimmten Sagafiguren benannt werden.[194] Dabei spiegeln sich die räumlichen Anordnungen gewisser Sagaepisoden manchmal sogar recht exakt in der Topographie der Straßen und ihrer Namen, so wenn etwa die Bergþóra-Straße und Njáls-Straße Seite an Seite nebeneinander liegen, genau wie das alte Ehepaar Njáll und Bergþóra in seinem Bett liegt, als sein Hof in der großen Brenna im Kapitel 129 der Njáls saga in Flammen aufgeht. Durch solche Neuschaffungen von Sagatopologien in der expandierenden Stadt gelingt es den Planungsbehörden, sinngebende Beziehungen zwischen Heroen aus der alten Literatur und den Bewohnern der Neusiedlungen herzustellen. Bemerkenswerterweise handelt es sich hier um ein Stadtgebiet, dessen jüngste Straßen bereits von Gebäuden im modernistischen Stil gesäumt sind, welcher in Island in Anlehnung an das Schwedische meist als *funkis*-Stil (von Funktionalismus) bezeichnet wird. Wir haben in dieser für Reykjavíks Stadtentwicklung charakteristischen Mischung von Mittelalter und Bauhaus eine durchaus zeittypische Erscheinung, die sich etwa auch sehr prägnant im isländischen Design der 1920er und 1930er Jahre äußert. Nicht zuletzt aus Anlass der Feier zum 1000-jährigen Bestehen des Althings 1930 wurden viele Stücke geschaffen, die diese Kombination von Wikinger-Ikonologie und avantgardistischen Elementen aufweisen.[195] Hier erinnern also nicht wie in vielen europäischen Städten alte Namen an frühere Überbauungen, sind mittelalterliche Straßennamen nicht Spuren einer Siedlungskontinuität, sondern neue Häuser werden durch alte Namen gezielt mit Geschichte aufgeladen, es wird das Alte bewusst hergestellt, die Saga der Stadt übergestülpt, während man in der architektonischen Praxis gleichzeitig dem modernistischen Fortschrittsglauben huldigt.

149

Þorlákur Ófeigsson (1887–1955), Mehrfamilienhaus im »Sagaquartier«, Bergþórugata 41–45, Reykjavík, 1919, erste Betonhäuser. Der Straßenname geht auf Njáls Frau Bergþóra zurück.

Wie ein roter Faden zieht sich diese Stadtkritik durch die isländische Literatur des 19. und 20. Jahrhunderts. Die Stadt wird als Gegenkonzept zum eigentlichen Isländertum aufgestellt, das sich (sprachlich, kulturell, ja ethisch) nur im Landleben manifestieren kann. Für die isländische Kultur (wie übrigens auch für die anderen skandinavischen) hat die Gleichung ›urban‹ = ›angesehen‹ lange nur eine sehr bedingte Gültigkeit gehabt.

Auch und nicht zuletzt Halldór Laxness vertritt diese Position immer wieder dezidiert. Er hat nur einen einzigen großen Stadtroman geschrieben, *Atómstöðin* (1948; *Atomstation*, 1989); es ist dies bezeichnenderweise auch der einzige seiner Romane, der ganz in der unmittelbaren Gegenwart angesiedelt ist und unvermittelt auf die aktuelle isländische Politik Bezug nimmt. Aber noch hier zeichnet Laxness ein sehr traditionelles Bild vom Stadt-Land-Antagonismus. Der korrupten städtischen Wirtschafts- und Politelite wird, wenn auch keineswegs satirefrei, die althergebrachte Kultur des isländischen Landlebens gegenübergestellt. Und so ist es nicht erstaunlich, dass in einem weiteren Roman von Laxness, dem vielschichtigen, sprachkritischen *Kristnihald undir jökli* (1968; *Am Gletscher,* 1989) die Vögel im Vogelfelsen und der Gletscher Snæfellsjökull über wesentlich mehr Wissen verfügen als die städtisch geprägte Zivilisation. Das ist die Lehre, die der Erzähler und mit ihm der Leser aus den verwirrenden Ereignissen ziehen kann. Deshalb nagelt der Landpfarrer Jon Primus seine Kirche zu, widmet sich dem Beschlagen von Pferden und dem Flicken von Gaskochern und hat aufgehört, Kinder zu taufen und Verstorbene zu bestatten. Die Stimme der Wahrheit und Weisheit ist, so die Überzeugung, die aus allen Romanen von Laxness spricht, allenfalls in der Natur, keinesfalls aber auf den Straßen der Stadt zu hören.

In Abgrenzung zu diesen Haltungen nehmen einige isländische Autoren seit den 1950er Jahren die Herausforderungen der Thematik ›Stadt und Literatur‹ mit verschiedenen Form- und Gattungsexperimenten an.

Allen voran ist hier Elías Mar (1924–2007) zu nennen, dessen *Vögguvísa* (1950, »Wiegenlied«; *Chibaba, chibaba. Bruchstücke eines Abenteuers,* 1958), ein Text über jugendliche Kleinkriminelle in der Stadt, gemeinhin als erster isländischer Jugendroman bezeichnet wird. Hier wie in *Sóleyjarsaga,* 1–2 (1954–59; »Geschichte von Sóley«) ist der Handlungsort die Stadt, die gebannt unter dem Einfluss der amerikanischen Besetzung steht. Elías Mars *Man eg þig löngum* (1949; »Ich erinnere mich lange an dich«), in dem erstmals in der isländischen Literatur eine homosexuelle Figur beschrieben wird, ist sicher nicht zufällig ebenfalls ein Stadtroman. Indriði G. Þorsteinssons (1924–2000) *Land og synir* (1963; *Herbst über Island,* 1966) greift das Thema Stadt aus der Perspektive der von der Landflucht betroffenen Bauern der Zwischenkriegszeit auf, während Ingimar Erlendur Sigurðssons (geb. 1933) *Borgarlíf* (1965; »Stadtleben«) die Stadt als modernen Sündenpfuhl und Hort des Konsumismus sieht, was bereits auf die ideologiekritische Wende der späten 1960er und 1970er Jahre vorausweist. Einzelne Texte wie Indriði G. Þorsteinssons *79 af stöðunni* (1955; *Taxi 79 ab Station,* 2011) oder Hafliði Vilhelmssons *Leið tólf Hlemmur-Fell* (1977; »Buslinie 12, Hlemmur–Fell«) zeichnen städtische Entwicklungen mittels moderner Verkehrsmittel.

Die vorgestellten Stadtromane reagieren auf politische, demographische und technische Verhältnisse wie die Entvölkerung der abgelegenen Landesteile, die Zentralisierung und die Wohnungsnot, die Mobilität in der Hauptstadt und andere Phänomene. Hingegen wird die anonyme Großstadt in den modernistisch-realistischen Erzählungen Svava Jakobsdóttirs (1930–2004) erstmals in der isländischen Prosaliteratur zum Ort von weiblicher Entfremdung und Identitätskrise. Insbesondere ihr früher Erzählband *Veizla undir grjótvegg* (1967; »Party unter einer Steinwand«) oder der klassisch gewordene Kurzroman *Leigjandinn* (1969; »Der Mieter«) kreisen um das isolierte Leben von Frauen in den Mietskasernen und Einfamilienhäusern und entwerfen Topologien der Einsamkeit und Entwurzelung.

Ihren thematischen Durchbruch hat die Stadt in der isländischen Literatur bei den Autoren, die in den 1970er und 1980er Jahren bekannt wurden. Pétur Gunnarsson (geb. 1947) eröffnet die Richtung 1976 mit *Punktur punktur komma strik* (»Punkt, Punkt, Komma, Strich«). Ihm folgen Einar Kárason (geb. 1957) 1983 mit *Þar sem djöflaeyjan rís* (*Die Teufelsinsel,* 1997) und Einar Már Guðmundsson (geb. 1954) 1982 mit *Riddarar hringstigans* (*Die Ritter der runden Treppe,* 1999). Sie alle schreiben mehrteilige Romanreihen über eine Kindheit und Jugend im Reykjavík der Nachkriegszeit. Für diese Texte ist die Stadt das natürliche Habitat, ein Raum voller Geschichten, moderner und alter Legenden und Mythen. In teilweise nostalgischen Rückblicken, meist mit gehörigen Portionen Ironie versehen und kraftvoll erzählt, wird isländische Sozial- und Stadtgeschichte im Medium des phantastischen oder magischen Realismus auf literarisch attraktive Weise abgehandelt. Einen Höhepunkt dieser Tendenz stellt dann Hallgrímur Helgasons Cityroman *101 Reykjavík* (1996; *101 Reykjavík*, 2002) dar, dessen Titel die Postleitzahl der Reykjavíker Innenstadt übernimmt. In diesem Text – er weist gewisse Anklänge an Beispiele früherer Partyschilderungen wie Halldór Laxness' *Vefarinn mikli* (1927; *Der große Weber*, 1988), *Atómstöðin*, Elías Mars *Vögguvísa* auf – ist die Stadt zu einem Ort der Bars und Discos geworden, in denen sich die goldene Jugend des Reykjavík der Boomjahre vergnügt.

Doch die große Party ist in Island spätestens seit dem Herbst 2008 vorbei, und damit hat sich auch der Blick auf Downtown Reykjavik geändert. Die Krise manifestiert sich literarisch erneut besonders deutlich in der Einstellung zur Architektur in den ersten Jahren des neuen Jahrhunderts: Stadtexplosion, Zersiedelung als städtebauliches Prinzip, Ausdehnung der Agglomeration, Auflösung des alten Zentrums. Und wieder nimmt die isländische Literatur dies skeptisch zur Kenntnis, fungiert die Stadt als Chiffre für eine nun völlig aus den Fugen geratene Gesellschaft.

Ein in den aktuellen Erzählungen häufig eingesetztes Mittel zur Beschreibung dieser Stadtveränderungen ist das klassische Motiv des Heimkehrers, der seine Stadt nicht mehr erkennt: Ein Isländer (in *Konur* von Steinar Bragi ist es eine junge Frau) kommt nach Jahren der Abwesenheit im Ausland zurück und findet sich in Reykjavík nicht mehr zurecht. Schon im Titel wird diese »Heimkehr«, die keine ist, in dem atmosphärisch dichten und bedrückenden Kurzroman *Heimkoma* von Pétur Gunnarsson (1997) thematisch. Auch in Steinunn Sigurðardóttirs *Góði elskhuginn* (2009; *Der gute Liebhaber*, 2011) spiegelt sich die (zu) rasante Entwicklung der Gesellschaft im Stadtbau und – als säße Rask mit am Computer – in der Sprache:

> Der Mann an der Kasse [der Tankstelle] verstand kein Isländisch und bestellte das Taxi auf Englisch. Das war im Stil des neuen Reykjavík. Alles zu groß geworden; unerhörte Straßenkreuzungen in der Stadt, riesenhafte Neubauten, die Schattenpranken auf die Holzhäuser legten. Wie um das zu überdecken, was früher gewesen war, die Vergangenheit und Kleinheit. Die Sprache selbst war zu klein geworden.[196]

Ähnlich kehrt in *Handbók um hugarfar kúa. Skáldfræðisaga* (2009; »Handbuch über die Mentalität der Kühe. Poetologischer Roman«), einem burlesken Text von Bergsveinn Birgisson, ein im Ausland ausgebildeter Kulturwissenschaftler nach Island, diesen »Geldfangplatz«, zurück und erleidet über seinem Versuch, eine Dokumentation über die isländische Kuh zu schreiben, einen Zusammenbruch. Auch hier wird die internationale Architektur, die das Bild des neuen Reykjavík prägt, als »Ungeheuer« verteufelt.[197] Bragi Ólafssons fulminant, in bester Laxness'scher Manier erzählter Roman *Handritið að kvikmynd Arnar Featherby og Jóns Magnússonar um uppnámið á veitingahúsinu* (2010; »Das Manuskript zum Film von Örn Featherby und Jón Magnússon über den Aufruhr in einem Restaurant«) konzentriert sich in seiner skurrilen Handlung auf das Verschwinden eines traditionellen, legendären Restaurants im alten Reykjavík.

Eines der krassesten kulturpessimistischen Bücher, das in den letzten Jahren in Island erschienen ist, Steinar Bragis Roman *Konur* (2008; *Frauen*, 2011), eine unerbittliche Geschichte über die Ausbeutung des weiblichen Körpers durch die Gegenwartskunst und -medien, nimmt eine noch stärkere Engführung zwischen moderner Stadtarchitektur und dem Zerfall der ethischen Grundlagen der Gesellschaft vor. In diesem Text hat die zeitgenössische Architektur eine geradezu apokalyptische Dimension erreicht und repräsentiert das Böse an sich.[198] Eine parallele Horrorvision von Reykjavík ist in Steinar Bragis langer Erzählung »Die Geschichte von einem Dienstag« zu finden. Aus der Perspektive eines Trinkers ist Reykjavík dunkel, hässlich, böse, der Gipfel des Elends und eine Spinne, in deren Netz sich die Unglücklichsten verheddern. Während der schrecklichen, nach Eisen riechenden Winter (was allein schon begrifflich an das Eisenzeitalter, *járnöld*, der eddischen Völuspá erinnert), entleert der Himmel seinen Magen über der Stadt und beschwören die fürchterlichen Spasmen des Nordlichts Endzeitstimmungen herauf, die die Distanz zum idyllischen Frühlingsabend in Tómas Guðmundssons »Oststraße«[199] unüberbrückbar erscheinen lässt. Und doch wird auch hier, in dieser neuesten und extremsten

Steinar Bragi (geb. 1975), *Frauen*, Umschlag der deutschen Ausgabe 2011

Ausformung isländischer Stadtbeschreibung, die Stadt stets auf die Landschaft bezogen, ist Zivilisation offenbar nicht vor- und darstellbar ohne Natur, auch wenn diese mindestens ebenso schrecklich ist wie sie selbst.

Romane über Verbrechen: Die Welle der »Island-Krimis«

Zu einer Stadt gehört auch Kriminalliteratur. Ob das Umgekehrte ebenso gilt, wäre genauer zu untersuchen, immerhin gibt es – zumindest in Island – zahlreiche Krimis wie jene der augenblicklichen Erfolgsautoren Arnaldur Indriðason und Yrsa Sigurðardóttir, die nur teilweise in der Stadt spielen, ja ihre neuesten Romane *Furðustrandir* (2010; »Wunderküsten«) und *Ég man þig* (2010; »Ich erinnere mich an dich«) sind in die absolute Peripherie der fast entvölkerten Ost- und Westfjorde verlegt; und auch der erste isländische Kriminalroman, Einar Skálaglamms (d.i. Guðbrandur Jónssons [1888–1953]) *Húsið við Norðurá* (1926; »Das Haus bei der Norðurá«) ist auf dem Land lokalisiert. – Als erste Kriminalerzählung im eigentlichen Sinn gilt übrigens Jóhann Magnús Bjarnasons (1886–1945) 1910 in Kanada herausgegebene Kurzgeschichte *Íslenzkur Sherlock Holmes*. Dennoch wird gattungshistorisch die Kriminalliteratur primär mit Stadträumen in Verbindung gebracht; das zeigen die anderen skandinavischen Literaturen sehr schön, in denen inzwischen jeder noch so kleine Ort mit Stadtambitionen seine eigene Krimiserie mit immer gleichen Ermittlern als Identifikationsfiguren erhalten hat.

Was konkret Reykjavík als Schauplatz von fiktiven Verbrechen betrifft, so hatte bereits 1883 der Populärautor Jón Mýrdal (1825–1899) Pläne für einen Roman »Reykjavíks Geheimnisse (Mysterien)« nach dem Muster von Eugène Sues *Les Mystères de Paris* (1842/43) gehegt. Diese wurden allerdings nie in die Tat umgesetzt, so dass es bis 1928 dauerte, ehe tatsächlich zwei Bände von offenbar als Serie angelegten *Leyndardómar Reykjavíkur* des Pseudonyms Valentínus (d.i. Steindór Sigurðsson [1902–1949]) erschienen.[200] In den 1920er und 1930er Jahren fasste das Genre in der isländischen Literatur allmählich Fuß und gehört heute zu den vorherrschenden literarischen Gattungen des Landes. Im Jahr 2000 kam übrigens nochmals ein Buch mit dem Titel »Geheimnisse Reykjavíks 2000« (*Leyndardómar Reykjavíkur 2000*) heraus, dieses Mal ein Gemeinschaftswerk von acht der bekanntesten isländischen Krimiautorinnen und -autoren, die je ein Kapitel beitrugen.

Über den Erfolg der (skandinavischen) Kriminalliteratur auf dem internationalen, vor allem deutschen Buchmarkt ist in jüngerer Zeit viel geschrieben worden. Eine immer wieder vorgebrachte, vielleicht ansatzweise auch nicht ganz abwegige Erklärung, weshalb die literarischen Szenen fast völlig von dieser Literaturform dominiert werden, verweist auf den Umstand, dass der Krimi inzwischen die einzige Literatur ist, die das Bedürfnis nach realistischer Gesellschaftsbeschreibung konsequent abdeckt. Ein solcher Zug zum formal und thematisch traditionellen Erzählen ist auch den isländischen Vertretern dieser Gattung eigen und heute sind diese – wie überall in Skandinavien – die wahren Stars des Buchmarkts und ihren schwedischen, dänischen, norwegischen und finnischen Kollegen auch in Bezug auf internationale Bekanntheit und Verbreitung ebenbürtig. So werden die Rechte der Bücher von Arnaldur Indriðason und Yrsa Sigurðardóttir jeweils in über 30 Länder verkauft. Selbst (oder vielleicht gerade) im Krisenjahr 2008 herrschte in der isländischen Krimi-Szene keinerlei Krise und der *annus horribilis* war, so die Krimiexpertin Katrín Jakobsdóttir, ein gutes Krimijahr.

Während bis in die achtziger Jahre hinein eigentlich nur die Werke von Halldór Laxness außerhalb Islands in repräsentativen Übersetzungen greifbar waren, wurden seit dem letzten Jahrzehnt des 20. Jahrhunderts in der Folge des von Jostein Gaarder (*Sophies Welt*, 1993) und Peter Høeg (*Fräulein Smillas Gespür für Schnee*, 1994) ausgelösten Skandinavienbooms vermehrt zeitgenössische isländische Autoren wie Einar Már Guðmundsson, Einar Kárason, Steinunn Sigurðardóttir im Ausland bekannt gemacht und einige ihrer Romane, manchmal in Verbund mit Verfilmungen wie *Angels of the Universe* (2000) nach dem Buch *Englar alheimsins* (1993; dt. *Engel des Universums*, 1998) von Einar Már Guðmundsson oder *101 Reykjavík* (2000) nach dem gleichnamigen Roman von Hallgrímur Helgason (1996, dt. 2002), erreichten internationale Beachtung. In den letzten Jahren haben dann die Übersetzungen von isländischer Kriminalliteratur besonders ins Deutsche ein solches Ausmaß angenommen, dass isländische Literatur mittlerweile vor allem als »Island-Krimi« wahrgenommen wird. Mit diesem Signet sind die deutschen Ausgaben von Stella Blómkvist und Yrsa Sigurðardóttir versehen. Meist zeigen die Covers dieser Bücher isländische Landschaften und oft gänzlich untypische, eher an Schweden erinnernde Häuschen.

Diese Krimiwelle im Ausland setzte kurz nach dem Durchbruch der neueren isländischen Kriminalliteratur 1997/98 ein, als eine ganze Reihe von Titeln erschien, die den Beginn einer eigentlichen isländischen

Krimikultur markierten.[201] Natürlich waren schon davor isländische Kriminalerzählungen geschrieben worden. Eine besonders produktive Unterhaltungsautorin ist etwa Birgitta Halldórsdóttir (geb. 1959), die seit ihrem ersten Buch *Inga* (1983) über 20 Liebes- und (kriminahe) Spannungsromane vorgelegt hat. Von den vielen, heute aktiven isländischen Kriminalautorinnen und -autoren sollen hier nur drei weitere erwähnt werden: 1997 erschien der erste von inzwischen sechs Romanen von Stella Blómkvist, Verfasserin, Hauptfigur (Anwältin) und Ich-Erzählerin in Personalunion – allerdings ist dies ein bis heute nicht aufgedecktes Pseudonym. Stella Blómkvists sprachlich stark schematisierte Texte weisen sich über Insiderkenntnisse des politischen Lebens in Island aus, was sie in eine gewisse Nähe bringt zu den elf zwischen 1968 und 1990 erschienenen schwedischen Kriminalromanen von »Bo Balderson«, hinter dem sich ebenfalls bis heute noch eine Autorin oder ein Autor erfolgreich verbirgt. Der Seriencharakter der Romane von Stella Blómkvist wird durch die immer gleich beginnenden Titel *Morðið í ...* (»Der Mord in ...«) unterstrichen, was die deutschen Übersetzungen nicht übernehmen.

Mit seinen Erlendur Sveinsson-Romanen ist Arnaldur Indriðason (geb. 1961) zum populärsten und auch international bekanntesten Krimiautor Islands avanciert. In diesen Büchern mit dem grüblerischen Kriminalbeamten von der Reykjavíker Mordpolizei, von denen das erste, *Synir duftsins*, ebenfalls im Jahr 1997 herauskam (*Menschensöhne*, 2005), und anderen, atmosphärisch dichten und immer gut geschriebenen Erzählungen geht es meist um Verbrechen, die in der Vergangenheit, oft im Zweiten Weltkrieg und im Dritten Reich gründen und bis heute nachwirken. Obwohl die erfolgreiche Kinder- und Jugendbuchautorin Yrsa Sigurðardóttir (geb. 1963) erst 2005 den ersten Serienroman *Þriðja táknið* mit der cleveren Anwältin Þóra Guðmundsdóttir als Hauptfigur publizierte (*Das letzte Ritual*, 2006), hat sie auf Anhieb außerordentliche Verkaufserfolge erzielt und wird schon als ›Königin der isländischen Kriminalliteratur‹ bezeichnet.[202] Auch ihre Texte leben von spannungsgeladenen, gut erzählten Handlungen.

Kriminalfiktion ist in der isländischen Literatur inzwischen so ubiquitär, durchdringt die aktuelle Buchproduktion in einer solchen Weise, dass Auður Jónsdóttir (geb. 1973) auf der Basis des Genres im Jahr 2008 mit *Vetrarsól* (*Jenseits des Meeres liegt die ganze Welt*, 2011) einen avancierten, metafiktiven Roman vorlegen konnte. Bei diesem Text, einer mehrschichtigen Erzählung mit Elementen des Thrillers (internationales Verbrechen und Organhandel), der Frauen-, Generationen-, Beziehungsliteratur, der

Arnaldur Indriðason, *Mýrin*, Umschlag der deutschen Ausgabe 2003

Arnaldur Indriðason, *Mýrin*, Umschlag der isländischen Ausgabe 2001

Literatursatire usw., handelt es sich um ein raffiniertes Spiel mit der Gattung Krimi, deren Stereotypen durchexerziert und gleichzeitig witzig persifliert werden. Wie im gängigen Fantasy-Jugendbuch findet sich so die Hauptfigur, die in einem Buchverlag arbeit und an einem Krimi-Workshop teilnimmt, unvermittelt in ihrem eigenen Krimi wieder. Der mit einer Vielzahl von direkten und verborgenen Zitaten gespickte Roman ist ähnlich wie Hallgrímur Helgasons *Höfundur Íslands* eine Übung in Intertextualität, und als am Ende eine Lösung der verschiedenen Kriminalrätsel ausund eine Reihe offener Schlüsse zurückbleibt, wird der Krimi als literarische Form, die die zur Zeit brennenden wirtschaftlichen, politischen, aber auch persönlichen Fragen adäquat zu diskutieren vermag, insgesamt zur Disposition gestellt. Auður Jónsdóttirs »Wintersonne«, wie der Titel des Romans im Original lautet, ist demgegenüber ein Beitrag zu einer sich neu formierenden Gattung, die sich als Krisenliteratur bezeichnen ließe, denn am Schluss erweist sich nicht nur die Freundin der Protagonistin als Verbrecherin, sondern sie erkennt auch, dass ihr Partner sie mit seinen Spekulationen in den Ruin getrieben hat.

An solch geglückte Ironisierungen des Genres, aber auch an die dichte Erzählkunst eines frühen Beispiels isländischer Kriminalliteratur, nämlich Gunnar Gunnarssons (1889–1975) Schilderung eines historischen Verbrechens im Roman *Svartfugl* (1929; *Schwarze Vögel*, 2009), reicht die zeitgenössische isländische Krimi trotz ihrer Erfolge kaum heran. Wie das schwedische Autorenpaar Maj Sjöwall und Per Wahlöö in seiner klassischen Reihe »Roman über ein Verbrechen« in den siebziger Jahren so wirkungsmächtig vorführte, besitzt gute Kriminalliteratur im Prinzip immer das Potenzial zu einer gesellschaftsanalysierenden Krisenliteratur. Gemessen an diesen Modellen oder anderen großen skandinavischen Namen wie Henning Mankell (Kurt Wallander) oder Stieg Larsson (Millennium-Trilogie), erscheint die aktuelle Kriminalliteratur in Island als nicht sehr innovativ. Vielmehr wendet sie die bestehenden Schemen auf die isländischen Verhältnisse an und nimmt gewisse thematische Adaptionen vor. Handwerklich meist recht gut erzählt und leicht zu lesen, findet sich nur selten ein eigenständiger Umgang mit dem Muster. Darin stellt sie allerdings international gesehen keine Ausnahme dar, und deswegen ist, nach der Überzeugung des Literaturwissenschaftlers Thomas Seiler, Kriminalliteratur, sei es skandinavische oder andere, letztlich trotz allem meist eher langweilig – wenigstens nach abgeschlossener Lektüre.[203]

Spätestens im Herbst 2008 wurde klar, dass die isländische Realität die (Kriminal-)Fiktion hinter sich gelassen hatte, und es zeigte sich, dass die isländischen Krimis, die im Unterschied zu anderer Literatur die Wirklichkeit nur immer abzubilden, nicht aber tiefer zu analysieren versucht hatten, nicht besonders weitsichtig gewesen waren. Da die Krimiautoren kaum Visionen entwarfen, wurden sie von den Ereignissen überholt.

Schreiben (in) der Krise

Ein teilweise anderes Verbrechen haben die neuen Krisenbücher zum Gegenstand. Bekanntlich brachen im Herbst 2008 die drei größten isländischen Banken als Folge der internationalen Finanzkrise zusammen und mussten verstaatlicht werden. Island wurde durch diesen Kollaps in ein Tief gestürzt, aus dem es sich bis heute nicht herausgearbeitet hat. Was als ein wirtschaftlicher Zusammenbruch begann, erweist sich im Rückblick als ein viel umfassenderes Phänomen mit weitreichenden politischen, soziokulturellen und psychologischen Dimensionen.[204] Unmittelbar nach

Ausbruch der Krise setzte in den isländischen Medien eine umfassende Diskussion darüber ein, zuerst in den elektronischen Medien und den Tageszeitungen, darauf in den führenden Kulturzeitschriften wie *Tímarit Máls og menningar, Skírnir* oder *Ritið: Tímarit Hugvísindastofnunar Háskóla Íslands*, schließlich auch in einer Flut von Buchpublikationen, von denen einige, etwa Einar Már Guðmundssons *Hvíta bókin* (2009; *Wie man ein Land in den Abgrund führt. Die Geschichte von Islands Ruin,* 2010), inzwischen auch übersetzt worden sind.[205]

In der Betrachtung von außen fällt zum einen auf, dass diese Debatten sehr stark personenbezogen waren – was sich in einer so kleinen Gesellschaft vermutlich nicht vermeiden lässt. Zum anderen trat aus vielen Debattenbeiträgen, und auch dies ist wohl kaum anders zu erwarten, eine gewisse Überraschung und Hilflosigkeit über die Entwicklungen und entsprechend eine allgemeine Ratlosigkeit zutage. Deutlich wurde in vielen Äußerungen ein Fehlen von klaren theoretischen Positionen, was gegenüber früheren Zusammenhängen doch eine klare Differenz markierte, wie ein Blick auf einige Beispiele aus der Geschichte der isländischen Literatur seit den 1940er Jahren zeigen wird. 1951 hatte etwa Þórbergur Þórðarson in einem furiosen Gedicht den erhofften, damals aber nur imaginierten Ruin des Systems noch herbeischreiben wollen.

Die durch den Kollaps 2008 ausgelöste öffentliche Diskussion machte als eine Hauptursache der Krise den in Island seit den späten achtziger Jahren besonders ungezügelt praktizierten Neoliberalismus verantwortlich. Dieser wurde beispielsweise von der direkt am Geschehen beteiligten, ehemaligen Außenministerin Ingibjörg Sólrún Gísladóttir in einem längeren Artikel (im Nachhinein) als »gefährliches und nicht nachhaltiges Gesellschaftsexperiment« bezeichnet.[206] Nicht selten beschwor man biblische Dimensionen herauf, um die Ausmaße der Krise zu beschreiben, so etwa der isländische Philosoph Stefán Snævarr, der in einer Polemik vom Neoliberalismus als der siebten Plage Islands schrieb und ihn dadurch mit dem verheerenden Hagel in Exodus 9,13–35 verglich.[207] In Anspielung auf das Musical und Richard Attenboroughs Film *Oh! What a Lovely War* (1969) konstatierte Guðni Elísson rückblickend ironisch: »Ja, gewiss war dies ein wunderbarer Ruin.«[208]

Ganz allgemein ist das Vokabular, das vor, während und nach der Krise verwendet wurde, höchst aufschlussreich und lohnt deshalb eine etwas genauere Betrachtung. Die übliche Bezeichnung für den Wirtschaftsboom, der um 2000 einsetzte und sich nach 2008 als eine »Wirtschaftsblase« (*efnahagsbóla*) herausstellte, war »die guten Jahre« (*góðæri*), womit das

Isländische herkömmlicherweise Jahre mit guten Heuernten und Fischerträgen bezeichnet hatte. In Anlehnung an die grenzüberschreitende Dynamik der wikingerzeitlichen Nordleute sprach man in diesen »guten Jahren« von dem Gebaren der isländischen Finanzjongleure, die ins Ausland expandierten, da ihnen der einheimische Markt zu klein geworden war, als *útrás*, was in diesem Zusammenhang eine »Expansion« meinte, aber auch das isländische Wort für »sich Austoben« ist. Die Männer hinter diesen Aktivitäten nannte man oft, damals meist noch unverhohlen bewundernd, *útrásarvíkingar*, also wörtlich »Expansionswikinger«.

Mit dem *hrun* (Zusammenbruch, Kollaps, Ruin, Bankrott, auf Englisch wird hier oft von »Iceland's meltdown« gesprochen) und der sich anschließenden Wirtschaftskrise (*fjármálakreppa*) änderte sich die Tonlage natürlich rasch. Nun schaute man in Ruinen (*rústir*), nahm eine gesellschaftliche Auflösung (*upplausn*) wahr und forderte eine Neubewertung der Werte (*endurmat gilda*). Die nach argentinischem Muster als Kochtopfrevolution (*búsáhaldabylting*) bezeichneten Demonstrationen vor dem Parlamentsgebäude und der allgemeine Revolutionsgeist (*byltingarandi*) führten Ende Januar 2009 zum Rücktritt der Regierung von Geir Haarde. Manchmal wurde, um die Zäsur deutlich zu kennzeichnen, *Hrun* groß geschrieben, also »Die Krise«, und *hrunið* ist denn in der Debatte auch häufig der Beginn

Symbol des Finanzwikingertums: Jón Gunnar Árnasons *Sólfar* (»Sonnenschiff«), Stahlskulptur, 1991

einer neuen Zeitrechnung. So lautet der erste Satz in einem Überblick über das isländische Theater des Jahres 2009 durch die Theaterkritikerin Silja Aðalsteinsdóttir: »Das isländische Theater im Jahr nach dem Kollaps, wie war es?« Der Titel ihres Aufsatzes, »Dansinn í hruni« (»Der Tanz im Ruin«), ist eine witzige Anspielung auf die (unten etwas ausführlicher referierte) Volkssage »Dansinn í Hruna« (»Der Tanz in Hruni«). Margrét Tryggvadóttir behandelt die »Kinderliteratur nach dem Kollaps«, Bjarni Bjarnason die »bürgerliche Kultur nach dem Ruin«. Guðni Elísson spricht von »Island im Jahr Null«.[209]

Mit nur leichter Verzögerung gegenüber den politischen Ereignissen Ende 2008/Anfang 2009 begannen die ersten, direkt von der Krise veranlassten monographischen Texte zu erscheinen, und dies in einem solchem Ausmaß, dass dafür eine neue Gattungsbezeichnung gefunden wurde: *hrunabækur* und *hrunabókmenntir*, was Kollaps-/Ruinbücher bzw. Kollaps-/Ruinliteratur heißt. Vor allem der isländische Literaturwissenschaftler Guðni Elísson beschrieb in einer Reihe von grundlegenden, zeitnah zu den Ereignissen publizierten Beiträgen das Entstehen dieser neuen literarischen Gattung auf der Grenze zwischen Sachbuch und Fiktion.[210]

Prominente Beispiele für solche Krisenbücher von bekannten isländischen Autoren sind Halldór Guðmundssons auf Deutsch geschriebener Essay *Wir sind alle Isländer. Von Lust und Frust, in der Krise zu sein,* Einar Már Guðmundssons »Weißbuch« *Hvíta bókin,* oder Bjarni Bjarnasons Aufsatz- und Artikelsammlung *Boðskort í þjóðarveislu* (»Einladungskarte zur nationalen Feier«), alle 2009 erschienen. Bei diesen Texten handelt es sich um kulturkritische Essays, die durch die unmittelbare Auseinandersetzung mit dem Bankencrash veranlasst wurden. Sowohl *Hvíta bókin* wie *Boðskort* sind dabei streckenweise »Revolutionstagebücher«, Dokumentationen der Ereignisse des Herbstes und Winters 2008/09. Einar Már Guðmundsson beschreibt in *Hvíta bókin* an einer Stelle sehr schön die Tradition des Protestes. Indem sie an den isländischen Politiker Jón Sigurðsson (1811–1879) anknüpften, der an der Nationalversammlung 1851 »Wir protestieren alle!« ausrief, konnten sich die Protestierenden 2008 als dessen Medium oder Sprachrohr verstehen, wenn sie seinen inzwischen zum geflügelten Wort gewordenen Satz an den Demonstrationen – in sprachlich modernisierter Form – wiederholten: »Wenn wir vor dem Parlamentsgebäude auf dem Austurvöllur protestieren, dann lassen wir auf eine Weise alte Stimmen erklingen, wie Schamanen oder Medien. Nicht zuletzt die Stimme von Jón Sigurðsson, dem Freiheitshelden, der den Unabhängigkeitskampf gegen die Dänen anführte, spricht durch uns.«[211] Einar Már Guðmundsson macht hier in kluger Weise auf die mediale Kraft des gut gewählten Zitats aufmerksam.

Ein interessanter Fall, der auch in den Kontext der Krisenliteratur gerechnet werden kann, ist Andri Snær Magnasons *Draumaland. Sjálfshjálparbók handa hræddri þjóð* (2006; *Traumland. Was bleibt, wenn alles verkauft ist?*, 2011),[212] ein prägnantes isländisches Beispiel für die international rasch Aufmerksamkeit erlangende Ökoliteratur. Diese Darstellung der Staudamm- und Großindustrieprojekte im Kontext der isländischen Energiepolitik entstand zwar als düstere Prophezeiung über die Zerstörung der Natur noch mitten in den »guten Jahren« vor dem Bankrott, aber es besteht ein kausaler Zusammenhang zwischen der Krise und der in *Draumaland* geschilderten, dieser unmittelbar vorausgehenden Phase von ungebremster Privatisierung, rücksichtsloser Exploration der natürlichen Ressourcen und Globalisierung der Wirtschaft, wie sie während der Regierungszeit von Davíð Oddsson zwischen 1995 und 2004 in die Tat umgesetzt wurde, was dessen Regierung im isländischen Politjargon die Bezeichnung »Privatisierungsregierung« (*einkavæðingarstjórnin*) eintrug.

Das zentrale Dokument zur Banken- und Wirtschaftskrise in Island ist jedoch der vom isländischen Parlament bei einer dreiköpfigen Kommission in Auftrag gegebene Untersuchungsbericht *Skýrsla rannsóknarnefndar*

Der Schriftsteller Einar Már Guðmundsson (geb. 1954) als Redner bei einer Demonstration im Herbst 2008

Alþingis. Aðdraganda og orsakir falls íslensku bankanna 2008 og tengdir at-burðir (»Bericht der Untersuchungskommission des Althing. Vorgeschichte und Ursachen des Falls der isländischen Banken 2008 und verwandte Ereignisse«). Der rund 2.800 Seiten umfassende, neunbändige Bericht wurde am 12.4.2010 eingereicht und war in jenem Jahr während vieler Monate das meistverkaufte Buch Islands.[213]

Der renommierte amerikanische Wirtschaftswissenschaftler Mark J. Flannery, der von der Untersuchungskommission mit einer Bewertung der Ereignisse beauftragt wurde, beginnt seine für den Bericht des Althing geschriebene Zusammenfassung und Bewertung der Ereignisse, die zum Fall der drei größten isländischen Banken Glitnir, Kaupthing, Landsbankinn im Herbst 2008 und damit zur Auslösung der isländischen Krise führten, wie folgt:

> Following a period of extraordinary growth, the three largest Icelandic banks were taken into government custody in early October, 2008. As the domestic economy had grown and stock prices had soared, the three banks' assets had expanded from »100 percent of GDP in 2004 to 923 percent at end 2007« (IMF [2008], page 12). The Icelandic economic euphoria was crushed by the large banks' failures. In the wake of these failures, the Icelandic government took over the banks and guaranteed 1,212 billion ISK of domestic deposits. [...] How could things have gone so terribly wrong?

Flannery kommt zum Schluss:

> The sub-prime financial crisis surely added pressure on the banks [...]. However, the banks had ignored repeated warnings that their size and rapid expansion exposed them to great risks. It seems likely that they would have come to grief eventually, even without a worldwide financial crisis.[214]

Einen Insiderroman, der auf den Ereignissen von 2008 fußt, legte dagegen Guðmundur Óskarsson 2009 mit seinem Roman *Bankster* (dt. *Bankster*, 2011) vor. Der Autor, der selber mehrjährige Berufserfahrung in der Branche hat, beschreibt hier die Geschichte eines Bankkaufmanns, der durch den Bankrott seines Instituts seinen Arbeitsplatz verliert. Der Text zeigt die psychologischen Auswirkungen der Krise, die in diesem Fall im

Zusammenbruch eines an der Misere direkt Beteiligten und von der Umwelt als Bankgangster wahrgenommenen Menschen endet. Hier wird der Kollaps sehr geschickt von der wirtschaftlich-politischen auf eine individuelle Ebene überführt. Für die Stimmung in der isländischen Öffentlichkeit in der Zeit gleich nach dem Bankenruin ist bezeichnend, dass Guðmundur Óskarsson für *Bankster* Anfang 2010 den Isländischen Literaturpreis des Vereins der isländischen Buchherausgeber *(Íslensku bokmenntaverðlaunin),* die höchste literarische Auszeichnung Islands, erhielt.

Neben solchen Büchern, die unmittelbar auf die isländische Krise reagieren und sie in irgendeiner Weise zu verarbeiten versuchen, gibt es Texte, die man in einem weiteren Sinn als Krisenbücher bezeichnen könnte und die, wie etwa Andri Snær Magnasons *Draumaland,* dem Wirtschaftskollaps von 2008 vorausgehen, sein Entstehen aber erklären können. Es ist natürlich eine Banalität, auf den allgemeinen Zusammenhang zwischen Literatur und Krise hinzuweisen. Die Weltliteratur konstituiert sich von den frühesten Anfängen an und durch ihre Geschichte hindurch über Katastrophenerfahrungen, Traumata, Gedächtniskonstruktionen, und auch die isländische Literatur weist eine ganze Reihe von einschlägigen Beispielen auf, von denen einige im Folgenden etwas genauer betrachtet werden sollen. Interessanter ist vielleicht im Fall der isländischen Krisenliteratur der letzten Jahre die Frage, ob diese so etwas wie ein Potenzial zur Früherkennung von soziokulturellen Problemen hatte. Wären mit anderen Worten die Politiker, wäre die isländische Gesellschaft in der Lage gewesen, die sich anbahnenden Ereignisse vorherzusehen, wenn sie (die) Bücher gelesen hätten?

In Genesis 41,1–8 gibt der vom Pharao herbeigerufene Josef den Ägyptern den Rat, in den sieben fetten Jahren Vorräte für die Hungersnot der folgenden sieben mageren Jahre anzulegen. Anders als die Ägypter hatten die Isländer einerseits keinen weisen Pharao, der so vorausschauend träumte und seine Träume offenlegte, und sie selbst hörten andererseits in ihrem Tanz ums Goldene Kalb nicht auf die weitsichtigen Traumdeuter. Sie entpuppten sich, obwohl als Literaturvolk bekannt, letztlich als denkbar schlechte Leser und schenkten den warnenden Stimmen in den Büchern, die es trotz allem gab, kein Gehör.

Denn auch im literaturhistorisch durchaus spannenden Feld von Text und Krise kann wiederum eine spezifische literarische Tradition ausgemacht werden, und die Gattung ›Krisenliteratur‹ ist in der Literatur Islands gut eingebürgert, ja sie könnte als ein roter Faden ihrer Geschichte von den frühesten Texten an bezeichnet werden. Wie immer man sich beispielsweise die Entstehung und Funktion der Isländersaga im Einzelnen vorstellt, so lassen sich die Auswanderung aus Norwegen und Einwanderung nach Island in der Wikingerzeit, wie sie in diesen Erzählungen aus dem 13. Jahrhundert dargestellt sind, mit den Begriffen Exodus und Diaspora ausgezeichnet beschreiben, und ebenso wird der Verlust der Unabhängigkeit 1262/64 oft als ein nationales Trauma dargestellt (vgl. Einleitung, S. 14). Die Sagaforschung hat sich in den letzten Jahren intensiv mit diesen Krisenerfahrungen im isländischen Mittelalter befasst,[215] und die isländische Nordistin Guðrún Nordal hat etwa darauf hingewiesen, dass sich – bei allen Unterschieden – gewisse mentale und soziokulturelle Parallelen zwischen der Sturlungen-Zeit im 13. Jahrhundert und den Jahren, die zur Finanzkrise führten, nicht übersehen lassen: In beiden Phasen gibt es eine Tendenz zum Ausleben von Maßlosigkeit, Gewalt und Gier.[216]

In der spätmittelalterlichen und frühneuzeitlichen Periode bildet sich in der isländischen Literatur mit den sogenannten *heimsósómar* eine beliebte literarische Gattung der Zeitkritik heraus. Eines der ersten Beispiele ist das Gedicht »Heimsósómi« (»Weltklage, Ungebührender Zustand der Welt«), das Skáld-Sveinn vermutlich um 1500 verfasst hat. In diesen Gedichten entwickelt sich eine rhetorische Tradition, die die Gier der Mächtigen als Ursache der Armut der Bevölkerung geißelt – und dies in einem Duktus, der manchmal geradezu an die Debatten von 2008 erinnert.

Schon frühere Generationen haben immer wieder starke Bilder für Verhaltensformen gefunden, die man als unangemessen betrachtete. So gibt es in der traditionellen isländischen Literatur eine wirkungsmächtige Parabel für die Strafe, die unzeitgemäß übermütiges Treiben nach sich ziehen kann. Es handelt sich um eine der bekanntesten Volkssagen, die es wegen ihrer Ikonenhaftigkeit verdient, hier ausführlich zitiert zu werden. In Jón Árnasons großer Sammlung von isländischen Volkssagen und Märchen (1862/64) findet sich unter dem Titel »Dansinn í Hruna« die Geschichte eines vergnügungssüchtigen Pfarrers, dessen ungehemmte Spielfreude ihn und seine Gemeinde ins Verderben führt:

Der Tanz in Hruni

Es war einmal in früheren Zeiten ein Pfarrer in Hruni in der Árnes-sýsla, dem es Vergnügungen und Unterhaltungen sehr angetan hatten. Es war immer die Gewohnheit dieses Pfarrers, dass er, wenn die Leute in der Heiligen Nacht zur Kirche gekommen waren, in der ersten Hälfte der Nacht nicht die Messe las, sondern mit den Leuten seiner Gemeinde bis weit in die Nacht hinein in der Kirche tanzte, trank, spielte und andere ungeziemende Vergnügungen abhielt. Der Pfarrer hatte eine alte Mutter, die Una hieß; ihr war dieses Tun ihres Sohnes sehr zuwider, und sie rügte ihn deswegen oft. Aber er kümmerte sich nicht darum und hielt viele Jahre lang an seiner Gewohnheit fest. In einer Weihnachtsnacht verweilte der Pfarrer länger als üblich bei diesem Tanzen; seine Mutter, die voraussehend und klarsichtig war, ging dann in die Kirche hinaus und bat ihren Sohn, mit dem Treiben aufzuhören und mit der Messe zu beginnen. Aber der Pfarrer sagt, dass dafür noch genügend Zeit sei, und er sagt: »Noch einen Kreis, liebe Mutter.« Die Mutter ging dann wieder aus der Kirche. Dies geht drei Mal, dass Una zu ihrem Sohn hinausgeht und ihn bittet, Gott zu gehorchen und aufzuhören, ehe etwas Schlimmes geschieht. Aber er antwortet immer wie beim ersten Mal. Aber als sie zum dritten Mal durch die Kirche von ihrem Sohn weggeht, hört sie, dass diese Strophe vorgetragen wird und sie merkt sie sich.

Laut klingt es in Hruni,
die Menschen eilen dorthin;
so wird der Tanz dröhnen,
dass sich die Leute erinnern werden.
Noch ist Una,
und noch ist Una.

Als Una zur Kirche hinauskommt, sieht sie einen Mann draußen vor der Tür; sie kannte ihn nicht, aber er gefiel ihr nicht und sie glaubte zu wissen, dass er die Strophe vorgetragen hatte. Una erschrak ob all dem und glaubt zu sehen, dass sich hier Schlimmes anbahnt und dass dies der Teufel selbst ist. Sie nimmt dann das Reitpferd ihres Sohnes und reitet eilig zum nächsten Pfarrer, bittet ihn zu kommen und zu versuchen, in dieser Not zu helfen und ihren Sohn aus dieser Gefahr, in der er steckt, zu befreien. Dieser Pfarrer geht sogleich mit ihr und er hat viele Leute mit sich, denn die Messebesucher waren noch nicht weggegangen. Aber als sie nach Hruni kommen, waren die Kirche und der Friedhof mit den Leuten drin versunken, aber sie hörten Heulen und Jammern drunten in der Erde. Noch immer sieht man Spuren davon, dass ein Haus oben in Hruni gestanden hat, und so heißt ein Hügel, von dem der Hof, der darunter steht, seinen Namen hat. Aber danach, erzählt die Geschichte, sei die Kirche unterhalb von Hruni aufgebaut worden, wo sie jetzt ist, und es wird auch erzählt, dass seither nie mehr in der Heiligen Nacht in der Kirche von Hruni getanzt worden ist.[217]

Um auf die oben konstruierte Parallele zurückzukommen: In der Mutter des tanzversessenen Pfarrers ließen sich die isländischen Schriftsteller sehen, deren Warnung niemand hören wollte. – Doch nicht nur die alten Volkssagen dulden das Karnevaleske zur Unzeit nicht. Auch die großen Autoren des 20. Jahrhunderts beteiligen sich an dieser Zeitkritik. So zelebriert Halldór Laxness die Abfolge von Karneval und Fasten sozusagen als ein wiederkehrendes, fast naturgegebenes Muster in der Verhaltensweise der Isländer und schreibt darüber herrliche Satiren: In *Guðsgjafaþula* (1972; *Die Litanei von den Gottesgaben,* 1994) lässt er die Hauptfigur, den Heringsspekulanten Bersi Hjálmarsson, genannt Íslandsbersi, sein Unwesen als Berserker der Geschäftswelt treiben. In *Kristnihald undir jökli* beschreibt er genüsslich, wie die vom Staat finanzierten Gefrierhäuser bankrott gehen und ihre Besitzer ohne Schaden davon kommen. In *Atómstöðin* (1948; *Atomstation,* 1989) geht es in ganz ähnlicher Weise wie 2008/09 um die Gegensätze zwischen Politikern und Wirtschaftselite auf der einen und der Bevölkerung auf der anderen Seite; hier erlauben es die Mächtigen den Amerikanern, aus Island eine Atomstation zu machen, und sie lassen gleichzeitig die sterblichen Überreste des Nationaldichters Jónas Hallgrímsson aus Kopenhagen nach Island überführen, um das aufgebrachte Volk zu beruhigen: »Land verkaufen, Gebeine ausgraben« (S. 250; »Selja land, grafa bein«, S. 260).

Von einem gleichfalls sozialistischen Standpunkt aus inszeniert Þorbergur Þórðarson 1951 in dem »Missglückten Atomgedicht« (»Mislukkað atómljóð«) aus Anlass des 50. Geburtstags von Kristinn E. Andrésson, einer Führungspersönlichkeit der isländischen Sozialisten, eine Vision über den Untergang des Wirtschaftssystems, die der Zerrüttung der Ordnung, welche der Götterdämmerung in der eddischen Völuspá vorausgeht, in nichts nachsteht.

Dimmir eru dagarnir [...].
Þung er dýrtíðin í sódóma græðginnar,
þungir skattarnir í gómorra ræningjanna,
gegndarlaust svindlið í óskapnaði óreiðunnar.
Svikarar ráða ríkjum,
þjófar auði,
gangsterar siðgæði þjóða.
[...]

sópa burtu okurhöllum hinna auðugu,
brjóta niður lúxusvillur hinna ranglátu,
sundra hervirkjum hinna gráðugu,
lama tungu lygaranna,
ljósta hjörtu svikaranna,
lækka dramb roðhænsnanna.
[...]

Mikill verður dagur Drottins.
Hátt verður fall hinna fordæmdu.
Villt verður kokteilpartíið
á kvöldi hrunsins.[218]

[Dunkel sind die Tage (...).
Schwer ist die Teuerung im Sodom der Gier,
schwer die Steuern im Gomorrha der Räuber,
maßlos der Schwindel im Ungeheuer des Chaos.
Betrüger herrschen über Länder,
Diebe über Reichtum,
Gangster über Moral der Völker.
(...)

[Die Flut der Allmacht wird (...)]
die Wuchertempel der Reichen wegschwemmen,
die Luxusvillen der Ungerechten niederbrechen,
die Bastionen der Gierigen zersplittern,
die Zungen der Lügner lähmen,
die Herzen der Betrüger treffen,
die Hochmut der Einfältigen zügeln.
(...)

Groß wird der Tag des Herrn.
Tief wird der Fall der Verdammten.
Wild wird die Cocktailparty
am Abend des Ruins.]

Literaturgeschichtlich interessant ist hier u. a., dass Þórbergur Þórðarson, wenn er von Sodom, Gomorrha, Gier, Räubern, Schwindel, Betrügern, Dieben, Gangstern, Wucherhallen oder Luxusvillen spricht, dieselben Begriffe verwendet, wie sie dann über 50 Jahre später zur Bewältigung der Krise von 2008 fast identisch wieder herangezogen werden. Sogar der Zentralbegriff *hrun* findet sich in Þórbergur Þórðarsons Gedicht, wenn auch, da er für den Zusammenbruch der verhassten alten Ordnung steht, positiv konnotiert.

Die ideologiekritischen sechziger und siebziger Jahre brachten natürlich eine große Anzahl von Texten hervor, die sich in dieser Traditionslinie mit der isländischen Gegenwartsgesellschaft und -kultur auseinandersetzten, oft im Kontext der bereits oben angesprochenen Stadtliteratur (vgl. Ingimar Erlendur Sigurðssons *Borgarlíf*). Einzelne Romane wie Jóhannes Helgis (1926–2001) *Svört messa* (1965; »Schwarze Messe«) oder Jakobína Sigurðardóttirs (1930–2004) *Snaran* (1968; »Die Schlinge«) stellen ähnlich wie nach der Jahrtausendwende Steinar Bragis Roman *Konur* (*Frauen*, s.o. S. 152f.) Island eben wegen der sozialen und wirtschaftlichen Missstände als Dystopie, Unort, dar. Wie bereits erwähnt, bildet die Stadt in *Vetrarsól* von Auður Jónsdóttir, *Góði elskhuginn* von Steinunn Sigurðardóttir, *Handbók um hugarfar kúa* von Bergsveinn Birgisson und vielen anderen Texten der letzten Jahre eine Hintergrundkulisse für die Krise, die sich allerdings oft auf etwas episodische Nebenbeierwähnungen vom Typ »Die Banken schienen in diesem Land nun alles zu beherrschen« beschränken.[219]

Auch die Gattung des historischen Romans bietet sich für die Aufladung mit Gegenwartsbezügen an. Zumindest im Nachhinein kann dann beispielsweise ein Roman über das isländische 17. Jahrhundert für den aktuellen Krisendiskurs vereinnahmt werden. Dies geschieht in Sjóns meisterhaften *Rökkurbýsnir* (2008; *Das Gleißen der Nacht*, 2011), einem furios erzählten Text über den Autodidakten, Schriftsteller und Bildschnitzer Jónas Pálmason, der mit der Ungerechtigkeit und der Gier der weltlichen und kirchlichen Würdenträger seine schlechten Erfahrungen macht. *Rökkurbýsnir* zeigt eine aus den Fugen geratene Gesellschaft, die ihre alten

Sjón, *Rökkurbýsnir*, Umschlag der deutschen Ausgabe 2011

DÍS: Still aus dem Film von Silja Hauksdóttir (2004)

Werte aufgegeben hat. Das Buch wurde beim Verlag zwei Tage vor dem Bankenkollaps 2008 eingereicht.

Auf den Karneval folgt die Fastenzeit, die ausgelassene Party endet meist mit einem Kater und Katzenjammer. Die isländische Literatur ist durch ihre gesamte Geschichte hindurch – und darin machen die zeitgenössischen Autorinnen und Autoren keine Ausnahme – stärker im Beschreiben der Reue als der Freude, und karnevaleske Texte sind auffallend selten. Die Party als Zeitgefühl und Lebenssinn wird am ehesten in Texten von der Art von Hallgrímur Helgasons *101 Reykjavík* gefeiert, oder man findet die erzählerische Lust an der Freude in einem Populärtext wie *DÍS* (2000; *Männer gibt's wie Fisch im Meer*, 2003), dem 2004 verfilmten Roman des Autorinnenkollektivs Birna Anna Björnsdóttir, Oddný Sturludóttir, Silja Hauksdóttir über »Reykjavík, Kulturhauptstadt 2000 – helle Polarnächte und heiße Partys, auf denen Islands coole Töchter bis zum Morgen feiern. [...]«.[220]

Jedenfalls in den traditionellen literarischen Formen findet man allerdings eher einen Hang zu einer manchmal verbissenen und unterschwellig moralisierenden Kritik an den Zeitumständen und den Sinnesfreuden. Ob diese dann mit der lutheranisch geprägten Überzeugung, dass die Erde ein Tränental ist, zu begründen ist, müsste noch genauer untersucht werden. Aber man kann doch feststellen, dass sich die meisten isländischen Autorinnen und Autoren eher in der Rolle der warnenden Mutter als jener des tanzlustigen Pfarrers sehen und mehr literarische Energie aufbringen, wenn es ums Ausmalen der schrecklichen Konsequenzen von fehlerhaftem Verhalten geht, als wenn sie eine Gesellschaft in überbordender Ausgelassenheit schildern sollen.

Eine zusammen mit dem Roman *Bankster* von Guðmundur Óskarsson frühe, unmittelbare Krisenbewältigung mit den Mitteln der Literatur stellt Jón Örn Loðmfjörðs kleine Gedichtsammlung *Gengismunur. Ljóð úr skýrslu rannsóknarnefndar alþingis* (2010; »Valutadifferenz. Gedichte aus dem

Bericht der Untersuchungskommission des Althing«) dar. Sie besticht vor allem durch ihren originellen Zugang und ihre neue Form, die eigentlich hervorragend zu den Ereignissen passt. Der junge Künstler Jón Örn Loðmfjörð ist ein Performer, der sich auf konkrete und digitale Poesie spezialisiert hat und mit Computerlyrik und »instant«-Gedichten hervorgetreten ist. In *Gengismunur* hat er aus dem Textmaterial der neun Bände des offiziellen Untersuchungsberichts mit einem selbstentwickelten elektronischen Lyrikprogramm eine Art von Molekular-Gedichten generiert. Es handelt sich somit um eine Art von Dokumentarliteratur anno 2010. Das neue Medium der Gedichtmaschine (*travesty generator*) ermöglicht es ihm, die alte Idee der Zitatenkollage in spielerischer Weise umzusetzen, so dass aus dem Wust an Formulierungen des Berichts automatisch produzierte, verselbständigte Vokabeln, Textfetzen und Satzelemente entstehen, die Mikrogedichte ergeben. Dies führt beim Lesen zum Eindruck einer hochgradigen Absurdität und zur Wahrnehmung, dass man als Leser die (Entstehung der) Textur nicht mehr durchschaut – was exakt dem Mechanismus entspricht, der sich in Bezug auf eine Bewertung der völlig unübersichtlichen Spekulationen der Finanzwikinger einstellt. Einige wörtlich übersetzte »Strophen«-Beispiele aus *Gengismunur* können dies illustrieren:

> niemand hört meine
> wirtschaftliche situation
>
> niemand hört sein eigenes
> einverständnis
>
> die organisation ist aber doch recht klar[221]
>
>   ***
>
> im bild der gesetze
> in der halben hand der briefe
> in erhöhter finanzierung
> der geldinstitute
> erscheint die bank[222]
>
>   ***
>
> die besitzer dürfen alles,
> so groß
> großer besitz
> ist eine andere sache[223]

171

***

nicht filiale
nicht ziel
nicht gesellschaften
nicht handel

nein

höre direktes
mezzanine-kapitel
in schlechten

großen zügen[224]

***

ein ewiges pfand
mit aktivem partner
das seinen schuldner sieht
und stirbt[225]

Oder mit einer deutlich hörbar an Þórbergur Þórðarson erinnernden Diktion:

schwer ist der herbst
über uns formell und klar
in der mitte der heimat mit
verpfändeten pfandbriefen[226]
[...]

Vielleicht ist diese Art des spielerischen Umgangs eine mindestens vorläufig durchaus adäquate Form, mit Dichtung auf eine Krise zu reagieren, die, das hat der kurze Überblick in diesem Abschnitt gezeigt, schon Texte der unterschiedlichsten Art hervorgebracht hat.

Fictitious Island: Islands neue(ste) Literatur

Mit Jón Örn Loðmfjörðs Gedichtband *Gengismunur* ist bereits der aktuellste Stand der isländischen Gegenwartsliteratur und vor allem auch die neueste Form der Produktion und Distribution von Texten erreicht. Aufgrund der Dynamik des isländischen Kulturlebens, der Verlagerung des Geschehens in die neuen Medien und aufgrund der sprachlichen Hindernisse ist es ohne Kenntnisse des Isländischen nicht immer ganz einfach, sich rasch einen Überblick über die jeweiligen Trends und Neuerscheinungen auf dem isländischen Buchmarkt zu machen. Deshalb werden hier einige allgemeine Hinweise auf Informationskanäle gegeben.

Die wichtigste isländische Literatur- und Kulturzeitschrift, die sich mit der aktuellen Szene befasst, ist *Tímarit Máls og menningar* (gegründet 1938). In ihr finden die wesentlichen Debatten über isländische und internationale Literatur, Kunst und Kultur statt. Auch in der stärker historisch ausgerichteten Zeitschrift des Isländischen Literaturvereins (Hið íslenska bókmenntafélag), *Skírnir* – die es seit 1827 gibt, was sie zur ältesten heute noch erscheinenden Kulturzeitschrift Skandinaviens macht – werden in zwei Heften pro Jahr grundlegende kulturpolitische Essays veröffentlicht.

Die Stadtbibliothek Reykjavík (Borgarbókasafn Reykjavíkur) betreibt seit 2000, als Reykjavík eine der Kulturhauptstädte Europas war, die Literatur-Website Bókmenntavefur Borgarbókasafns (www.bokmenntir.is). Sie bringt dort regelmäßig und zeitnah Rezensionen neu erschienener Bücher und vermittelt einen guten Eindruck vom aktuellen Geschehen in der isländischen Literaturszene; eine englische Teilversion ist unter www.literature.is greifbar. In Zusammenhang mit dem Auftritt Islands als Ehrengast der Frankfurter Buchmesse 2011 wird unter www.sagenhaftes-island.is die informative Plattform »Sagenhaftes Island« betrieben, von der es auch Versionen in isländischer (Sögueyjan Ísland) und englischer (Fabulous Iceland) Sprache gibt. Hier finden sich auch Angaben über Übersetzungen. Informationen (zum Teil auch auf Englisch) über Neuerscheinungen und Autoren geben zudem die Homepages der wichtigsten belletristischen Verlage des Landes.[227]

Aus den vielen unterschiedlichen Strömungen der Gegenwartsliteratur, die sich wie erwähnt sehr rasch verändert und entwickelt, lassen sich kurz einige wenige, besonders interessante Beispiele herausgreifen, die das Spektrum zusammenfassend nochmals etwas erweitern, ohne dass jedoch ein solcher Überblick Anspruch auf Vollständigkeit erheben könnte.[228]

173

Ein bemerkenswerter Zug der aktuellen Literatur ist die Tatsache, dass sich viele Autorinnen und Autoren auf Vorläufer beziehen. Ein maßgeblicher Impulsgeber im Bereich der Lyrik ist dabei Sjón, der in seinen frühen Werken in den 1980er Jahren für eine surrealistische Erneuerung der isländischen Lyrik sorgte. Sjón, der in diesem Zusammenhang als Popkünstler und Texter für Björk bekannt wurde, hat vor allem viele jüngere Lyriker der Gruppe Nýhil geprägt. In der Prosa berufen sich einige der Talente der letzten Jahren häufig auf Gyrðir Elíassons Kurzprosa-Kunst, so zum Beispiel Magnús Sigurðsson und nicht zuletzt Guðmundur Óskarsson, der sich in seinen Mikrotexten (*örsögur*), etwa der Sammlung *Vaxandi nánd – orðhviður* (2007; etwa »Wachsende Nähe – Windstöße aus Worten«), von Gyrðir Elíasson beeinflussen lässt:

> Zeit// Ein leeres Zimmer, dennoch voller Licht. [...] Und es sind Spuren von Bildern an den Wänden, bräunliche, runde und rechteckige Spuren. [...] aber hier hat nichts lange gehangen. Die Farbe blättert an vielen Stellen ab. [...] eine Art Zeitreise, die Augen auf diesen Wänden ruhen zu lassen [...]. Das Zimmer ist keineswegs leer, hier ist eine Menge von Zeit – die Zeit von anderen.[229]

Bei vielen Autorinnen der mittleren und jüngeren Generation ist die Tradition von Svava Jakobsdóttir, auf die unten noch etwas ausführlicher eingegangen wird, sehr präsent und viele Prosaistinnen und Lyrikerinnen bekennen sich zu ihrer modernistisch-realistischen Körperliteratur. Beispielsweise gibt sich Kristín Ómarsdóttirs phantastische, sprachdynamische, von Körpern, Genussmitteln und Gerüchen dominierte Lyrik und Prosa oberflächlich zwar idyllisch – ganz ähnlich wie in Svava Jakobsdóttirs Erzählungen –, hat aber ebenso wie diese meist heimtückisch-hintergründige Wendungen. Oft sind ihre scheinbar harmlosen Texte um ein Wortspiel zentriert wie im Kurzgedicht »Herbstsuppe« (wobei in der Übersetzung das Wortspiel *haustsúpa* [Herbstsuppe] und *hauskúpa* [Totenschädel] verloren geht):

> haustsúpa
>
> regnvatn ofan í pott
> gul lauf með rauðum berjum
> laukur, hauskúpa
> soðið[230]

[herbstsuppe

regenwasser in einen topf
gelbe blätter mit roten beeren
zwiebeln, totenschädel
sieden]

Kristín Ómarsdóttir ist die isländische Meisterin der gender-gedrehten Kunst- und Literatursatire. Sie hat aber auch wichtige Liebesgedichte geschrieben, und das 1998 entstandene Gedicht »Sítrónubrjóst« aus *Lokaðu augunum og hugsaðu um mig* (»Schließ die Augen und denk an mich«) ist bereits zu einem Anthologiestück moderner erotischer Dichtung geworden.

Zitronenbrust

Im Sommer ist es am besten sich Zitronenbrust zu machen
nachmittags drinnen nahe
einem offenen Fenster.

Man schneide die Zitrone in zwei gleich große Teile
auf dem Küchentisch nehme jedoch
die eine Hälfte mit zu sich hinein
und presse ein wenig von dem Saft
auf die braune
weiche
halbschlafende
Brustwarze.

Die Tropfen die an der Brust hinunterrinnen auflecken
bevor die Lippen auf den Gipfel
geführt werden.

Erst lecken dann saugen.

Wenn der Geschmack nachlässt
den Vorgang wiederholen.[231]

In einem anderen Rezeptgedicht aus der Sammlung *Jólaljóð* (2006; »Weih-
nachtsgedichte«) verbindet sie einen reduzierten Stil mit einem scheinbar
naiven Bekenntnis zum Einfachen:

---

apfelmilch

um drei uhr nachts in die küche gehen

milch in ein glas gießen, einen roten apfel
oder einen grünen nehmen und sich an den tisch setzen

den apfel essen, die milch trinken

und der zusammenhang des daseins
nach dem die dichter suchen
ist gefunden[232]

Auch in Guðrún Eva Mínervudóttirs Erzählungen und Romanen finden
sich viele Anklänge an Körpermetamorphosen in einer alltäglichen, realistischen Umwelt, so in der Novelle *Fætur konunnar í bókabúðinni* (2001).[233]
Hier wachsen der Buchhändlerin, der als junges Mädchen fast alle Zehen
abgefroren sind, plötzlich wieder kleine Zehen nach, als sie gleichzeitig
zwei Männer kennenlernt und sich in sie verliebt. Das ist ein Motiv, das in
Svava Jakobsdóttirs parabelhaftem Roman *Leigjandinn* (1969; »Der Mieter«) in leicht anderer Form vorgeprägt ist – bei Svava Jakobsdóttir finden
sich zahlreiche Geschichten über Frauen, deren Körper sich auf eigenar-
tige Weise verändern. Guðrún Eva Mínervudóttir erfindet immer wieder
wunderbare Figuren und skurrile Geschehnisse. So gibt es im Roman
Fyrirlestur um hamingjuna (2000; »Vorlesung über das Glück«) den Jungen Haraldur, der ohne Mutter oder Vater bei einer Frau aufwächst, die
er »Großmutter« nennt (vgl. Halldór Laxness' *Brekkukotsannáll* [1957; *Das
Fischkonzert*, 1997]). In ihrer kleinen Wohnung ist die Küche das Zentrum,
und der junge, sehr am Essen interessierte Haraldur wird von ihr »Haraldur gastrósóf« genannt: »er konnte nur zugeben, dass er nicht wusste, wofür Gastrosoph stand [...] Gastrosoph ist jemand, wie du, der gutes Essen
zu schätzen weiß. So ein halber Essensspezialist.« Als Haraldur auf einer
längeren Reise durch das Land eine Topfpflanze, die er bekommen hat,
auf seinen Namen tauft, besteht die Großmutter darauf, dass die Pflanze
zur Unterscheidung wenigstens Haraldur víðförli, Harald der Weitgereiste

(in Anlehnung an einen norwegischen Mittelalterkönig) genannt wird: »Wenn die Pflanze sich eine Krankheit einfängt und stirbt, trauern alle aus Aberglaube, sagte sie, gab aber unter der einen Bedingung nach, dass der Beiname ›der Weitgereiste‹ hinzugefügt werde.«

Oddný Eir Ævarsdóttir ist für die isländische Literatur so etwas Außergewöhnliches wie eine philosophische Schriftstellerin, die auf der Grenze zwischen kulturwissenschaftlicher Theorie, Essayistik und Belletristik in fast französischer Manier urban-postmoderne Texte schreibt. In ihrem faszinierenden Roman *Heim til míns hjarta. Ilmskýrsla um árstíð á hæli* (2009; »Heim zu meinem Herzen. Duftbericht über eine Saison in der Klinik«) legt sie einen Duft-, nicht ein Bankenbericht vor. Hier geht es um eine an Burnout erkrankte Frau, aus deren Herz Essenzen für Parfüms destilliert werden sollen. Auch bei dieser jungen Autorin steht also Körperlichkeit im Vordergrund; sie konstituiert sich hier als Gedächtnistheorie des Olfaktorischen, eine Erinnerungsleistung also, die, ganz wie bei Proust, über den Geruchssinn hergestellt wird.

> Ich mag nicht, dass mein Parfum nur nach Urin riecht, sage ich und hebe hervor, [...] dass ich den Geruch von Büchern haben möchte, auch wenn das melancholisch und nostalgisch ist. Auch den Geruch von Radiergummi und vom Plastik, das man am ersten Schultag um die Schulhefte tat. Vom Bummeln auf dem Schulweg, von verbrannten Laubblättern und von Klecksfarben in der Zwischenstunde, wenn man zeichnen und seinen Proviant essen durfte.[234]

Unter den aktuellen, zur Zeit in Island geschriebenen Erzählungen gibt es auch immer wieder solche, die sich an mittelalterlichen Modellen orientieren. Dies ist beispielsweise der Fall in Bergsveinn Birgissons Zusammenbruchsgeschichte *Handbók um hugarfar kúa* von 2009, die im Untertitel als ein poetologischer Roman bezeichnet wird. Der Kollaps der Hauptfigur korrespondiert dabei mit der formalen Auflösung des Textes zum Schluss hin, wobei zentrale Ereignisse und Sprachbilder im Rückgriff auf Themen aus der altisländischen Literatur eingesetzt werden.

Abschließend kann hier die Künstlerin und Performerin Ragnhildur Jóhannsdóttir als Beispiel für eine aktuelle Strömung in der isländischen Literatur- und Kunstszene dienen. Sie verbindet nämlich in sehr schöner Weise zwei Richtungen. Zum einen praktiziert sie als Buchkünstlerin eine Art von konkreter Poesie, die mit der Materialität und Medialität des Buches als Gegenstand experimentiert; hier fallen in vielen ihrer Werke deutliche

Rückgriffe und Bezugnahmen auf die Objektkunst, wie sie in den avantgardistischen Tendenzen der 1950er und 1960er Jahre auch in Skandinavien entwickelt wurden, ins Auge. Auf der anderen Seite nutzt Ragnhildur
Jóhannsdóttir zur Verbreitung ihrer künstlerischen Objekte in ausgepräg-
tem Maß das Internet, womit sie sich bewusst auch an ein internationales Publikum wendet. In der Kombination der Weiterführung bestehender
Traditionen, der Überschreitung von Grenzen zwischen Literatur, Kunst,
Performance und der Expansion in neue Zusammenhänge und Medien außerhalb Islands ist diese Richtung der Gegenwartsliteratur repräsentativ
für eine Gruppe von jungen isländischen Kunstschaffenden, die sich – wie
ihre Altersgenossen in anderen Ländern – nicht mehr an eingebürgerte
und eingrenzende Definitionen von Kunstform, Gattung, Raum und nationaler Sprache halten. Die Möglichkeiten, mit eben diesen sprachlichen
Elementen zu spielen, werden denn auch für eine Gruppe junger alterna-
tiver Schriftstellerinnen und Schriftsteller wahrgenommen, wenn sie auf
»Sagenhaftes Island« unter der Bezeichnung *Fictitious Island* – fiktive Insel
bzw. erzählendes Island – präsentiert werden (http://fict.is/).

Fazit: Kultur des Worts

Neben formal und medial avantgardistischen Texten, wie sie eben behandelt wurden, ziehen in einer weniger experimentell ausgerichteten, offizi-
ell stärker beachteten Szene die großen Themen der isländischen Literatur
nach wie vor die Hauptaufmerksamkeit auf sich. So wurde, nachdem 2009
mit Guðmundur Óskarssons Roman *Bankster* eine Bestandsaufnahme des
Bankencrashs prämiert worden war, das 2010 erschienene Werk *Blóðhófnir*
(»Bluthuf«) von Gerður Kristný mit dem seit 1989 jährlich von Félag íslenskra bókaútgefenda (Verein der isländischen Buchherausgeber) verteilten
Isländischen Literaturpreis ausgezeichnet. Bei *Blóðhófnir* handelt es sich
bezeichnenderweise um eine Gedichtsammlung, die einen Stoff aus der
Liederedda in neuer Form aufgreift.

Blóðhófnir reiht sich in eine in der neueren isländischen Literatur ge-
wichtige Traditionslinie ein, wie sie vor allem Svava Jakobsdóttirs großer
Roman *Gunnlaðar saga* (1987; Die Geschichte von Gunnlöd«) etablierte
und die mit ihm verbunden wird.[235] In dieser vielschichtigen Erzählung
lässt Svava Jakobsdóttir eine heutige junge Isländerin namens Dís eine Art
Zeitreise zurück in eine untergegangene, matriarchale Kultur tun, wo sie

Ragnhildur Jóhannsdóttir (geb. 1977), Skulpturgedicht aus dem Bildgedichtband
SemSé, 2010

schließlich eins wird mit der dort und damals lebenden jungen Gunnlöð. Der Roman nimmt insofern eine raffinierte Umdeutung der altnordischen Zentralmythe von der Herkunft der Dichtung vor, als er – mit gewissen Stützen in religionsgeschichtlichen Quellen und mittelalterlicher Literatur – die Figur der Gunnlöð, der Riesentochter, die den Dichtermet für ihren Vater Suttungr bewacht, so wie dies die Edda des Snorri Sturluson aus dem 13. Jahrhundert erzählt, umschreibt in eine Tempelpriesterin, die die Macht über den teuren Met hat, den sie dem neuen Herrscher Óðinn jedoch freiwillig reicht, um mit ihm anschließend die Heilige Hochzeit, die Verbindung von weiblicher Erde/Land und männlichem Regent zu vollziehen. *Gunnlaðar saga,* als ein Text, der zahlreiche inhaltliche und formale Merkmale des magisch-realistischen Erzählens der 1980er Jahre aufgreift, ist somit ein Roman, der ein eminent frauenhistorisches Anliegen in Form von Zivilisationskritik – die Entlarvung der Geschichte des Patriarchats als destruktiv (u. a. mit der Atomkraftkatastrophe von Tschernobyl illustriert) – mit den Mitteln des Sozialmodernismus, vor allem auch einer ausgeklügelt metafiktiven, intertextuellen Erzählweise vorbringt, wiederum ein zeittypisches Phänomen der sich anbahnenden Postmoderne in Island. – Der Mythos vom Dichtermet, *Gunnlaðar saga,* dessen Autorin und feministische Lektüren werden übrigens in Andri Snær Magnasons 1996 erschienener Kurzerzählung *Gras* (»Gras«) in ironischer Weise auf- und angegriffen.[236]

Gerður Kristnýs langes Gedicht *Blóðhofnir* nun nimmt ebenfalls eine eddische Frauenfigur zum Ausgangspunkt. Hier ist es das Götterlied

Skírnismál (»Das Lied von Skirnir«), in dem der Fruchtbarkeitsgott Freyr seine Augen auf die schöne Riesentochter Gerðr wirft und seinen Diener Skírnir als Brautwerber schickt, der die unwillige Frau mit Androhung von Gewalt und Verwünschungen zwingt, der verhassten Verbindung zuzustimmen. Diese wird von der religionshistorischen Forschung häufig ebenfalls als eine Heilige Hochzeit interpretiert, von Gerður Kristný jedoch in eine große Brautraub- und Vergewaltigungsmetapher umgeschrieben, die zudem Parallelen zur isländischen Gegenwart nahelegt. In einer dem Erzählverfahren von *Gunnlaðar saga* ganz vergleichbaren Weise stellt *Blóðhofnir* die junge Frau als Ich-Erzählerin in den Mittelpunkt. In assoziativen, verknappten Szenen, die durchaus eine gewisse Ähnlichkeit mit dem Eddalied haben, erzählt die junge Riesentochter ihr unglückliches, von Männergewalt überschattetes Leben fern ihrer Heimat bei dem Gott – eine Gewalt, die physisch und psychisch wirkt:

Ég safnaði
mér saman

Rétti af brúnir
raðaði tönnum
reyrði inn lifur
og lungu

hnoðaði hjartað
í gang

[Ich sammelte
mich zusammen

Richtete die Brauen
reihte die Zähne
band Leber
und Lunge ein

knetete das Herz
in Gang]

Solche Schilderungen der dem weiblichen Körper zugefügten Gewalt haben einerseits Entsprechungen in den frühesten Mythen der skandinavischen Literatur, in denen aus dem zerstückelten Urriesen Ymir Erde und

Himmel geschaffen werden; sie knüpfen andererseits auch an eine modernistische Körperliteratur an, die in Island von Svava Jakobsdóttirs Texten in den 1960er Jahren ausgeht und in deren Tradition sich Gerður Kristný nicht zufällig wie kaum eine andere jüngere isländische Gegenwartsautorin einschreibt. Vor allem in ihren bei aller Drastik und Krassheit immer sehr witzigen, da unterkühlt gehaltenen Beschreibungen aufgeschnittener und fragmentierter Körper von Frauen und Kindern, etwa in den Kurzgeschichten *Úlfasaga* (»Wolfsgeschichte«) oder *Saumasystur* (»Nähschwestern«), ist das Modell präsent, das Svava Jakobsdóttir in Erzählungen wie der absurden *Saga handa börnum* (»Geschichte für Kinder«) geprägt hatte.[237]

Auch wenn inzwischen andere Kunstarten und Medien wie die Musik (Björk, Sigurrós u.v.a.) oder die Bildende Kunst (beispielsweise der zum Teil aus Island stammende, international arbeitende Künstler Olafur Eliasson) im Bewusstsein jüngerer, international und damit weniger auf eine Nationalsprache ausgerichteter Generationen und Gruppen der traditionellen Literatur den Rang ablaufen – solche andauernden Rückwendungen auf ältere Literatur und deren kreative Weiterschreibung in Texten, die ohne Bedenken zu den besten der zur Zeit in Island verfassten Bücher zu zählen sind, scheinen die eingangs aufgestellte Beobachtung zu bestätigen: Ein wesentlicher Teil auch der ganz aktuellen isländischen Literatur lebt weiterhin vom intertextuellen Bezug auf die und vom weiterführend-innovativen bzw. ironisch-distanzierenden Spiel mit der mittelalterlichen Tradition.

Texte wie *Blóðhófnir* von Gerður Kristný, *Gunnlaðar saga* von Svava Jakobsdóttir, *Gras* von Andri Snær Magnason, die – darin nicht unähnlich Þórbergur Þórðarson – an die eddische Tradition anknüpfen, Bergsveinn Birgissons von der alten Skaldendichtung bestimmte Sprachbilder (*Handbók um hugarfar kúa*), aber auch *Höfundur Íslands* von Hallgrímur Helgason, ein Roman, der Werk, Figur und Wirkung des »Autors Islands« zum Thema einer grandiosen Studie in Intertextualität macht, oder historisch-dokumentarische Romane von der Art von Sjóns *Rökkurbýsnir* oder Þórarinn Eldjárns *Kyrr kjör* und *Brotahöfuð* sind lesbar und wirkungsvoll nur, wenn sie in einer literarisch bewussten Kultur entstehen, in der ältere wie klassisch-moderne Linien der literarischen Tradition als bekannt vorausgesetzt und als feste Bezugsgrößen abgerufen werden können – in einem kulturellen Umfeld also, das man nach wie vor als eine durch die Faszination des Worts geprägte Kultur bezeichnen könnte.

Anmerkungen

1   Þórbergur Þórðarson, *Edda Þórbergs Þórðarsonar* (1941), 1975, S. 9: »Koll-leki Snorri færði í letur kennslubók handa skáldum órum. Á bók þeirri reit hann sögur af goðum, tröllum, álfum, dvergum, mönnum og atburðum til þess að festa skáldunum í minni uppruna og eðli kenninga og annarra orða, þeirra er þá tíðkuðust í rímuðu máli. Bók þessa kallaði hann Eddu.« Zitate aus dieser Ausgabe von 1975. Die Übersetzungen stammen hier und im Folgenden, wo nicht anders vermerkt, vom Verf.

2   Þórbergur Þórðarson, *Edda Þórbergs Þórðarsonar*, 1975, S. 14: »Á morðdag Snorra Sturlusonar, 22. September 1941.«

3   Þórbergur Þórðarson, *Edda Þórbergs Þórðarsonar*, 1975, S. 9: »Bók sú, er hér liggur í handriti á Silvermill Superfine blokkpappír liðugum sjö öldum síðar, er einnig kennslubók, ritin handa skáldum órum. Hún rekur þó ekki sagnir til huldra vætta, er af urðu kenningar eður önnur skáldleg heiti, heldur til atburða í sálarlífi, umhverfi og aldarhætti höfundar, er af runnu ljóð og kviðlingar. Hún kennir skáldum órum, að sérhvert ljóð er aðeins stuttur þáttur í langri keðju atburða og verður aldrei skilið til hlítar nema frásagnir af atburðunum fylgi ljóðinu á bók. Fyrir því hef ég kallað bók þessa Eddu. Í Sæmundar-Eddu eru og sagðar sögur til skýringar og fyllingar kvæða.«

4   Sigurður Nordal, Samhengið í íslenzkum bókmenntum, in: *Íslenzk lestrarbók 1400–1900*, 1924; erneut in: Sigurður Nordal, *Ritverk. Samhengi og samtíð*, I, 1996, S. 13–38. Zitate aus dieser Ausgabe von 1996.

5   Sigurður Nordal, Samhengið í íslenzkum bókmenntum, 1996, S. 15: »Engin germönsk þjóð, og reyndar engin þjóð í Norðurálfu, á bókmenntir frá miðöldum, er að frumleik og snilldarbrag komist í jafnkvisti við bókmenntir Íslendinga frá fimm fyrstu öldunum, eftir að land byggðist.«

6   Sigurður Nordal, Samhengið í íslenzkum bókmenntum, 1996, S. 38: »Menning framtíðar vorrar verður að rísa á traustum grundvelli fortíðar. Draumar vorir mega verða að því skapi djarfari sem minnið er trúrra og margspakara.«

7   Sigurður Nordal, Samhengið í íslenzkum bókmenntum, 1996, S. 32f.: »eining íslenzkra bókmennta«; »En ekki er minna um það vert, að öll þjóðin skuli eiga eitt mál og einar bókmenntir, svo að alþýðan talar jafnvel málið auðugast og hreinast, hefur jafnan lagt drjúgan skerf til bókmenntanna og les og metur allt, sem bezt er og djarfast á tunguna ritað. Ef kraftar þessarar litlu þjóðar hefði verið dreifðir, var öll menning vor í veði. Alþýðumenning sú, sem hér hefur skapazt á síðari öldum og að mestu leyti er bókmenning, er þjóðarsómi Íslendinga.«

8   Sigurður Nordal, Samhengið í íslenzkum bókmenntum, 1996, S. 34: »Samhengið í máli og menntum Íslendinga er engin tilviljun. [...] Það væri engin fjarstæða að kalla Íslendinga mestu bókmenntaþjóð heimsins, – ekki í þeim skilningi, að þeir hafa skapað mest af fullkomnum verkum, þótt þeir

183

hafi komizt furðu langt í því efni, – heldur af því að engin þjóð önnur hefir að tiltölu gefið bókmenntum svo mikið af kröftum sínum, svo mikið af ást sinni og alúð, engin þjóð leitað þar svo almennt fróunar og sótt þangað þrek.«

9   Sigurður Nordal, Samhengið í íslenzkum bókmenntum, 1996, S. 35: »elzta lifandi menntamál álfunnar«.

10   Sigurður Nordal, Samhengið í íslenzkum bókmenntum, 1996, S. 37: »sérstakt gildi íslenzkrar tungu í samanburði við önnur nútíðarmál er mjög í því fólgið, að hún hefur ekki breytzt meira en hún hefur gjört í 1000 ár. [...] Þá er það ekki lítils virði, að tungan er svo gagnsæ, að hún en skóli í hugsun fyrir þjóðina.«

11   Einen zusammenfassenden Überblick über die Handschriftenaffäre gibt Sigrún Davíðsdóttir, *Håndskriftsagens Saga – i politisk belysning*, 1999.

12   Isländische Originaltitel: Viktor Arnar Ingólfsson, *Flateyjargáta*, 2002; Arnaldur Indriðason, *Konungsbók*, 2006; Bragi Ólafsson, *Handritið að kvikmynd Arnar Featherby og Jóns Magnússonar um uppnámið á veitingahúsinu eftir Jenný Alexson*, 2010.

13   Genau dies unternimmt Sigurður Gylfi Magnússon in einer neuen, aufschlussreichen Publikation mit dem Titel *Wasteland with Words. A Social History of Iceland*, 2010.

14   Gerhard Neumann, Sigrid Weigel (Hg.), *Lesbarkeit der Kultur. Literaturwissenschaften zwischen Kulturtechnik und Ethnographie*, 2000.

15   Poul Vad, *Nord for Vatnajøkel*, 1994, S. 39: »en tekst, hvis virkelighed bestod af ord«. *Islandreise. Auf den Spuren einer Saga*, 1998, S. 38: »ei[n] Tex[t] [...], dessen Wirklichkeit aus Worten bestand«.

16   Nach wie vor eine der besten landeskundlichen Darstellungen Islands auf Deutsch ist Werner Schutzbachs Klassiker *Island – Feuerinsel am Polarkreis* (1. Aufl. 1967, 2. Aufl. 1976, 3. Aufl. 1985). Der Autor, ein herausragender Islandkenner, legt das Gewicht auf »geographische und geologische Gesichtspunkte« (1985, S. 5), bietet jedoch auch eine ausgezeichnete Einführung in die isländische Geschichte. Während vieler Jahre gab die Central Bank of Iceland ein sehr informatives Handbuch heraus, das über alle Aspekte der isländischen Gesellschaft informierte; letztmals erschien es 1996 unter dem Titel *Iceland, the Republic*. Die zur Zeit maßgebliche, wissenschaftlich zuverlässige Gesamtdarstellung der isländischen Geschichte ist *Saga Íslands. Samin að tilhlutan Þjóðhátíðarnefndar 1974*. Ritstj. Sigurður Líndal o.fl., von der bisher (1974–2008) neun Bände erschienen sind, welche die Zeit bis 1874 abdecken.

17   Die neue permanente Landnahme-Ausstellung »Reykjavík 871 +-2« geht ebenfalls von einem Datum »um 870« aus (vgl. www.reykjavik871.is). Vier aktuelle Diskussionsbeiträge stammen von Páll Theodórsson, Upphaf landnáms á Íslandi 670 AD. Var Ari fróði sannfróður?, in: *Skírnir* 183 (2009), S. 261–280; ders., Hvað hét fyrsti landnámsmaðurinn?, in: *Skírnir* 184 (2010), S. 511–521; Þorsteinn Vilhjálmsson, Hvenær varð landnám

manna á Íslandi?, in: *Skírnir* 184 (2010), S. 5–22; Gunnar Karlsson, Upphaf mannaferða á Íslandi, in: *Skírnir* 185 (2011), S. 5–32.

18 Diese Angaben stammen aus *Hagtíðindi/Statistical Series* 2010:2, 16.3.2010, von Hagstofa Íslands.

19 Aus der großen Zahl sprachwissenschaftlicher Publikationen zum Isländischen seien hier nur einige lesenswerte und weiterführende Überblickswerke in deutscher bzw. englischer Sprache genannt: Kurt Braunmüller, *Die skandinavischen Sprachen im Überblick*, ³2007; Stefán Karlsson, *The Icelandic Language*. Transl. by Rory McTurk, 2004; Oskar Bandle, *Die Gliederung des Nordgermanischen*, 1973; Oskar Bandle u. a. (ed.), *The Nordic Languages*, 1–2, 2002–05; Bruno-Kress-Vorlesungen, Ernst Moritz Arndt Universität Greifswald, u. a.: Baldur Jónsson, *Sprachpolitik auf Island*, 1999; Magnús Pétursson, *Isländische Phonetik*, 2000; Veturliði Óskarsson, *Niederdeutsche Lehnwörter im Isländischen*, 2002; Edmund Gussmann, *Icelandic and Universal Phonology*, 2006; Haraldur Bernharðsson, *Old Icelandic and Modern Icelandic: The Morphological Continuity*, 2007. Ebenfalls immer noch sehr lesbare Darstellungen der isländischen Sprache und ihrer Geschichte sind Halldór Hermannsson: *Modern Icelandic*, 1919, Repr. 1966, und Magnús Pétursson: *Isländisch. Eine Übersicht über die moderne isländische Sprache mit einem kurzen Abriß der Geschichte und Literatur Islands*, 1978. Einen knappen Überblick gibt die Broschüre *Isländisch – zugleich alt und neu*, 2001, des Isländischen Kultusministeriums. Die ausführlichste und zuverlässigste deutschsprachige Grammatik der isländischen Sprache ist Bruno Kress, *Isländische Grammatik*, 1982. Einführungen in die altisländische Sprache geben Robert Nedoma, *Kleine Grammatik des Altisländischen*, ²2006, und Astrid van Nahl, *Einführung in das Altisländische*, 2003.

20 Braunmüller, *Die skandinavischen Sprachen*, S. 248.

21 Ich danke Halldór Guðmundsson für den Hinweis auf die Herkunft des Globus. – Für Buch und Regie des schwedischen Stücks zeichnete Hans Alfredson; es ist nicht identisch mit der von Sveinn Einarsson und Þorsteinn Gunnarsson besorgten isländischen Dramatisierung von *Atómstöðin* (Uraufführung 1972). Vgl. Gunnel Bergström, Dråpligt men splittrat, in: *entré. Teatertidskrift* 14 (1987), Nr. 2, S. 26–27.

22 Allerdings hatte auch Halldór Laxness immer wieder nationalistische Schübe; ein sprechendes Beispiel dafür ist sein berühmter Aufsatz über Jónas Hallgrímsson, in dem er eine furiose nationalromantische Rhetorik entwickelt: Halldór Laxness, Um Jónas Hallgrímsson, in: *Alþýðubókin,* 1929.

23 Zitiert nach Klaus von See, Ultima Thule, in: Karin Hoff u. a. (Hg.), *Poetik und Gedächtnis. Festschrift für Heiko Uecker zum 65. Geburtstag*, 2004; Neudruck in Klaus von See, *Ideologie und Philologie. Aufsätze zur Kultur- und Wissenschaftsgeschichte*, 2006. Von See weist überzeugend den mythenhaften Charakter dieses imaginären Ortes Thule nach. In der neuesten einschlägigen Publikation von A. Kleineberg u. a., *Germania und die Insel Thule, Die Entschlüsselung von Ptolemaios' »Atlas der Oikumene«* wird aufgrund einer

geographischen Annäherung an Pytheas Thule mit einer westnorwegischen Insel identifiziert.

24 Jakob Benediktsson (Hg.), *Íslendingabók. Landnámabók*, 1, 1968, S. 31: »Í aldarfarsbók þeiri, er Beda prestr heilagr gerði, er getit eylands þess, er Thile heitir ok á bókum er sagt, at liggi sex dœgra sigling í norðr frá Bretlandi; þar sagði hann eigi koma dag á vetr ok eigi nótt á sumar, þá er dagr er sem lengstr. Til þess ætla vitrir menn þat haft, at Ísland sé Thile kallat, at þat er víða á landinu, er sól skínn um nætr, þá er dagr er sem lengstr, en þat er víða um daga, er sól sér eigi, þá er nótt er sem lengst.«

25 Zur Ebstorfer Weltkarte vgl. die großartige, umfassend kommentierte Neuausgabe von Hartmut Kugler (Hg.), *Die Ebstorfer Weltkarte*, 1f., 2007. Das altnordische Material ist vor allem von Rudolf Simek in verschiedenen Beiträgen aufgearbeitet worden, z. B. *Altnordische Kosmographie. Studien und Quellen zu Weltbild und Weltbeschreibung in Norwegen und Island vom 12. bis zum 14. Jahrhundert*, 1990; Elusive Elysia, or Which Way to Glæsisvellir?, in: R. Simek u. a. (Hg.), *Sagnaskemmtun. Studies in Honour of Hermann Pálsson*, 1986, S. 247–275.
Aus der überbordenden Literatur zur Geschichte der skandinavischen Kartographie in der Neuzeit sollen hier nur einige der wichtigsten Werke angeführt werden: Fridtjof Nansen, *Nord i tåkeheimen. Utforskningen av jordens nordlige strøk i tidlige tider*, 1911 (dt. *Nebelheim. Entdeckung und Erforschung der nördlichen Länder und Meere*, 1f., 1911); Halldór Hermannsson, *Two Cartographers. Gudbrandur Thorláksson and Thórdur Thorláksson*, 1926; Haraldur Sigurðsson, *Kortasaga Íslands*, 1f., 1971–78; *Island und das nördliche Eismeer. Land- und Seekarten seit 1493*, 1980; Oswald Dreyer-Eimbcke, *Island, Grönland und das nördliche Eismeer im Bild der Kartographie seit dem 10. Jahrhundert*, 1987; Össur Skarphéðinsson, »Magisters Þórðar landkort«. Af landafræði og vísindastörfum Þórðar Þorlákssonar biskups í Skálholti, in: Jón Pálsson (Hg.), *Frumkvöðull vísinda og mennta. Þórður Þorláksson biskup í Skálholti*, 1998, S. 95–116.
Kirsten A. Seaver hat eine hervorragende Arbeit über die sogenannte Vínland-Karte geschrieben: *Maps, Myths, and Men. The Story of the Vínland Map*, 2004. Zur wechselvollen Geschichte der atlantischen Inseln siehe u. a. Oswald Dreyer-Eimbcke, Mythische und imaginäre Inseln des Atlantiks im Kartenbild, in: Frank Norbert Nagel (Hg.), *Der nordatlantische Raum. Festschrift für Gerhard Oberbeck*, 1990, S. 651–681; Donald S. Johnson, *Phantom Islands of the Atlantic*, 1994 (dt. *Fata Morgana der Meere. Die verschwundenen Inseln des Atlantiks*, 1999); Judyth A. McLeod, *The Atlas of Legendary Islands*, 2009.

26 Vgl. dazu Elena Balzamo, Reinhard Kaiser (Hg.), Olaus Magnus, *Die Wunder des Nordens*, 2006.

27 Dasselbe Phänomen einer Darstellung von Thule und Island als zwei separaten Inseln auf derselben Karte zeigt etwa auch die Englische Weltkarte (sogenannte Cottoniana).

28 Vgl. Winfried Nöth, Die Karte und ihre Territorien in der Geschichte der Kartographie, in: Jürg Glauser, Christian Kiening (Hg.), *Text – Bild – Karte. Kartographien der Vormoderne*, 2007, S. 39–68, hier S. 44.

29 Zitiert nach Simek, *Altnordische Kosmographie*, 1990, S. 589.

30 Zitiert nach Simek, *Altnordische Kosmographie*, 1990, S. 507.

31 Dazu Sverrir Jakobsson, *Við og veröldin. Heimsmynd Íslendinga 1100–1400*, 2005. Vgl. zum Thema Begegnung mit dem Fremden auch die sehr aufschlussreiche Tübinger Dissertation von Hendrik Lambertus, *Von monströsen Helden und heldenhaften Monstern. Zur Darstellung und Funktion des Fremden in den originalen Riddarasögur*, 2011.

32 Eine Anthologie von ausländischen Berichten über Island mit diesem Titel hat Sigurður Grímsson 1946 herausgegeben: *Glöggt er gests augað. Úrval ferðasagna um Ísland*.

33 Jacob Grimm, *Italienische und scandinavische Eindrücke*, 1844; die Stelle ist zitiert nach Julia Zernack, Altertum und Mittelalter bei Andreas Heusler, in: Jürg Glauser, J. Zernack (Hg.), *Germanentum im* Fin de siècle. *Wissenschaftsgeschichtliche Studien zum Werk Andreas Heuslers*, 2005, S. 123.

34 Vgl. die Neuausgabe: Gabriele Habinger (Hg.), Ida Pfeiffer, *Nordlandfahrt. Eine Reise nach Skandinavien und Island im Jahre 1845*, 1991, Zitat S. 118; siehe auch Annegret Heitmann: An der Oberfläche des Vulkans. Ida Pfeiffers Islandreise im Jahre 1845, in: Thomas Seiler (Hg.): *Herzort Island. Aufsätze zur isländischen Literatur- und Kulturgeschichte. Zum 65. Geburtstag von Gert Kreutzer*, 2005.

35 Maurers Reiseschilderung liegt bisher erst in einer isländischen Übersetzung von Baldur Hafstað vor: *Íslandsferð 1858*, 1998.

36 Zu Heuslers Island-Reisen vgl. Arthúr B. Bollason, Heusler in Island, in: Glauser, Zernack (Hg.), *Germanentum im* Fin de siècle, 2005.

37 Neuausgabe 2006, hg. und mit einem Nachwort von Marion Malinowski.

38 Obwohl sich das Werk von Jón Sveinsson für Untersuchungen aus ganz unterschiedlichen literaturwissenschaftlichen Perspektiven (Kinder- und Jugendliteratur, Translationsstudien, Postkolonialismus u.v.m.) anbieten würde, gibt es bisher keine umfangreichere Untersuchung zum bemerkenswerten Phänomen »Nonni«; vgl. allerdings die Aufsätze von Gert Kreutzer, »Nonni und die isländische Literatur«, »Nonni als Lehrer und Missionar in Dänemark«, in: *Island. Zeitschrift der Deutsch-Isländischen Gesellschaft* 1 (1995), Heft 1, S. 5–21, S. 23–29.

39 Ellen Peters hat mich auf diesen Autor aufmerksam gemacht, wofür ich ihr bestens danke.

40 W.H. Auden, Louis MacNeice, *Letters from Iceland*, 1937; das Zitat von Auden stammt aus dem »Foreword« zur zweiten Ausgabe, 1967, S. 8.

41 Poul Vad, *Islandreise*, 1998, S. 36f.; *Nord for Vatnajøkel*, 1994, S. 37f.: »Så mens skriverne spillede eftertiden et puds med deres anonymitet, gjorde de landet en uvurderlig tjeneste ved at give geografien en imaginær dimension.

[...] hvis det ikke havde været for historien om Gretter den Stærke ville jeg sandsynligvis havde glemt Drangey, for Island vrimler i den grad med storslåede naturscenerier at det ene så at sige kvæler det andet.«

42 Vgl. Emily Lethbridge, *The Saga-Steads of Iceland: A 21st-Century Pilgrimage*, http://sagasteads.blogspot.com/ (11.7.2011).

43 Die dänische Ethnologin Kirsten Hastrup hat das Raum- und das Zeitdenken in der Geschichte der isländischen Kultur in mehreren Arbeiten aus den 1980er und 90er Jahren untersucht, vgl. z. B. Kirsten Hastrup, *Island of Anthropology. Studies in past and present Iceland*, 1990; *A Place Apart. An anthropological study of the Icelandic world*, 1998.

44 Aus der inzwischen fast unüberschaubar gewordenen Fülle an Sekundärliteratur zum Thema »Topographie und Literatur« sei hier nur auf die ausgezeichnete Publikation von Wolfgang Hallet und Birgit Neumann (Hg.), *Raum und Bewegung in der Literatur. Die Literaturwissenschaften und der Spatial Turn*, 2009, hingewiesen.

45 Anthony Faulkes (Hg.), Snorri Sturluson, *Edda. Prologue and Gylfaginning*, 1988, S. 9: »Hvat var upphaf? Eða hversu hófsk? Eða hvat var áðr?«

46 Einar Ól. Sveinsson, Matthías Þórðarson (Hg.), *Eyrbyggja saga [...]*, 1935, S. 8: »Eptir þat kǫnnuðu þeir landit ok fundu á nesi framanverðu, er var fyrir norðan váginn, at Þórr var á land kominn með súlurnar; þat var síðan kallat Þórnes. Eptir þat fór Þórólfr eldi um landnám sitt, útan frá Stafá ok inn til þeirar ár, er hann kallaði Þórsá, ok byggði þar skipverjum sínum.«; vgl. auch die Übersetzung der Eyrbyggja saga von Klaus Böldl, *Die Saga von den Leuten auf Eyr*, 1999.

47 Vgl. z. B. Helga Kress, *Máttugar meyjar*, 1993; *Fyrir dyrum fóstru. Konur og kynferði í íslenskum fornbókmenntum*, 1996.

48 S. 101–102: »Þorgerðr brák hét ambátt Skalla-Gríms; hon hafði fóstrat Egil í barnœsku; hon var mikil fyrir sér, sterk sem karlar ok fjǫlkunnig mjǫk. Brák mælti: ›Hamask þú nú, Skalla-Grímr, at syni þínum.‹ Skalla-Grímr lét þá lausan Egil, en þreif til hennar. Hon brásk við ok rann undan, en Skalla-Grímr eptir; fóru þau svá í útanvert Digranes; þá hljóp hon út af bjarginu á sund. Skalla-Grímr kastaði eptir henni steini miklum ok setti milli herða henni, ok kom hvártki upp síðan; þar er nú kallat Brákarsund.« Vgl. auch die deutsche Übersetzung von Kurt Schier, *Egils Saga. Die Saga von Egil Skalla-Grimsson*, 1996. Zu dieser Stelle in Kapitel 40 der Egils saga vgl. auch Jürg Glauser, Sagas of Icelanders (*Íslendingasögur*) and *þættir* as the literary representations of a new social space, in: Margaret Clunies Ross (Hg.), *Old Icelandic Literature and Society*, 2000, S. 203–220.

49 Vgl. hier nochmals die Arbeiten von Kirsten Hastrup, *Island of Anthropology. Studies in past and present Iceland*, 1990; *A Place Apart. An anthropological study of the Icelandic world*, 1998.

50 Þórarinn Eldjárn, *Skuggabox*, 1988, S. 5: »Þarna í Hlíð hafði Ættin búið frá landnámsöld.«

51 Árni Böðvarsson, Bjarni Vilhjálmsson (Hg.), Jón Árnason, *Íslenzkar þjóðsögur og ævintýri*, 1, 1954, S. 140: »Í því heyrir biskup rödd úr berginu segja: ›Vígðu nú ekki meira Gvendur biskup; einhverstaðar verða vondir að vera.‹ [...] heitir hann síðan Heiðnaberg.«

52 Vgl. dazu Ólafur Halldórsson, *Helgafellsbækur fornar*, 1966.

53 Vgl. Finnur Sigmundsson (Hg.), *Skrifarinn á Stapa*, 1957.

54 Vgl. Ástráður Eysteinsson, Landnám Árna Þórarinssonar á Snæfellsnesi, in: Bergljót Kristjánsdóttir, Hjalti Snær Ægisson (Hg.), *Að finna undraljós*, 2011, S. 189–207.

55 Steinunn Sigurðardóttir, *Hanami,* 1997, S. 19: »Allur jökullinn blasti við út um stofugluggann þegar skyggni var gott. Hálfdani þótti það góð byrjun á degi þegar sá gamli sást, þó ekki væri nema bláræturnar, eða gígurinn. Skammdegið var erfitt að þessu leyti, því þá var liðið svo langt á dag áður en það fór að glitta í jökul.«

56 *Edda Þórbergs Þórðarsonar*, 1975 [1941], S. 162: »Þetta kvæði er fellt í rím sumarið 1922 í húsi Vilmundar Jónssonar læknis, Silfurgötu 7, á Ísafirði, í gestaherberginu í vesturenda hússins norðanmegin uppá lofti.«

57 Kristján Jónsson, Dettifoss, in: *Íslendingur* 2 (1861). Das schmale Werk des frühverstorbenen Kristján Jónsson ist bisher noch nicht zum Gegenstand einer umfangreichen Analyse gemacht worden. Eine populäre Auswahl seiner Gedichte gab Karl Ísfeld heraus: Kristján Jónsson, *Ljóðmæli*, 1949; vgl. auch Kristján Jónsson, *Ljóðmæli*, 1989. Páll Valsson gibt Hinweise auf die Lyrik des »Dichters der Berge« und auf die Forschungsliteratur in Halldór Guðmundsson (Hg.), *Íslensk bókmenntasaga*, 3, S. 389–392, S. 946–947.

58 Diese deutsche Übersetzung stammt von R. Kinsky und erschien in *Mitteilungen der Islandfreunde* 1922–23, Heft 3, S. 36.

59 Matthías Jochumssons »Dettifoss« wird erstmals in *Lýður* 1 (1888), S. 10, veröffentlicht. Vgl. auch den Nachruf von Sigurður Nordal, Matthías við Dettifoss, in: Johannes Nordal (Hg.), *Mannlýsingar*, II, 1986, S. 105–114 (ursprünglich 1921). Þórunn Erlu Valdimarsdóttir hat 2006 eine umfangreiche Biographie über Matthías Jochumsson geschrieben: *Upp á sigurhæðir. Saga Matthíasar Jochumssonar.*

60 Matthías Jochumsson, Dettifoss, in: Ólafur Briem (Hg.), *Ljóð. Úrval*, 1980, S. 121f.: »Beint af hengilbergi/ byltast geysiföll,/ flyksufax með ergi/ fossahristir –tröll«; »trölIið, trúi' eg, grætur,/ tárin falla þykkt!«; »Undrast þig minn andi,/ almættisins teikn!«; »Lýstu, sólarlogi,/ lyftu minni sál!«; »Þó af þínum skalla/ þessi dynji sjár,/ finnst mér meir, ef falla/ fáein ungbarns tár.«

61 Matthías Jochumsson, *Lýður*, 1 (1888), S. 10: »Stóðum við þar um stund í þéttri rigningu (úr fossinum) og horfðum ýmist framan á fossinn eða niður í hinn sjóðandi-kalda heljar-hver undir fótum okkar.« Zitiert nach Sveinbjörn Sigurjónsson, *Skýringar við Íslenzka lestrarbók 1750–1930*, 1977, S. 56.

62 Vgl. dazu Guðjón Friðrikssons dreibändige Biographie *Einar Benediktsson. Ævisaga,* 1–3, 1997–2000; hier Band 2, 1999, S. 11–69. 803–907. Siehe auch

Silja Aðalsteinsdóttir in *Íslensk bókmenntasaga*, 3, 1996, S. 893–907, S. 969–970; Zitat (»Grossistendichter«) S. 904. Die hier verwendete Ausgabe ist die Jubiläumsausgabe von Pétur Sigurðsson, Einar Benediktsson, *Kvæðasafn*, 1964; die Zitate befinden sich S. 124–126.

63 Auch zu Þorsteinn Erlingsson gibt es keine monographische Darstellung, die modernen Ansprüchen genügen würde. Die Publikation von Bjarni Benediktsson, *Þorsteinn Erlingsson*, 1958, S. 5, ist nach eigener Aussage des Autors lediglich eine Art Vorarbeit. Vgl. den Beitrag von Silja Aðalsteinsdóttir in Halldór Guðmundsson, *Íslensk bókmenntasaga*, 3, 1996, S. 674–688, S. 961. »Við fossinn« wurde Ende 1906 geschrieben und in *Sumargjöf* 3 (1907), Heft 1, S. 69–73, herausgegeben. 1958 edierte Tómas Guðmundsson Þorsteinn Erlingssons Schriften in der dreibändigen Sammlung *Rit*, 1–3.

64 Þorsteinn Erlingsson, Við fossinn, in: *Rit*, 2, 1958, S. 43–47; diese Ausgabe enthält die letzten vier Zeilen des Gedichts in der Originalfassung von 1907, in denen eine direkte Anspielung auf das Althing gemacht wird, nicht. »fyrst enn er ei streingur þinn skorinn,/ nje okið þitt telgt eða talið þitt verð/ og tjaran í kollinn þinn borinn«; »og gott var á saunginn að hlýða,/ því móðurrödd varð hann [...] Úr fósturlands barmi þú fluttir þann óð,/ sem fann hjá oss næmasta grunninn«; »Og hjer var sá auður, sem óstjórnarskrám/ og einokun tókst ekki' að ræna«; »En fái þeir selt þig og sett þig við kvörn,/ þá sjest, hverju' er búið að týna,/ og hvar okkar misþyrmd og máttvana börn/ fá malað í hlekkina sína.« »Og föðurlandsást þeirra fyrst um það spyr,/ hve fjemikill gripur hún yrði,/ því nú selst á þúsundir þetta, sem fyrr/ var þrjátíu peninga virði«.

65 Stephan G. Stephansson schrieb das Gedicht »Fossa-föll« am 5.1.1910; es erschien erstmals in der isländischen Zeitschrift *Eimreiðin* 17 (1911), Nr. 2, S. 102–104, und später u. a. in *Andvökur* (»Nachtwachen«), der sechsbändigen Sammlung des Autors, die von 1909–38 herauskam. Vgl. die Beiträge von Silja Aðalsteinsdóttir und Viðar Hreinsson in *Íslensk bókmenntasaga*, 3, 1996, S. 701–726, S. 962–964.

66 Stephan G. Stephansson, Fossa-föll, in: *Eimreiðin* 17 (1911), Nr. 2, S. 102–104: »Úr öllum þínum söng er glötuð sálin,/ ef segi' eg, foss minn, kvæðið eftir þig –/ já, þó að inn að hjarta huliðsmálin/ í hljómum þínum titri gegnum mig.«; »Ég kann að smíða harða þrælahlekki/ á heilan lýð, ef mér er til þess beitt« [dieses Zitat stammt aus einer später hinzugekommenen Strophe]«; »Mig langar hins, eins lengi' og fjallið stendur,/ að lyfta byrði, er þúsund gætu' ei reist,/ [...] Og veltu mína vefa láta og spinna [...]«.

67 Diese möglichst wörtliche Übersetzung vermag keine Vorstellung von der sprachlichen Kraft und Schönheit des isländischen Originals zu geben; sie soll lediglich den Inhalt des Gedichts vermitteln. Die Übersetzungen von Poestion und Ringler (siehe unten) streben eine Wiedergabe der formalen Elemente des Gedichts an.

68 Bragi Halldórsson u. a. (Hg.), *Íslendinga sögur og þættir*, 1, 1987, S. 210: »Þeir ríða fram að Markarfljóti. Þá drap hestur Gunnars fæti og stökk hann af baki. Honum varð litið upp til hlíðarinnar og bæjarins að Hlíðarenda. Þá mælti

hann: ›Fögur er hlíðin svo að mér hefir hún aldrei jafnfögur sýnst, bleikir akrar en slegin tún, og mun eg ríða heim aftur og fara hvergi.‹« Vgl. auch die deutsche Übersetzung von Hans-Peter Naumann, *Njals Saga. Die Saga von Njal und dem Mordbrand,* 2005.

69 Jónas Hallgrímsson, Gunnarshólmi, in: *Fjölnir. Árrit handa Íslendíngum* 4 (1838) [erschienen 1839], S. 31f.: »Gunnarshólmi. Sunnan á Islandi, í hjeraði því, sem gjeíngur upp af Landeíum millum, Eíafjalla og Fljótshlíðar, er allmikjið sljettlendi, og hefir firrum verið grasi gróið, enn er nú nálega allt komið undir eírar og sanda, af vatnagángji; á eínum stað þar á söndunum firir austan Þverá, stendur eptir grænn reítur óbrotinn, og kallaður Gunnarshólmi, því það er enn sögn manna, að þar hafi Gunnar frá Hlíðarenda snúið aptur, þegar þeir bræður riðu til skjips, eíns og alkunnugt er af Njálu. Þetta er tilefni til smákvæðis þess, sem hjer er prentað neðan við.«

70 Die biographische und literaturwissenschaftliche Forschung zu Jónas Hallgrímsson und den Hintergründen, die zur Entstehung des Gedichts »Gunnarshólmi« führten, ist außerordentlich umfangreich. Die heute verbindliche Ausgabe seiner Gesamtwerke ist Haukur Hannesson, Páll Valsson, Sveinn Yngvi Egilsson (Hg.), *Ritverk Jónasar Hallgrímssonar,* 1–4, 1989. »Gunnarshólmi« ist in Band 1, S. 77–79 abgedruckt, der Kommentar dazu findet sich in Band 4, S. 129–132. – Páll Valsson ist auch der Verfasser der großen Biographie *Jónas Hallgrímsson. Ævisaga,* 1999. – Eine umfangreiche Auswahl älterer Aufsätze über den Dichter hat Sveinn Yngvi Egilsson 2007 aus Anlass des 200. Geburtstags herausgegeben: *Undir Hraundranga. Úrval ritgerða um Jónas Hallgrímsson.* In diesem Band sind auch so wichtige Essays wie jenes von Halldór Laxness, Um Jónas Hallgrímsson (1928), oder von Hannes Pétursson, Atriði viðvíkjandi Gunnarshólma (1979), aufgenommen. Vgl. zudem Matthías Johannessen, Gunnarshólmi og náttúran, in: *Um Jónas,* 1993, S. 23–28. – In seiner Monographie *Bard of Iceland. Jónas Hallgrímsson, Poet and Scientist* (2002) übersetzt und kommentiert der amerikanische Skandinavist Dick Ringler u. a. 48 Gedichte und Prosatexte von Jónas Hallgrímsson. Seine hervorragende Übertragung von »Gunnarshólmi« ins Englische behält die Metrik und Reime des isländischen Originals bei. Auf Deutsch hat J. C. Poestion das Gedicht in seiner bemerkenswerten Darstellung *Isländische Dichter der Neuzeit in Charakteristiken und übersetzten Proben ihrer Dichtung,* 1897, S. 356–359, übersetzt. Auch er versucht die Terzinen- und Stanzenform des Originals nachzubilden. – Die Ausgabe von 1989 gibt die Texte in einer modernisierten Orthographie wieder, so dass für die Zitate hier der Originaltext aus *Fjölnir* (Reprint 1943–44) verwendet wird.

71 Vgl. Hannes Pétursson, Atriði viðvíkjandi Gunnarshólma, 1979, S. 52–53, 2007, S. 257–258. »Það var einn fagran sumardag á slætti, að Jónas reið til fundar við Bjarna á Möðruvelli, og Hallgrímur með honum. Þegar þar kom, fagnaði Bjarni honum vel og leiddi með sér til stofu, en Hallgrími var fylgt til herbergis þar fram af; mátti hann glöggt heyra hvað þeir töluðust við; man hann vel, að Bjarni ræddi um fornsögurnar, einkum Njálu, og kvað það minnkun þeim skáldunum, að þeir tæki sér ekki oftar yrkisefni úr þeim, en

einkum man hann að nefndur var »Gunnarshólmi« og þótti honum sem Bjarni skoraði á Jónas að yrkja um hann. Eftir langa viðstöðu riðu þeir frændur þaðan um kvöldið inn á Akureyri; var þá tunglsskin og blíða mikil. Á leiðinni talaði Hallgrímur eitthvað til frænda síns, sem lengst af reið þegjandi. Þá sagði Jónas: »Tala þú nú sem minnst, frændi, nú skálda ég.« Um nóttina [...] sat hann við borð þar og samdi eitthvað eða orti. Næsta dag hélt hann sama starfi fram. Og er áleið daginn, bað hann Hallgrím að hverfa heim og skilja sig eftir, en lokað bréf fékk hann honum og bað hann sjálfan færa það amtmanni á heimleiðinni. Síðan kvöddust þeir, og er Hallgrímur kom að Möðruvöllum, spurði amtmaður um ferð Jónasar, færði Hallgrímur honum þá kveðju hans og skilaði bréfinu. Hann heyrði þá að í bréfinu var kvæðið »Gunnarshólmi«, og man Hallgrímur enn eftir rúm fimmtíu ár ýms lofs- og undrunarorð [...] »Nú er mér bezt« – eða »nú er mér mál að hætta að kveða« [...].

72 Vgl. Jón Helgason (Hg.), Bjarni Thorarensen, *Ljóðmæli,* 2, 1935, S. 328–329: »Bjarni og Sveinbjörn Egilsson komu úr kirkju í Reykjavík, er Gunnarshólmi var nýkominn út í Fjölni. Bjarni segir við Svbj.: ›Nú held ég að við megum hætta að yrkja lagsmaður! Þú hefur séð síðasta kvæði Jónasar?‹.«

73 Zu dieser Anekdote vgl. Klaus Müller-Wille, Romantik – Biedermeier – Poetischer Realismus (1800–1870), in: Jürg Glauser (Hg.), *Skandinavische Literaturgeschichte,* 2006, S. 131f.

74 Vgl. zu Collingwood die ausgezeichnete Biographie von Matthew Townend, *The Vikings and Victorian Lakeland: The Norse medievalism of W.G. Collingwood and his contemporaries,* 2009; der Verweis auf Bayreuth findet sich S. 96.

75 Vgl. Jónas Hallgrímsson, *Kvæði og sögur. Með forspjalli eftir Halldór Kiljan Laxness,* 1957.

76 Den Begriff ›Barockmeister‹ hat Margrét Eggertsdóttir in ihrer großen Abhandlung *Barokkmeistarinn. List og lærdómur í verkum Hallgríms Péturssonar,* 2005, geprägt. Vgl. dazu die Besprechung von Jürg Glauser in *Gripla* 18 (2007), S. 153–172.

77 Páll Valsson (Hg.), Snorri Hjartarson, *Kvæðasafn,* 1992, S. 62–63: »Land þjóð og tunga, þrenning sönn og ein,/ þér var ég gefinn barn á móðurkné;/ [...] Ísland, í lyftum heitum höndum ver/ ég heiður þinn og líf gegn trylltri öld.«

78 Helgi Guðmundsson, Um ytri aðstæður íslenzkrar málþróunar, in: Einar G. Pétursson, Jónas Kristjánsson (Hg.), *Sjötíu ritgerðir helgaðar Jakobi Benediktssyni 20. júlí 1977,* 1, S. 314–325, Summary S. 324f.

79 Sigurður Nordal, Samhengið í íslenzkum bókmenntum, in: *Íslenzk lestrarbók 1400–1900,* 1924; erneut in: Sigurður Nordal, *Ritverk. Samhengi og samtíð,* I, 1996, S. 34: »Hún getur nefnt allar þær [nýjungar] [...] en hún þarf tíma til þess, og á meðan ryðjast erlendu orðin inn óboðin og flekka hana.«; S. 35: »heilbrigði«.

80 Vgl. Magnús Pétursson, *Isländisch,* 1978, S. 69.

81 Für einen historischen Überblick über die Entwicklung des isländischen Purismus vgl. Kjartan Ottósson, *Íslensk malhreinsun. Sögulegt yfirlit,* 1990.

Betty Wahl handelt in ihrer sehr interessanten Frankfurter Dissertation *Isländisch: Sprachplanung und Sprachpurismus*, 2008, die Sprachpolitik in Island umfassend ab.

82 Über Þórbergur Þórðarsons Verhältnis zum Esperanto als Möglichkeit, eine Position auf der Linie der europäischen Avantgarde einzunehmen, hat Benedikt Hjartarson einen höchst aufschlussreichen Aufsatz geschrieben: Þjóðlausar tungur. Tilraun um Þórberg, evrópska framurstefnu og esperantisma, in: Hjalti Snær Ægisson, Bergljót Kristjánsdóttir (Hg.), *Að finna undraljós*, 2011, S. 109–133.

83 Ármann Jakobsson, Þórður Ingi Guðjónsson (Hg.), *Morkinskinna*, 2, 2011, S. 221–222:»Einarr Skúlason var með þeim brœðrum, Sigurði ok Eysteini, ok var Eysteinn konungr mikill vin hans. Ok Eysteinn konungr bað hann til at yrkja Óláfsdrápu, ok hann orti ok fœrði norðr í Þrándheimi, í Kristskirkju sjálfri, ok varð þat með miklum jarteinum, ok kom dýrlegr ilmr í kirkjuna. Ok þat segja menn at þær áminningar urðu af konunginum sjálfum at honum virðisk vel kveðit.« Vgl. auch die englische Übersetzung von Theodore M. Andersson, Kari Ellen Gade, *Morkinskinna. The Earliest Icelandic Chronicle of the Norwegian Kings (1030–1157)*, 2000, S. 393, 464.

84 *Zürcher Bibel 2007*, NT, S. 283.

85 Bjarni Aðalbjarnarson (Hg.), Snorri Sturluson, *Heimskringla*, 2, 1945, S. 404, Kap. 244:»Grímkell byskup gekk þá til, þar er upp var lokin kistan Óláfs konungs. Var þar dýrligr ilmr. Þá beraði byskup andlit konungs, ok var engan veg brugðit ásjónu hans, svá roði í kinnunum, sem þá myndi, ef hann væri nýsofnaðr.«

86 Vgl. die neue Ausgabe des Gedichts von Martin Chase (Hg.), *Einarr Skúlason's Geisli. A critical edition*, 2005, hier S. 51; vgl. auch die deutsche Übersetzung von Geisli in Wolfgang Lange (Hg.), *Christliche Skaldendichtung*, 1958. Die hier vorgelegte Übersetzung vermittelt den Inhalt der Strophe und hält sich aus Gründen der Verständlichkeit an die Prosaauflösung der Strophe nach Chase S. 51; die komplizierte skaldische Syntax des isländischen Textes ist hier nicht nachgebildet.

87 Vgl. hierzu u. a. Wolfgang Lange, *Studien zur christlichen Dichtung der Nordgermanen 1000–1200*, 1958; Jürg Glauser, Frühchristliche Dichtung. Norden, in: *Reallexikon der Germanischen Altertumskunde* 10 (1996), S. 152–160; Margaret Clunies Ross, *A History of Old Norse Poetry and Poetics*, 2005.

88 Mit diesem Phänomen hat sich in jüngster Zeit vor allem Kate Heslop beschäftigt.

89 Bjarni Aðalbjarnarson, *Heimskringla*, 1, 1941, S. 331f., Kap. 83:»Konungr mælti: ›Þú ert vandræðaskáld, en minn maðr skaltu nú vera.‹ Hallfrøðr svarar: ›Hvat gefr þú, konungr, mér at nafnfesti, ef ek skal heita vandræðaskáld?‹ Konungr gaf honum sverð, ok fylgði engin umgerð. Konungr mælti: ›Yrk nú vísu um sverðit ok lát sverð vera í hverju vísuorði.‹ Hallfrøðr kvað: ›Eitt es sverð, þats, sverða, / sverðauðgan mik gerði. / Fyr svip-Njǫrðum sverða

/ sverðótt mun nú verða. / Muna vansverðat verða, / verðr em ek þriggja
sverða, / jarðar leggs ef yrði / umbgerð at því sverði.«»

90 Halldór Laxness, *Die glücklichen Krieger*, 1991, S. 331–334; Halldór Kiljan
Laxness, *Gerpla*, 1952, S. 478–483: »en hann segir sem var, að hér er komið
íslenskt skáld og leitaði fundar Ólafs konúngs Haraldssonar að færa honum
kvæði. […] Og sem Þormóði lýkst upp að hér sé kominn Ólafur konúngur
Haraldsson, þá stígur hann framar og tekur svo til orða, og mælir hátt og
snjallt: ›Hér em eg kominn Þormóður skáld Bessason af Íslandi […] og
beiðumst eg af yður hljóðs, herra, að flytja yður kvæði. […] Konúngur spyr
hver sá ölmusumaður var er þar lauk munni sundur, og hafi tröll íslensk
skáld, segir hann, hef eg í þeim verri haft flestum mönnum, og er mér leitt
orðið skrum íslendinga. […] Sá mun ær, armínginn, er þar lifar […] Að svo
mæltu snýr konúngur í braut að sinna skyldari störfum.«

91 Halldór Laxness, *Die glücklichen Krieger*, 1991, S. 188; Halldór Kiljan Laxness,
Gerpla, 1952, S. 273: »Ólafur hinn digri var uppfæddur á skipum við seltu og
tjöru, fúka og spýu, lús og ýldu, hrýfi og óþverra, skyrbjúg og kláða og þann
sveita með búkþefjan sem verður af skipamönnum sakir lángra óþvotta.«

92 Jónas Jónasson frá Hrafnagili, *Íslenzkir þjóðhættir*, 1934 u.ö., S. 29–34.

93 Steingrímur Matthíasson, Um þrifnað og óþrifnað, in: *Eimreiðin* 1908;
Halldór Laxness, Um þrifnað á Íslandi, in: *Alþýðubókin*, 1956 (1929),
S. 70–86.

94 Anthony Faulkes (Hg.), Snorri Sturluson, *Edda. Prologue and
Gylfaginning*, 1988, S. xiii. Das Folgende basiert zum Teil auf Jürg Glauser,
Sinnestäuschungen. Medialitätskonzepte in der Prosa-Edda, in: Margrét
Eggertsdóttir u. a. (Hg.), *Greppaminni. Rit til heiðurs Vésteini Ólasyni
sjötugum*, 2009, S. 165–174. Eine populäre Einführung in die beiden Eddas
gibt Rudolf Simek, *Die Edda*, 2007. Eine zuverlässige deutsche Übersetzung
findet sich bei Arnulf Krause, *Die Edda des Snorri Sturluson*, 1997; in den
Skáldskaparmál sind allerdings nicht alle Abschnitte übersetzt. Die derzeit
beste, vollständige Übersetzung ist die englische Übertragung von Anthony
Faulkes (Hg.), Snorri Sturluson, Edda, 1987.

95 Vgl. Anthony Faulkes, Edda, in: *Gripla* 2 (1977), S. 32–39; ders. (Hg.), *Edda
Magnúsar Ólafssonar (Laufás Edda)*, 1979; hier steht das Zitat S. 189: »Hvat
er Edda. / Edda er ein jþrött af forndicktudum frodra manna dæmisögum og
margfvndnvm heitum hlutanna kennandj norrænan skalldskap fyrer alþijdu
myrkkuedinn, enn fyrer vitrum monnum listkuedinn ad yrkia: hvuor jþrott,
sem oþriotandj vatzbrunnr, færer fornar kenningar og fæder ætijd nyar til
kvedskaparins ollum merkis skälldum er hana vilia med jdni grvnda, og
gegniliga vid hafa, hvar af hvn eirnen sitt nafn hlotid hefur, þui Edda dregst
af ordj latinsku Edo eg yrki eda dickta.« Anthony Faulkes gab 1977 Resens
Druck als Faksimile heraus: *Edda Islandorum. Völuspá. Hávamál. P. H. Resen's
editions of 1665*. Sverrir Tómasson hat eine sehr interessante Sammlung
von Aufsätzen zur mittelalterlichen und frühneuzeitlichen Edda-Rezeption
herausgegeben: *Guðamjöður og arnarleir. Safn ritgerða um eddulist*, 1996.
Zu den Hintergründen der Skáldskaparmál in der europäischen Gelehrsamkeit

des 12. Jahrhunderts vgl. vor allem Margaret Clunies Ross, *Skáldskaparmál. Snorri Sturluson's* ars poetica *and medieval theories of language*, 1987.

96 Anthony Faulkes (Hg.), Snorri Sturluson, *Skáldskaparmál*, 1, 1998, S. 4f.:
»Fór Bǫlverkr þar til sem Gunnlǫð var ok lá hjá henni þrjár nætr, ok þá lofaði hon honum at drekka af miðinum þrjá drykki. Í inum fyrsta drykk drakk hann alt ór Óðreri, en í ǫðrum ór Boðn, í inum þriðja ór Són, ok hafði hann þá allan mjǫðinn. Þá brásk hann í arnarham ok flaug sem ákafast. En er Suttungr sá flug arnarins, tók hann sér arnarham ok flaug eptir honum. En er Æsir sá hvar Óðinn flaug þá settu þeir út í garðinn ker sín, en er Óðinn kom inn of Ásgarði þá spýtti hann upp miðinum í kerin, en honum var þá svá nær komit at Suttungr mundi ná honum at hann sendi aptr suman mjǫðinn, ok var þess ekki gætt. Hafði þat hverr er vildi, ok kǫllum vér þat skáldfífla hlut. En Suttunga mjǫð gaf Óðinn Ásunum ok þeim mǫnnum er yrkja kunnu. Því kǫllum vér skáldskapinn feng Óðins ok fund ok drykk hans ok gjǫf hans ok drykk Ásanna.«

97 Im Unterschied zu den anderen Teilen der Edda ist Snorris in der Rubrik erwähnte Autorschaft für die Skáldskaparmál und das Háttatal nie umstritten gewesen.

98 Faulkes (Hg.), *Edda. Prologue and Gylfaginning*, 1988, S. 23: »En engi er svá fróðr at telja kunni ǫll stórvirki hans, en segja kann ek þér svá mǫrg tíðindi frá honum at dveljask munu stundirar áðr en sagt er allt þat er ek veit.«

99 Vgl. Christian Kiening, Medialität in mediävistischer Perspektive, in: *Poetica* 39 (2007), S. 285–352, hier S. 345.

100 Anthony Faulkes (Hg.), *Edda. Prologue and Gylfaginning*, 1988, S. 54: »Gengr hann þá leið sína braut ok kemr heim í ríki sitt ok segir þau tíðindi er hann hefir sét ok heyrt. Ok eptir honum sagði hverr maðr ǫðrum þessar sǫgur. En Æsir setjask þá á tal ok ráða ráðum sínum ok minnask á þessar frásagnir allar er honum váru sagðar […].«

101 Anthony Faulkes (Hg.), *Edda. Prologue and Gylfaginning*, 1988, S. 7: »Hann byrjaði ferð sína til Ásgarðs ok fór með laun ok brá á sik gamals manns líki ok dulðisk svá. En Æsir váru því vísari at þeir hǫfðu spádóm, ok sá þeir ferð hans fyrr en hann kom, ok gerðu í móti honum sjónhverfingar. En er hann kom inn í borgina þá sá hann þar háva hǫll.«

102 Faulkes (Hg.), *Edda. Prologue and Gylfaginning*, 1998, 1: »Hann var mjǫk fjǫlkunnigr. Hann gerði ferð sína til Ásgarðs, en er Æsir vissu ferð hans var honum fagnat vel ok þó margir hlutir með sjónhverfingum.«

103 Faulkes (Hg.), *Edda. Prologue and Gylfaginning*, 1988, S. 54: »[þ]ví næst heyrði Gangleri dyni mikla hvern veg frá sér, ok leit út á hlið sér. Ok þá er hann sésk meir um þá stendr hann úti á sléttum velli, sér ønga hǫll ok ønga borg.«

104 Faulkes (Hg.), *Edda. Prologue and Gylfaginning*, 1988, S. 54: »njóttu nú sem þú namt«.

105 Vgl. Jón Hnefill Aðalsteinsson, Vanhelgun norrænnar goðsögu, in: *Skírnir* 179 (2005), S. 59–76.

106 Für die moderne Weiterbeschäftigung mit den nordischen Mythen vgl. das von Julia Zernack geleitete Forschungsprojekt »Edda-Rezeption«.

107 Als Einführung in das Thema Liederedda eignet sich die bereits genannte Darstellung von Rudolf Simek, *Die Edda* (2007). Für eine Präsentation des aktuellen Forschungsstandes siehe das große Projekt von Klaus von See und Beatrice La Farge, *Kommentar zu den Liedern der Edda*, von dem seit 1997 bisher sechs umfangreiche Bände erschienen sind. Zuverlässige deutsche Übersetzungen der Liederedda sind Arnulf Krause (Hg.), *Die Götterlieder der Älteren Edda*, 2006; *Die Heldenlieder der Älteren Edda*, 2001.

108 Die Darstellung folgt hier den Untersuchungen von Einar G. Pétursson, der vor allem in der umfangreichen wissenschaftsgeschichtlichen Studie *Eddurit Jóns Guðmundssonar lærða*, 1–2, 1998, die große Rolle der frühneuzeitlichen isländischen Gelehrten für die Bewahrung der mittelalterlichen Literatur umfassend dokumentiert hat.

109 Vgl. dazu Andreas Heusler, *Die Lieder der Lücke im Codex Regius der Edda*, 1902. Über das Verschwinden dieser Lage hat Arnaldur Indriðason den Thriller *Konungsbók* (2006; dt. *Codex Regius*, 2008) geschrieben.

110 Dies hat der isländische Literaturhistoriker und Folklorist Gísli Sigurðsson in mehreren Arbeiten untersucht, vgl. vor allem seine Monographie *The Medieval Saga and Oral Tradition. A Discourse on Method*, 2004.

111 Für die Zahlenangaben beziehe ich mich auf den grundlegenden Aufsatz von Matthew James Driscoll, »Um gildi gamalla bók«: Magnús Jónsson í Tjaldanesi und das Ende der Handschriftenkultur in Island, in: Jürg Glauser, Anna Katharina Richter (Hg.), *Text – Reihe – Transmission. Unfestigkeit als Phänomen skandinavischer Erzählprosa 1500–1800*, 2011. – Für die isländische Handschriftenkultur der Frühneuzeit allgemein vgl. auch Jürg Glauser, Spätmittelalterliche Vorleseliteratur und frühneuzeitliche Handschriftentradition. Die Veränderungen der Medialität und Textualität der isländischen Märchensagas zwischen dem 14. und 19. Jahrhundert, in: Hildegard L.C. Tristram (Hg.), *Text und Zeittiefe*, 1994, S. 377–438, Zitat S. 417.

112 Allgemeine Einführungen in die isländische Sagaliteratur geben Kurt Schier, *Sagaliteratur*, 1970, und Margaret Clunies Ross, *The Cambridge Introduction to The Old Norse-Icelandic Saga*, 2010.

113 Bernard Cerquiglini, *Éloge de la variante. Historie critique de la philologie*, 1989; englische Übersetzung *In praise of the Variant. A critical history of philology*, 2004. – Für die Rezeption der sogenannten New Philology in der skandinavistischen Mediävistik vgl. u. a. Jürg Glauser, Textüberlieferung und Textbegriff im spätmittelalterlichen Norden: Das Beispiel der Riddarasögur, in: *Arkiv för nordisk filologi* 113 (1998), S. 7–27. Aktuelle Beispiele für neuphilologisch und materialphilologisch beeinflusste Untersuchungen von Sagas sind etwa Karoline Kjesrud, *Lærdom og fornøyelse. Sagaer om helter på eventyr – et speilbilde av ideer og forestillinger fra senmiddelalderen på Island*, 2011; Stefka Georgieva Eriksen, *Writing and Reading in Medieval Manuscript*

Culture. The transmission of the story of Elye in Old French and Old Norse literary contexts, 2011.

114 Zu diesem Thema vgl. u. a. die Arbeiten von Vésteinn Ólason, *Dialogues with the Viking Age. Narration and Representation in the Sagas of the Icelanders*, 1998; Jürg Glauser, Sagas of Icelanders (*Íslendingasögur*) and *þættir* as the literary representations of a new social space, in: Margaret Clunies Ross (Hg.), *Old Icelandic Literature and Society*, 2000, S. 203–220; Pernille Hermann, Concepts of Memory. Approaches to the Past in Medieval Icelandic Literature, in: *Scandinavian Studies* 81 (2009), S. 287–308; dies., Founding narratives and the representation of memory in saga literature, in: *Arv* 66 (2010), S. 69–87.

115 Vgl. hierzu im Besonderen Jürg Glauser, Staging the Text: On the Development of a Consciousness of Writing in the Norwegian and Icelandic of the Middle Ages, in: Slavica Rankovic u. a. (Hg.), *Along the Oral-Written Continuum. Types of Texts, Relations and Their Implications*, 2010, S. 311–334. Zur Diskussion über die Schrift und andere Medialitätsformen in den mittelalterlichen Texten selber vgl. Jürg Glauser, The Speaking Bodies of Saga Texts, in: Judy Quinn u. a. (Hg.), *Learning and Understanding in the Old Norse World. Essays in Honour of Margaret Clunies Ross*, 2007, S. 13–26.

116 Jakob Benediktsson (Hg.), *Íslendingabók. Landnámabók*, 1, 1968, S. 3: »Íslendingabók gørða ek fyrst byskupum órum, Þorláki ok Katli, ok sýndak bæði þeim ok Sæmundi presti. En með því at þeim líkaði svá at hafa eða þar viðr auka, þá skrifaða ek þessa of et sama far, fyr útan áttartǫlu ok konunga ævi, ok jókk því es mér varð síðan kunnara ok nú es gerr sagt á þessi en á þeiri. En hvatki es missagt es í frœðum þessum, þá es skylt at hafa þat heldr, es sannara reynisk.«

117 Ásdís Egilsdóttir (Hg.), Hungrvaka, in: *Biskupa sögur*, 2, 2002, S. 3–5: »Bœkling þenna kalla ek Hungrvǫku [...] hér verðr fátt sagt á þessi skrá. En ek hefi þó náliga ǫllu við slegit, at rita þat sem ek hefi í minni fest. Hefi ek af því þenna bœkling saman settan, at eigi falli mér með ǫllu ór minni þat er ek heyrða af þessu máli segja inn fróða mann Gizur Hallsson, ok enn nǫkkura menn aðra merkiliga hafa í frásǫgn fœrt. Þat berr ok annat til þessa rits at teygja til þess unga menn at kynnisk várt mál at ráða, þat er á norrœnu er ritat, lǫg eða sǫgur eða mannfrœði. [...] Verð ek ok af því skyldugr til at þat mun af mínum vǫldum ok vanrœkð ef þat er nǫkkut í þessu máli sem rangt reynisk, þat er ritat er, en eigi þeira manna er ek þykkjumk þenna fróðleik eptir hafa.«

118 Jónas Kristjánsson (Hg.), *Dínus saga dramblata*, 1960, S. 93–94: »Nu kann vera at þetta skial og langmêlgi geri þeim leidendi þeim er lesa og eigi sidr þeim er a heyra og skal þui hedan af koma þersu mali til lykta og sogunni koma enda [...] er þat nu ender þersa mals [...]«.

119 Marianne E. Kalinke (Hg.), *Mǫttuls saga*, 1987, S. 5: »Nv seigir þesse bők fra einum kynligum og gamansamligum atburd«.

120 Åke Lagerholm (Hg.), Flóres saga konungs ok sona hans, in: *Drei lygisǫgur*, 1927, S. 121: »at flestar sǫgur eru af nǫkkuru efni: sumar eru af guði ok hans helgum mǫnnum [...] heilagra manna sǫgum. Aðrar sǫgur eru af ríkum konungum, ok má þar nema í hœverska hirðsiðu [...]. Enn þriði hlutr sagnanna er frá konungum þeim, sem koma í miklar mannraunir«.

121 C. R. Unger (Hg.), *Karlamagnus saga*, 1860, S. 50: »lét herra Bjarni hana snara or ensku máli í norrœnu«.

122 Eugen Kölbing (Hg.), *Elis saga ok Rosamundu*, 1881, S. 116: »en Roðbert aboti sneri, oc Hakon konungr, son Hakons konungs, lét snua þessi nœrrœnu bok«.

123 Foster W. Blaisdell (Hg.), *Ívens saga*, 1979, S. 147: »Ok lykr her so gu herra Ivent, er Hakon kongr gamlí lett snua or franzeisu J norenu«.

124 Unger (Hg.), *Karlamagnus saga*, 1860, S. 50: »Fann þessa sögu herra Bjarni Erlingsson or Bjarkey ritaða og sagða í ensku máli í Skotlandi«.

125 Agnete Loth (Hg.), Vilhjálms saga sjóðs, in: *Late Medival Icelandic Romances*, 4, 1964, S. 3: »þessi saga var tekin af steinuegginum j Babbilon hjnni miklu. og meistari Humerus hefer samsett hana«.

126 Agnete Loth (Hg.), Oddgeirs þáttr danska, in: dies. (Hg.), *Karlamagnús saga*, 1980, S. 232: »var Odgeir merkis madr hans æ medan hann lifdi ok kongr ok erv margar adrar sǫgr fra Odgeiri«.

127 Agnete Loth (Hg.), Sigurðar saga þǫgla, in: *Late Medieval Icelandic Romances*, 2, 1963, S. 95: »MArgir fyrri menn hafa saman sett [...] margar frasagner. sumar eptir fornkuædum edur frædimonnum enn sumar eptir fornum bokum er j fyrstu hafa samann settar verit med skiotu male. enn sidan med hagligum ordum fylldar þuiat flest hefir seirnna verit en sagt er«.

128 Peter Jorgensen (Hg.), *Tristrams saga ok Ísöndar*, 1999, S. 28: »Bróðir Robert efnaði ok upp skrifaði eptir sinni kunnáttu med þessum orðtökum, sem eptir fylgir í sögunni ok nú skal frá segja«.

129 Vgl. dazu die klassische Darstellung von Ursula Schaefer, *Vokalität. Altenglische Dichtung zwischen Mündlichkeit und Schriftlichkeit*, 1992.

130 Åke Lagerholm (Hg.), Egils saga einhenda ok Ásmundar berserkjabana, in: *Drei lygisǫgur*, 1927, S. 83: »bókfellit minkar en blekit þykknar, augun þyngjaz, tungan trénar, hǫndin mæðiz, penninn sljófgaz ok bila ǫll ritfærin«.

131 Agnete Loth (Hg.), Jarlmanns saga, in: *Late Medieval Icelandic Romances,* 3, 1963, S. 66: »ok luku uær þar þessv æfintyre. ok hafe þann þauck et fyrer sagde. Enn sáá aunga er klorat hefer«.

132 Unger (Hg.), *Karlamagnus saga*, 1860, p. 75: »ok lýkr hér nú þessarri frásögu meðr þeim formála, at Jesus Kristr signi þann er skrifaði ok svá þann er sagði ok alla þá sem heyrðu ok sjá ok gaman vilja sér hér af fá«.

133 Allgemein zur Visualität, Präsentierbarkeit und Repräsentativität von Schrift vgl. Christian Kiening, »Einleitung: Die erhabene Schrift«, in: ders., M. Stercken (Hg.), *SchriftRäume. Dimensionen von Schrift zwischen Mittelalter und Moderne*, 2008, S. 8–126.

134 Vgl. dazu die wichtige Abhandlung von Susanne Kramarz-Bein, *Die Þiðreks saga im Kontext der altnorwegischen Literatur*, 2002; zu den Prologen von Þiðreks saga und Strengleikar vgl. S. 199–201.

135 Henrik Bertelsen (Hg.), *Þiðreks saga*, 1, 1905, S. 1–2: »Ef menn vilia girnazt ath heyra þau stórtiþindi er verit hafa j fornum sid verdur huarteggia ath gera. ath spyria þess er menn vitu ei aadur og suo fest j minne ef menn vilia kunna vkunnar søgur og lángar þa er betur, og geingur sídur or minne ath ritadar see. Þesse sagha er ein af þeim stærstum søghum er gerfuar hafa verit j þyverskri tunnghu er sagt er fraa Þidreki kongi og hans køppum Sigurdi Fabnis bana og Niflunghum Villtina monnum og morghum audrum kóngum og køppumm er koma vid þessa søghu. // Sagha þessi hefdzt wt aa Pul og fer nordur wmm Lunbardi j Fenidi j Suaua j Vngaria j Pulina land j Ruzia j Windland j Danmork og Sviþiod wm allt Saxoniam og Frakland og westur wmm Walland og Hispaniam om wmm aull þesse rijke geingur þesse sagha þa er aull er saugd af þeim stórmerkium er þesser menn hafa gert er fra er saght j hveriu lannde þeira er nefnd eru. og Daner og Sviar kunnu ath seigia hier af margar søgur enn sumt hafa þeir fært i kuæde sin er þeir skemmta ríkum mønnum. morg eru þau kuæde kvedinn nu er fyrer longu voru ort epter þessare søghu. Norræner menn hafa samann fært nockurn part søghunnar, enn sumt med kvedskap. [...] þo ath nockut bregdist athkuædi vmm manna heiti edur athburde þa er ei vndarligt suo margar søghur sem þesser hafa sagt enn þo rijs hun nær af einu efni. þesse saga er samansett epter søgn þydskra manna [...] og þo ath þu taker einn mann vr hverre borg vmm allt Saxland þa munu þessa søghu aller aa eina leid seigia enn þui vallda þeirra hin fornu kuæde [...]«.

136 Christian Kiening hat diesem für mittelalterliche Literatur spezifischen Raum zwischen der Mündlichkeit des präsenten menschlichen Körpers und der Abwesenheit des geschriebenen Texts, der nur als stummes Objekt existiert, eine eigene Studie gewidmet: *Zwischen Körper und Schrift. Texte vor dem Zeitalter der Literatur*, 2003; vgl. dazu auch Glauser, The Speaking Bodies of Saga Texts, 2007 (vgl. Anm. 115).

137 Vgl. zu diesem Kodex Claudia Müller, *Erzähltes Wissen. Die Isländersagas in der Möðruvallabók*, 2001.

138 Zur Flateyjarbók vgl. Stefanie Würth, *Elemente des Erzählens. Die þættir der Flateyjarbók*, 1991. Zum Thema vgl. allgemein auch Jürg Glauser, Vom Autor zum Kompilator. Snorri Sturlusons *Heimskringla* und die nachklassischen Sagas von Olav Tryggvason, in: Hans Fix (Hg.), *Snorri Sturluson. Beiträge zu Werk und Rezeption*, 1998, S. 34–43.

139 Óláfur Halldórsson (Hg.), *Óláfs saga Tryggvasonar en mesta*, 2, 1961, S. 31: »NV þo at margar ræður ok fra sagnir se skrifadar iþessu mali. þær er eigi þickia miok til heyra sogu Olafs konungs Tryggva sonar þa þarf þat eigi at vndraz. þviat sva sem rennandi votn fliota af ymissvm vpp sprettum. ok koma oll i einn stað niðr. til þeirar somu likingar hafa þessar fra sagnir af ymisligv vpp hafi eítt endimark at ryðia til þeira at burða sem Olafr konungr verðr við staddr eðr menn hans. sva sem enn man synaz iþvi er eptir ferr.«

140 Das Standardwerk zur nachmittelalterlichen Populärliteratur in Island ist Matthew James Driscoll, *The Unwashed Children of Eve. The Production, Dissemination and Reception of Popular Literature in Post-Reformation Iceland*, 1997; siehe auch ders. (Hg.), *Fjórar sögur frá hendi Jóns Oddssonar Hjaltalín*, 2006. – Die Sagadrucke des 19. Jahrhunderts werden untersucht in Glauser, The End of The Saga: Text, Tradition and Transmission in Nineteenth and Early Twentieth-Century Iceland, in: Andrew Wawn (Hg.), *Northern Antiquity. The Post-Medieval Reception of Edda and Saga*, 1994, S. 101–141.

141 Sigurður Nordal (Hg.), *Hið nya Testament 1540*, 1933, S. 28: »er haft eftir honum ›að Jesús lausnarinn hefði verið lagður í einn asnastall, en nú tæki hann til að útleggja og í móðurmál að snúa hans orði í einu fjósi‹«.

142 Mit Ausnahme einiger englischsprachiger Einführung zu Faksimileausgaben von isländischen Frühdrucken gibt es zum Thema Druckgeschichte, Frühdrucke, Mediengeschichte usw. kaum Forschungsliteratur in nicht-isländischen Sprachen. Das Thema ist hochgradig spezialisiert und noch kaum im Zusammenhang aufgearbeitet. Die große zusammenfassende kulturgeschichtliche Darstellung der Reformationszeit in Island, die auch Fragen von Buch- und Mediengeschichte behandelt, ist nach wie vor Páll Eggert Ólason, *Menn og menntir siðskiptaaldarinnar á Íslandi*, 1–4, 1919–26. Eine zusammenhängende, modernen Ansprüchen genügende Darstellung der Geschichte des Buchdrucks in Island fehlt; eine Zusammenfassung gibt Klemens Jónsson, *Saga prentlistarinnar á Íslandi*, 1930; ein guter Überblick über die früheste Zeit findet sich bei Steingrímur Jónsson, Prentaðar bækur, in: Frosti Jóhansson (Hg.), *Munnmenntir og bókmenning*, 1989, S. 91–115.

Die nach wie vor wichtigsten Bibliographien zu den isländischen Früh-drucken stammen von Halldór Hermannsson, *Icelandic Books of the Sixteenth Century (1534–1600)*, 1916 (Reprint 1966); *Icelandic Books of the Seventeenth Century (1601–1700)*, 1922 (Reprint 1966); *Additions to the Bibliographies*, 1942 (Reprint 1966); dazu auch die Ergänzungen Pétur Sigurðsson, Sext-ándu og seytjandu aldar bækur íslenzkar, in: *Landsbókasafn Íslands. Árbók 9* (1962), S. 71–88. Die Angaben zu den Drucken von Guðbrandur Þorláksson stammen auch aus Einar G. Pétursson, Guðbrandur Þorláksson og bókaútgáfa hans, in: *Landsbókasafn Íslands. Árbók N.F. 10* (1984), S. 5–26.

143 Vgl. zu Arngrímur Jónsson allgemein Jakob Benediktsson, *Arngrímur Jónsson and his Works*, 1957. Zum *Commentarius* vgl. die Faksimileausgabe von Jakob Benediktsson (Hg.), Arngrímur Jónsson, *Brevis Commentarius de Islandia 1593*, 1968, und die kommentierte Übersetzung ins Isländische von Einar Sigmarsson (Hg.), Arngrímur Jónsson, *Brevis commentarius de Islandia. Stutt greinargerð um Ísland*, 2008.

144 Sigurður Nordal (Hg.), *Bishop Guðbrand's Vísnabók 1612*, 1937 [Faksimileausgabe], S. [i]: »Ein Ny Wiisna Bok Med mörgum andlegum Viisum og Kuædum Psalmum/ Lof sønguum og Rijmum/ teknum wr heilagre Ritningu. Almuga Folke til gagns og goda Prentuð/ og þeim ødrum sem slijkar Vijsur elska vilia/ og jdka Gude Almattugum til Lofs og Dyrdar/ enn

sier og ødrum til Gagns og Skiemtunar«. Vgl. auch die Neuausgabe mit modernisierter Rechtschreibung Jón Torfason, Kristján Eiríksson (Hg.), *Vísnabók Guðbrands*, 2000.

145 Sigurður Nordal (Hg.), *Bishop Guðbrand's Vísnabók*, 1937, S. [i^v]: »Kunnugt er það godum Mønnum/ ad eg hefe vm nøckur aar/ feingest vid ad lata prenta Kuer og Bæklinga/ sem eg meinte ad til gagns og Nytsemdar vera mætte einfølldum og ofroodum/ enn huad skiedur? Þeir Bæklingar liggia hier/ og fwna nidur/ nema það sem eg gief j burt. Fyrer nøckrum aarum klagade nalega huør Madur/ ad ecke feingest það nyia Testamentum/ ecke giæte aller Bibliu keypt/ nie hana med sier bored/ enn nu það er falt/ finnast faer sem þar vm hugsa/ Alijka og eins geingur enn til/ vm Vijsur og Kuæde/ Þeir eru allmarger sem jafnlega hafa bedest epter Vijsum og andlegum Kuædum/ huxa þa mune lijted vanta/ a sannan Saaluhialpar Frodleik/ og være vel ef so reyndest«.

146 Sigurður Nordal (Hg.), *Bishop Guðbrand's Vísnabók*, 1937, S. [i^v]: »Menn hafa aadur kueded Rijmur af Fornmønnum/ til Skiemtunar og Dægrastyttingar/ og j Frasøgur fært þeirra ord og Giørder/ þui skylldu nu þa Menn ecke helldur kueda Rijmur og Kuæde/ af heiløgum Mønnum/ þar bæde er j Heilsusamlegur Lærdomur/ og god Dæme/ epter ad breyta.«

147 Vgl. die Ausgabe Jón Samsonarson, Kristján Eiríksson (Hg.), Einar Sigurðsson í Eydölum, *Ljóðmæli*, 2007, und die Rezension von Jürg Glauser in *Skandinavistik. European Journal of Scandinavian Studies* 41 (2011), S. 177–181.

148 Vgl. hierzu u. a. Einar Sigurðsson, *Saga íslenzkrar prentunar og bókaútgáfu. Ágrip*, 1971; Jón Helgason, *Hrappseyjarprentsmiðja 1773–1794*, 1928. Zum Thema Buch und Aufklärung in Island vgl. auch Aðalgeir Kristjánsson, *Bókabylting 18. aldar. Fræðastörf og bókaútgáfa upplýsingarmanna*, 2008.

149 Hier zitiert nach der 1808 auf Dänisch erschienenen und wesentlich vermehrten Ausgabe *Island i det Attende Aarhundrede* (1808; »Island im 18. Jahrhundert«), S. 236: »vexelviis hyles de mere ud, end synges for hele Husets Folk«.

150 Eiríkur Laxdals sehr interessante Texte sind erst in jüngster Zeit zugänglich gemacht worden; vgl. die Editionen von Þorsteinn Antonsson, María Anna Þorsteinsdóttir (Hg.), Eiríkur Laxdal, *Saga Ólafs Þórhallasonar*, 1987; *Ólandssaga*, 2006.

151 Jónas Hallgrímsson, Um Rímur af Tistrani og Indíönu, ›orktar af Sigurdi Breidfjörd,‹ (prentaðar í Kaupmannahöfn, 1831), in: *Fjölnir. Árrit handa Íslendíngum* 3 (1837), S. 18–29, hier S. 18, 22: »Eíns og rímurnar (á Íslandi) eru kveðnar, og hafa verið kveðnar allt að þessu, þá eru þær flestallar þjóðinni til mínkunar – það er ekkji til neíns að leína því – og þar á ofan koma þær töluverðu illu til leíðar: eíða og spilla tilfinníngunni á því, sem fagurt er og skáldlegt og sómir sjer vel í góðum kveðskap, og taka sjer til þjónustu ›gáfur‹ og krapta margra manna, er hefðu gjetað gjert eítthvað þarfara – orkt eítthvað skárra, eða þá að minnsta kosti prjónað meínlausan duggara-sokk,

meðan þeír voru að ›gullinkamba‹ og ›fimbulfamba‹ til ævarandi spotts og athláturs um alla veröldina. Enn því er betur, það er eíns og menn sjeu farnir að vakna við. Það eru farnar að rísa upp raddir móti þessum ósóma; og eín af þessum röddum, sem talar og lætur til sín heíra á eiðimörku, hún er ekkji ónít, og hefir – að mig vonar – komið eínhverju til leíðar. [...] hefi jeg tekjist í fáng, að lesa þær allar frá upphafi til enda – þó það væri leíðindaverk – til að gjeta sínt almenníngji, hvað mikjið honum sje ábótavant, þessum kveðskap, og hvursu það sje fjarstætt, að hann gjeti heítið skáldskapur [...].« Vgl. auch Páll Valsson (Hg.), Jónas Hallgrímsson, Um Rímur af Tistrani og Indíönu, in: Ritverk, 1, 1989, S. 356–366, mit modernisierter Rechtschreibung.

152 Jónas Hallgrímsson, Um Rímur af Tistrani og Indíönu, 1837, S. 29:»Hvílík vanbrúkun á skáldskapar-listinni! hvílíkt hirðuleísi um sjálfann sig og aðra [...] og reína ekkji heldur til, að vanda sig og kveða minna«.

153 Halldór Kiljan Laxness, Kvæðakver, 1956 (1930), S. 141f.:»Únglíngurinn í skóginum er dýrasta kvæðið í bókinni metið í krónum. [...] Þegar alþíngismenn lásu kvæðið, luku flestir upp einum munni að öllu hraklegri leir hefði varla sést prentaður á Íslandi og ekki æskilegt að styrkja menn af ríkisfé til að setja saman meira af svo góðu.« Das Gedicht »Unglingurinn í skóginum« erschien – noch in der gebräuchlichen Orthographie, die Laxness später nicht mehr verwendete – in Eimreiðin 31 (1925), Nr. 1, S. 70–72, mit einer expressiven typographischen Darstellung, die die späteren Ausgaben einebneten.

154 Die hier nach dem Erstdruck in Eimreiðin wiedergegebene Prosaeinleitung, in der sich Halldór Laxness zum Expressionismus bekennt, fehlt in den späteren Ausgaben:»Expressíónistiskum skáldskap er fremur ætlað að valda hughrifum fyrir hreims sakir og hljómrænnar notkunar orða en hins, að gefa einhverja eina rétta efnislausn. Expressíónistiskt kvæði getur brugðið upp fyrir áheyranda hinum fjarskyldustu viðhorfum í sömu andrá. Expressíónismus er hillingaleikur, eins og reyndar öll list, meir eða minna; hann skírskotar til ímyndunaraflsins, án þess þó, að skynsemi nokkurs manns þurfi að fara varhluta af því, sem hann hefur á boðstólum, og hver, sem sneyddur er gáfu til ímyndunar, gengur slyppur frá borði þar sem hann er annarsvegar. Expressíónisminn er í sjálfu sér eins gamall og listin, þótt nafnið sé eigi eldra en frá síðustu öld; hans hefur stundum gætt meir, stundum miður, í sögu listanna, en má heita þungamiðja allrar tízkulistar, hvarvetns. Höf.«

155 Vgl. Halldór Kiljan Laxness, Kvæðakver, 1956 (1930), S. 142f.

156 Halldór Kiljan Laxness, Kvæðakver, 1956 (1930), S. 23:»og mér gleymist aldrei aldrei/ þín ástblíðu sorgarhót.// Blessi nú guð þína lituðu lokka/ og ljái þér hvíta bómullarsokka«.

157 Halldór Kiljan Laxness, Kvæðakver, 1956 (1930), S. 25.

158 Halldór Kiljan Laxness, Kvæðakver, 1956 (1930), S. 30.

159 Halldór Kiljan Laxness, Kvæðakver, 1956 (1930), S. 1:»Hefurðu séð að regnið rauða/ er runnið í hvítan sjó?«.

160 Gunnar Karlsson u. a. (Hg.), *Grágás*, 1992, Landbrigðisþáttur, Kap. 50: »Ber og söl eiga menn að eta sem vilja að ósekju í annars landi. En þeir verða útlægir þrem mörkum er til þess taka að í brott vilja hafa ólofað.«

161 Jón Jóhannesson u. a. (Hg.), *Sturlunga saga*, 1, 1946, S. 22, S. 65.

162 Biarno Pauli, *Specimen observationum, qvas circa plantarum quarundam maris Islandici et speciatim Algæ sacchariferæ dictæ originem, partes et usus collegit*, Hafniæ 1749.

163 Jónas Jónasson frá Hrafnagili, *Íslenzkir þjóðhættir*, 1961 (1934), S. 41: »Fjöruþarar, bæði söl, maríukjarni, beltisþari og fjörugrös voru mjög höfð til matar og heilar lestir af þeim fluttar til sveita af Eyrarbakka og víðar. Þau voru ýmist etin hrá eða soðin í vatni og etin þannig með harðfiski og smjöri eða flautum á vetrum.«

164 Sigurður Nordal (Hg.), *Egils saga Skalla-Grímssonar*, 1933, S. 245.

165 Die Sammlung Sjón, *Ljóðasafn 1978–2008*, mit einem ausgezeichneten Nachwort von Guðni Elísson (S. 347–372), enthält die elf bis 2008 erschienenen Lyrik-Bände von Sjón.

166 Übersetzung Tina Flecken, in: Silja Aðalsteinsdóttir u. a. (Hg.), *Isländische Lyrik*, 2011, S. 156.

167 Sjón, *Rökkurbýsnir*, 2008, S. 240: »Við ritun Rökkurbýsna var stuðst við útgefin og óútgefin rit Jóns Guðm. lærða. Með öll áföng var farið af því ábgyrðarleysi og þeirri léttúð sem greina leik skáldsins frá starfi fræðimannsins. Án formála Einars G. Péturssonar að Edduritum Jóns Guðmundssonar lærða hefði ekki fengist sú yfirsýn yfir líf og störf Jóns sem gerði söguna Jónasar Pálmasonar lærða mögulega.«

168 Obwohl Þórarinn Eldjárn zu den produktivsten und meistgelesenen isländischen Schriftstellern gehört, ist bisher erst kürzlich eine Sammlung ausgewählter Erzählungen von ihm auf Deutsch erschienen (*Die glücklichste Nation unter der Sonne. Geschichten aus Island*, 2011). Es ist allerdings noch kein Roman von ihm übersetzt worden; *Brotahöfuð* kam auf Englisch (*The Blue Tower*, 1999) und Französisch (*Tête en miettes*, 2003) heraus.

169 Die – übrigens ganz hervorragende und zu Recht mit einem Preis belohnte – deutsche Übersetzung von Karl-Ludwig Wetzig heißt *Vom zweifelhaften Vergnügen, tot zu sein* (2005), was die Aufmerksamkeit in eine etwas andere Richtung lenkt. In ihrer Studie über Hallgrímur Helgasons Poetik, *Rithöfundur Íslands. Skáldskaparfræði Hallgríms Helgasonar* (2008), die ein kurzes Summary auf Englisch enthält, untersucht Alda Björk Valdimarsdóttir diesen Roman ausführlich.

170 Hallgrímur Helgason, *Höfundur Íslands*, 2001, S. 54: »Ein lítil fluga í skáldsögu býr yfir meira lífi en heilar þjóðar án bókmenningar«, S. 93: »Ég hef sjálfur skrifað hvert strá í þessari hlöðu«, S. 256: »Hann var höfundur Íslands«, S. 143: »Ég er höfuð í höfði. Höfundur alls sem er, þessa lands, þessa himins«, S. 141: »kollegi minn á himnum«.

171 Hallgrímur Helgason, *Höfundur Íslands,* 2001, S. 142: »En til eru aðrir og
menntaðri farfuglar. [...] Ungur og spengilegur þröstur sat á þvottastaur
og fór með þulu: ›Höfundurinn er dauður, höfundurinn er dauður.‹ Hann
var býsna gáfulegur til augnanna [...] Hvaðan kom honum þessi þula?
Þessi kenning kom ekki á markað fyrr en löngu síðar og heyrði ég stundum
farið með hana í lestum á meginlandinu [...] Það var splunkuný uppgötvun
fræðimanna: Höfundurinn er dauður en textinn lifir. ›Allt er texti,‹ sögðu þeir.
Mér er ljúft að staðfesta það.«

172 Hallgrímur Helgason, *Höfundur Íslands,* 2001, S. 344: »auðum síðum í
ljóðabókum, þögn í leikhúsi og skáldsögum sem gerðust i einu mannlausu
herbergi.«

173 Hallgrímur Helgason, *Höfundur Íslands,* 2001, S. 503: »›Menn eiga að skrifa
það sem sjómann í sjávarháska myndi langa til að lesa‹.«

174 Peter Brooks: *Reading for the Plot: Design and Intention in Narrative,* 1984.

175 Hallgrímur Helgason, *Höfundur Íslands,* 2001, S. 74 (dt. S. 87): »Rússa-jeppi,
Jagúar/ jaskur nefndur Skáti./ Símka, Lada Samóvar/ Sefýr Ford og Ádi.//
Landróver, Fíat, Lapplander/ Línkoln Kontínental./ Amason Volvó, Vagoner,/
Villis, Ópel, Vúxal.«

176 K.-L. Wetzig entscheidet sich für die freie Übersetzung »Oh, Anna Blume!«
(S. 104), was hier insofern kongenial ist, als damit in genau gleicher Weise
wie in Hallgrímur Helgasons Text ein hochkanonisiertes und sogar im
gleichen Jahr 1919 wie Davíð Stefánssons »Abbalabbalá« erschienenes
Gedicht aus der deutschen Literatur, Kurt Schwitters' dadaistischer Text
»An Anna Blume« (»Oh Du, Geliebte meiner 27 Sinne, ich liebe Dir!«), zitiert
wird.

177 Hallgrímur Helgason, *Höfundur Íslands,* 2001, S. 168: »þeir [...] færðust
smátt og smátt utar í samfélagið uns þeir enduðu sem vitaverðir á nyrstu
annesjum Íslands þar sem þeir létu rauðan logann brenna útí pólmyrkrið«.

178 Hallgrímur Helgason, *Höfundur Íslands,* 2001, S. 352: »Jóhanna var mikil
hnallþóra«.

179 Hallgrímur Helgason, *Höfundur Íslands,* 2001, S. 439: »Einhverstaðar verða
svangir að borða«.

180 Árni Böðvarsson, Bjarni Vilhjálmsson (Hg.), *Íslenzkar þjóðsögur og ævintýri.*
Safnað hefur Jón Árnason, I. Ný útgáfa, 1954, S. 140: »Einhverstaðar verða
vondir að vera«. Vgl. auch oben S. 42f.

181 Hallgrímur Helgason, *Höfundur Íslands,* 2001, S. 142: »Rauður festir nú á
mig bæði augun, færir sig nær og hnusar af mér, jakkanum, vestinu, fingrum.
Texti þefar af texta. Þvílíkar nasir«.

182 Das Problem potenziert sich bei der Übersetzung in eine Fremdsprache,
worauf viele Rezensionen der deutschen Ausgabe aufmerksam machten.
Vgl. dazu auch die Bemerkungen von K.-L. Wetzig im kurzen Nachwort seiner
Übersetzung, S. 611–615.

183 Hallgrímur Helgason, *Höfundur Íslands,* 2001, S. 508: »Það var greinilegt. Ég var dauður í annað, ef ekki þriðja sinn. Og nú orðinn ósýnilegur ofan á allt annað«.

184 Hallgrímur Helgason, *Höfundur Íslands,* 2001, S. 475: »allt hans líf og yndi: til einskis«.

185 Hallgrímur Helgason, *Höfundur Íslands,* 2001, S. 484: »Var ég vondur maður? Nei, öldin var vond«.

186 Es bleibt vor diesem Hintergrund abzuwarten, inwiefern Hallgrímur Helgason seine Absicht, er werde sich nach *Höfundur Íslands* einen »Urlaub von Laxness« nehmen, längerfristig umsetzen kann; vgl. Þröstur Helgason, »›Tek mér Laxnessleyfi‹«, in: *Morgunblaðið* 24.11.2001.

187 Vgl. Louis Hjelmslev (Hg.), *Breve fra og til Rasmus Rask,* I, 1941, S. 164: »Annars þèr einlægliga ad seigia held ég ad íslendskan brádum mun útaf deyia, reikna med ad valla mun nockur skilia hana í Reikiavík ad 100 árum lidnum, enn valla nockur í landinu ad ödrum 200 þaruppfrá, ef alt fer eins og híngad til og ecki verda rammar skordur vidreistar, jafnvel hiá bestu mönnum er annadhvort ord á dönsku, hiá almúganum mun hún haldast vid leingst.«

188 Ebenezer Henderson, *Iceland; or the Journal of a Residence in that Island, during the year 1814 and 1815,* I-II, 1818; 2. Aufl. in einem Band, 1819. Deutsche Ausgabe: *Island. Oder: Tagebuch seines Aufenthalts daselbst in den Jahren 1814 und 1815.* Aus dem Englischen übersetzt von C.F. Franceson, 1820/21. Zitate aus dem Zweiten Theil (1821), S. 63f. und 393. Vgl. zu Henderson Felix Olafsson, *Ebenezer Henderson. Bibelselskabets stifter,* 1989.

189 Þórbergur Þórðarson, Seltjarnarnesið, erstmals in *Bréf til Láru,* 1924, erschienen; hier zitiert nach *Edda Þórbergs Þórðarsonar,* 1975, S. 168.

190 Vgl. Þórbergur Þórðarson, *Ævisaga Árna prófasts Þórarinssonar. Fært í letur hefur Þórbergur Þórðarson,* I-III, 1945–50 (1977). Zu diesem auch gattungsmäßig höchst komplexen Text vgl. nun den in Anm. 54 genannten Aufsatz von Ástráður Eysteinsson.

191 Tómas Guðmundsson, Í Vesturbænum, *Fagra veröld,* 1933; hier zitiert nach *Ljóðasafn,* 1953, S. 60.

192 Tómas Guðmundsson, Austurstræti, *Ljóðasafn,* 1953, S. 75.

193 Sigurlín Bjarney Gísladóttir, *Fjallvegir í Reykjavík,* 2007, S. 9: »Suðurgata í suður/ N64°08'25"/ V21°57'28"/ Keyrirðu Suðurgötu einhvern morguninn á blússandi ferð, í rökkri sem er á flótta undan úrillum degi, skaltu hafa á þér gætur þar sem Keilir lónir í fjarlægðinni og bendir íbygginn til himna. Því eflaust er einhver dulin merking fólgin í því hvernig hann bendir og slíkt skal ekki virða að vettugi, rétt sí svona í ljósaskiptunum. Þess vegna skaltu, af virðingu, lækka í útvarpinu, slökkva á miðstöðunni og hægja ferðina. Slökkva á farsímanum og henda rettunni út í flóttalegt rökkrið. [...] Ef þú keyrir suður Suðurgötu í skjóli nætur, þegar vindurinn næðir í óþéttum bílrúðum og sker sig á lofnetum skaltu ekki gleyma Keili. Því hann vakir þótti hann sofi – lifir þótt hann virðist vera dauður.« S. 11: »Hættur á fjallvegum Reykjavíkur [...]/ Þú skalt aldrei hætta þér út á fjallvegi Reykjavíkur án þess að vera við

öllu búin. Áður en þú sest undir stýri skaltu blása í blöðru til að sjá hvort þú sért algáð, þú skalt negla hælana undan skónum og vefja trefli um hálsinn. Fyrir alla muni skaltu vera löngu búin að setja upp varalit svo þú þurfir ekki að hugsa um slíkt og komist þannig hjá því a skoða glæsilegt útlit þitt í baksýnisspeglinum. Þú skalt vera öryggið uppmálað og forðast allt fát og fum við aksturinn því slíkt kann ekki góðri lukku að stýra.«

194 Jón Karl Helgason, *The Rewriting of Njáls Saga. Translation, Ideology and Icelandic Sagas,* 1999, darin besonders das Kapitel 7:»Intersections. *Njáls Saga* and Urban Development«, S. 137–151.

195 Vgl. dazu die reich illustrierte Publikation von Bera Nordal (Hg.), *Í deiglunni 1930–1944. Frá Alþingishátíð til lýðveldisstofnunar,* 1994, in der die Kunstgeschichte Islands zwischen der Althingsfeier 1930 und der Gründung der Republik 1944 in einen zusammenhängenden stil- und kulturhistorischen Rahmen gestellt wird.

196 Steinunn Sigurðardóttir, *Góði elskhuginn,* 2009, S. 15:»Afgreiðslumaðurinn skildi ekki íslensku og pantaði bílinn á ensku. Það var í stíl við nýju Reykjavík. Ofvöxtur hlaupinn í allt; yfirgengileg gatnamótin í borginni, tröllslegar nýbyggingar sem lögðu skuggakrumlur á timburhúsin. Eins og til að breiða yfir það sem fyrir var, fortíð og smæð. Sjálft tungumálið var orðið of lítið.«

197 Bergsveinn Birgisson, *Handbók um hugarfar kúa. Skáldfræðisaga,* 2009, S. 22:»peningaverstöðina Ísland« (mit *verstöð* werden die alten Fischerstationen oder Fangplätze der früheren Küstenfischerei bezeichnet); »arkitektsófreskja«.

198 Über diesen Zusammenhang vgl. den aufschlussreichen Beitrag von Hjálmar Sveinsson: Skipulag auðnarinnar, in: *Tímarit Máls og menningar* 70 (2009), 1, S. 9–20.

199 Steinar Bragi, »Sagan af þriðjudegi«: »Ef eitthvað má segja um Reykjavík er það helst að hún er ljót, dimm og ill, já, sjálft blómstur mannlegrar örbirgðar, og gjörn á að draga fram hið versta í þeim ólánssömu vesalingum sem hafa flækst í neti hennar. En þetta er ekki bara sjálfri borginni að kenna, heldur einnig vetrunum sem steypast yfir hana líkt og sprett sé á nákaldri kviðfylli himnanna: járnþefjandi, dumbgrárri og á stundum skreyttri þeim feiknum sem nefnd eru norðurljós en eru ekki nema dauði – blindir spasmar þarmanna, fjólublátt glit í dauðateygjum himnanna.« Der Text ist bisher noch nicht auf Isländisch erschienen. Eine deutsche Übersetzung findet sich in Ursula Giger, Jürg Glauser (Hg.), *Niemandstal. Junge Prosa aus Island,* 2011.

200 Vgl. Matthías Viðar Sæmundsson, Sagnagerð frá upplýsingu til raunsæis, in: Halldór Guðmundsson (Hg.), *Íslensk bókmenntasaga,* 3, 1996, S. 550. Die »Geheimnisse von Reykjavík« erschienen 1928 zuerst als Feuilletonroman in einer Zeitung und wurden 1932 in zwei Bänden herausgegeben. – Zur Geschichte der isländischen Kriminalliteratur vgl. Katrín Jakobsdóttir, *Glæpurinn sem ekki fannst. Saga og þróun íslenskra glæpasagna,* 2001, und das Gesamtverzeichnis aller auf Isländisch verfassten Kriminalerzählungen von Sólveig G. Jörgensdóttir, *Glæpaskrá. Skrá yfir íslenskar glæpasögur,*

2010; zudem Katrín Jakobsdóttir, Engin glæpasagnakreppa. Íslenska glæpasagnaárið 2008, in: *Tímarit Máls og menningar* 70 (2009), 1, S. 36–49.

201 Katrín Jakobsdóttir, Engin glæpasagnakreppa, 2009, verwendet S. 49 diesen Begriff »íslensk glæpasagnamenning«.

202 Vgl. Katrín Jakobsdóttir, Engin glæpasagnakreppa, 2009, S. 41: »Yrsa Sigurðardóttir er stundum titluð drottning íslenskra glæpasagna«.

203 Thomas Seiler, Kriminalliteratur und Langeweile. Eine Polemik, in: Fritz Paul (Hg.), *Arbeiten zur Skandinavistik,* 2000, S. 353–358.

204 Vgl. zu den verschiedenen ökonomischen, politischen, kulturellen und psychologischen Aspekten des Begriffs ›Krise‹ z. B. Ólafur Páll Jónsson, Kreppa, náttúra og sálarlíf, in: *Ritið. Tímarit Hugvísindastofnunar Háskóla Íslands* 9 (2009), 2–3, S. 97–112; englisches Abstract S. 112. Diese Nummer der Zeitschrift des Geisteswissenschaftlichen Instituts der Universität Islands ist ein Themenheft mit dem Titel »Nach dem Kollaps« (»Eftir hrunið«).

205 Im März 2011 fand dann erstmals eine literaturwissenschaftliche Tagung zum Thema ›Krise und Literatur‹ statt: »Writing (in the) crisis. On the situation of Icelandic contemporary literature«. International Conference, 3.–5.3.2011, Universität Basel.

206 Ingibjörg Sólrún Gísladóttir, Háskaleg og ósjálfbær samfélagstilraun, in: *Tímarit Máls og menningar* 71 (2010), 1. S. 4–16.

207 Stefán Snævarr, Frjálshyggjun, sjöunda plága Íslands, in: *Skírnir* 183 (2009), S. 211–222.

208 U. a. Guðni Elísson, Ísland, anno núll. Rannsóknarskýrslan, spuninn, ábyrgðin og staðleysustjórnmál, in: *Tímarit Máls og menningar* 71 (2010), 2, S. 24–40; S. 38: »Já, víst var þetta indælt hrun.«

209 Valur Gunnarsson, Ber íslenska þjóðin ábyrgð á Hruninu? In: *Tímarit Máls og menningar* 71 (2010), 3; Silja Aðalsteinsdóttir, Dansinn í hruni. Yfirlit yfir leikhúsin, in: *Tímarit Máls og menningar* 71 (2010), 1, S. 104–114. S. 104: »Íslenskt leikhús á fyrsta ári eftir hrun, hvernig var það?« Margrét Tryggvadóttir, Barnabækur eftir hrun, in: *Tímarit Máls og menningar* 71 (2010), 2, S. 80–86; Bjarni Bjarnason, Borgaraleg menning eftir efnahagshrunið, in: *Boðskort í þjóðarveislu,* 2009, S. 267–278; Guðni Elísson, Ísland anno núll, 2010.

210 Z. B. Guðni Elísson, Ísland anno núll, 2010; vgl. auch Stefán Pálsson, Rýnt í rústirnar. Bókmenntagrein verður til, in: *Tímarit Máls og menningar* 71 (2010), 1, S. 93–101, und die oben Anm. 205 erwähnte Tagung.

211 Einar Már Guðmundsson, *Hvíta bókin,* 2009, S. 111: »Þegar við mótmælum fyrir framan Alþingishúsið við Austurvöll þá endurómum við á einhvern hátt fornar raddir, svona einsog seiðmenn eða miðlar. Það er ekki síst röddin Jóns Sigurðssonar, þjóðhetjunnar sem leiddi sjálfstæðisbaráttuna gegn Dönum, sem talar í gegnum okkur.« Der Verfasser kommentiert selbst den Unterschied zwischen der originalen Formulierung von Jón Sigurðsson »Vér mótmælum allir!« und der modernen Fassung »Við mótmælum öll!«, in der die feierliche

Form des Pronomens *vér* »wir« durch die weniger pathetische *við* und der maskuline Plural *allir* »alle« ersetzt worden ist durch die Neutrumform *öll*, die Frauen und Männer einschließt (vgl. S. 112). Die deutsche Übersetzung 2010 ist an dieser Stelle nicht korrekt und zu unpräzise, um hier übernommen werden zu können.

212 Die englische Übersetzung *Dreamland – A Self Help Manual for a Frightened Nation* (2008) gibt den isländischen Untertitel exakter wieder als die deutsche.

213 Der maßgebliche Text ist die elektronische Ausgabe (http://rna.althingi. is), die zusätzliches Material und eine englische Übersetzung von Teilen des Berichts enthält.

214 Mark J. Flannery, Iceland's Failed Banks: A Post Mortem, Rannsóknarnefnd Alþingis, *Aðdragandi og orsakir falls íslensku bankanna 2008 og tengdir atburðir,* 2010, Bd. 9, S. 91, 107.

215 Thomas Fechner-Smarsly verwendete in seiner Arbeit *Krisenliteratur. Zur Rhetorizität und Ambiguität in der isländischen Sagaliteratur* (1996) den Begriff der Krisenliteratur wohl zum ersten Mal in der Sagaforschung.

216 Guðrún Nordal, Endurtekin stef um óhóf, ofsa og ágirnd, in: *Skírnir* 183 (2009), S. 76–86.

217 Árni Böðvarsson, Bjarni Vilhjálmsson (Hg.), Jón Árnason, *Íslenzkar þjóðsögur og ævintýri,* 2, 1954, S. 11–12; 4, 1956, S. 51: »Víkivaki í Hrunakirkju«. Vgl. dazu auch das gleichnamige Drama »Der Tanz in Hruni. Tragödie in fünf Akten aus isländischen Volkssagen« von Indriði Einarsson (1851–1939), *Dansinn í Hruna. Sorgarleikur í 5 þáttum úr íslenzkum þjóðsögum,* gedruckt 1917 und 1921, aufgeführt 1926.

218 Þórbergur Þórðarson, Mislukkað atómljóð. Á fimmtugsafmæli Kristins E. Andréssonar, zuerst erschienen in der Zeitung *Verkamaðurinn* 34 (1951), Nr. 19, 15.6.1951, S. 3, hier zitiert nach *Edda Þórbergs Þórðarsonar,* 1975, S. 253–255.

219 Bergsveinn Birgisson, *Handbók um hugarfar kúa,* 2009, S. 30: »Bankar virtust stýra öllu í þessu landi núna«.

220 Zitat von der Umschlagrückseite der deutschen Ausgabe, die unter dem Pseudonym Dís Sigurðardóttir firmiert.

221 Jón Örn Loðmfjörð, *Gengismunur. Ljóð úr skýrslu rannsóknarnefndar alþingis,* 2010, S. 15: »enginn heyrir mitt/ efnahagsástand// enginn heyrir eigið/ samþykki// skipulagið er þó nokkuð ljóst«.

222 Jón Örn Loðmfjörð, *Gengismunur,* 2010, S. 19: »í mynd laganna/ í hálfri hönd bréfanna/ í aukinni fjármögnun/ fjármálafyrirtækja/ birtist bankinn«.

223 Jón Örn Loðmfjörð, *Gengismunur,* 2010, S. 21: »eigendur mega allt,/ svona stórir/ stórar eignir/ eru annað mál«.

224 Jón Örn Loðmfjörð, *Gengismunur,* 2010, S. 23: »ekki útibú/ ekki markmið/ ekki félög/ ekki viðskipti// nei// heyri bein/ millilagslán/ í illum// megindráttum«.

225 Jón Örn Loðmfjörð, *Gengismunur*, 2010, S. 73: »eitt eilífðar veð/ með virkan aðila/ sem sér lántakanda sinn/ og deyr«.

226 Jón Örn Loðmfjörð, *Gengismunur*, 2010, S. 75: »þungt er haustið/ yfir okkur formlegt og ljóst/ í miðju heimalandi með/ skuldsett skuldabréf«.

227 Beispiele für belletristische Verlage sind Forlagið (www.forlagid.is), Bjartur (www.bjartur.is), Nýhil Höfundaforlag (http://nihil.org).

228 Eine Auswahl von Kurzerzählungen, die in den letzten Jahren erschienen sind, in deutscher Übersetzung bietet der von Ursula Giger und Jürg Glauser herausgegebene Band *Niemandstal. Junge Literatur aus Island,* 2011. Die von Silja Aðalsteinsdóttir, Jón Bjarni Atlason, Björn Kozempel herausgegebene Anthologie *Isländische Lyrik,* 2011, gibt einen Überblick über die Lyrik von den Anfängen bis heute anhand von Gedichtübersetzungen und berücksichtigt auch zahlreiche aktuelle Lyrikerinnen und Lyriker.

229 Guðmundur Óskarsson, *Vaxandi nánd – orðhviður,* 2007, S. 12: »Tími// Tómt herbergi, samt fullt af birtu. [...] Og það eru spor eftir myndir um veggina, brúnleit hringlaga og ferhyrnd spor. [...] en hér hefur ekkert hangið lengi. Málningin flagnar víða af. [...] eins konar tímaferðalag að hvíla augun á þessum veggjum [...]. Herbergið er alls ekki tómt, hérna er slæðingur af tíma – tíma annarra.«

230 Kristín Ómarsdóttir, *Sjáðu fegurð þína,* 2008 (»Sieh deine Schönheit«), S. 7.

231 Kristín Ómarsdóttir, Zitronenbrust, in: *Isländische Lyrik* (vgl. Anm. 228), S. 162; *Lokaðu augunum og hugsaðu um mig,* 1998, S. 36: »Sítrónubrjóst// Að sumarlagi er best að fá sér sítrónubrjóst/ um eftirmiddaginn innandyra nálægt/ opnum glugga.// Þá skal sneiða sítrónu í tvo jafna hluta/ á eldhúsborðinu en taka/ annan helminginn inn til sín/ og kreista dálítið af vöknanum/ yfir brúna/ mjúka/ hálfsofandi/ geirvörtuna.// Sleikja upp dropana sem renna niður brjóstið/ áður en varirnar eru færðar/ á toppinn.// Sleikja fyrst sjúga svo.// Þegar bragðið dofnar/ endurtakið athöfnina.«

232 Kristín Ómarsdóttir, *Jólaljóð,* 2006, S. 14: »eplamjólk// klukkan þrjú að nóttu fara inní eldhús// hella mjólk í glas, taka fram rautt epli/ eða grænt og setjast niður við borðið// eta eplið, drekka mjólkina// og samhengi tilverunnar// sem skáldin leita/ er fundið«.

233 Guðrún Eva Mínervudóttir, *Fætur konunnar í bókabúðinni,* 2001, isländisches Original bisher unveröffentlicht; dt. »Die Füße der Frau in der Buchhandlung«, in: U. Giger, J. Glauser (Hg.), *Niemandstal. Junge Literatur aus Island,* 2011.

234 Oddný Eir Ævarsdóttir, *Heim til míns hjarta. Ilmskýrsla um árstíð á hæli,* 2009 (»Heim zu meinem Herzen. Duftbericht über eine Saison in der Klinik«), S. 136f.: »Mér finnst leiðinlegt ef það er bara hlandlykt í ilmvatninu mínu, segi ég og tek fram, [...] að mig langi til að hafa lykt af bókum, þótt það sé bæði melankólískt og nostalgískt. Líka lykt af strokleðrum og af plastinu sem maður setti utan um stílabækurnar á fyrsta skóladegi. Af slórinu á leið í skólann, af brenndum laufblöðum og af klessulitum í frjálsa tímanum þegar mátti teikna og borða nestið sitt.«

235 Svava Jakobsdóttirs Roman *Gunnlaðar saga* ist auf Dänisch (*Historien om Gunløo,* 1990), Schwedisch (*Gunnlöds saga,* 1990) und Französisch (*La Saga de Gunnlöd,* 2003), jedoch noch nicht ins Deutsche übersetzt worden.

236 Andri Snær Magnason, Gras, in: *Engar smá sögur,* 1999 (»Keine Kurz-Geschichten«); deutsche Übersetzung: Gras, in: Kolbrún Haraldsdóttir, Hubert Seelow (Hg.), *Flügelrauschen. Erzählungen zeitgenössischer isländischer Autoren,* 2000, S. 7–14.

237 Svava Jakobsdóttir, Saga handa börnum, in: *Veizla undir grjótvegg,* 1967 (»Party unter der Steinmauer«); deutsche Übersetzungen:»Eine Geschichte für Kinder«, in: Heinz Barüske (Hg.), *Moderne Erzähler der Welt, Island,* 1974, S. 328–336; Franz Gislason, Sigurður A. Magnússon, Wolfgang Schiffer (Hg.), *Wortlaut Island. Isländische Gegenwartsliteratur,* 2000, S. 45–50. – Gerður Kristný, Úlfasaga, Saumasystur, in: *Eitruð epli,* 1998 (»Vergiftete Äpfel«); deutsche Übersetzung: »Wolfsgeschichte«, »Nähschwestern«, in: U. Giger, J. Glauser (Hg.), *Niemandstal. Junge Literatur aus Island,* 2011.

Zeittafel

9. – Mitte 11. Jahrhundert: Wikingerzeit

9.–10. Jahrhundert
mündlich tradierte, im 13. Jh. niedergeschriebene Eddalieder, Skaldengedichte und Sagas

Mitte 10. Jahrhundert
Skaldengedichte von Egill Skalla-Grímsson (ca. 900–983)
[dt. K. Schier: *Egils Saga,* 1996]:
– *Höfuðlausn* (»Haupteslösung«), 936
– *Sonatorrek* (»Der Söhne Verlust«), 960
– *Arinbjarnarkviða* (»Gedicht auf Arinbjörn«), 962, u. a.

um 1000
Skaldengedichte von Eilífr Goðrúnarson (10./11. Jh.): *Þórsdrápa* [dt. A. Krause: *Die Edda des Snorri Sturluson,* 1997, »Die Sprache der Dichtkunst« Kap. 18], u. a.
Skaldengedichte von Hallfreðr Óttarsson vandrœðaskáld (gest. um 1007)
[dt. F. Niedner: *Hallfred der Königsskalde,* in: *Vier Skaldengeschichten,* Thule Bd. 9, 1914]:
– *Hákonardrápa* (»Preislied auf Hákon«), um 990
– *Óláfsdrápa* (»Preislied auf Olaf«), 996
– *Óláfsdrápa (Erfidrápa)* (»Klagelied auf Olaf«), 1001, u. a.

Anfang 12. Jahrhundert
Skaldengedichte von Sighvatr Þórðarson (ca. 995 – ca. 1045)
[dt. H.-J. Hube: Snorri Sturluson, *Heimskringla,* 2006]:
– *Víkingarvísur* (»Strophen über die Wikingsfahrten«), 1014–15
– *Nesjavísur* (»Strophen über [die Schlacht bei] Nesjar«), 1016
– *Austrfararvísur* (»Strophen über die Reise nach Osten«), 1019
– *Bersöglisvísur* (»Offenherzige Strophen«), ca. 1038
– *Erfidrápa Óláfs helga* (»Klagelied über Olaf den Heiligen«) ca. 1040, u. a.

ab 1117–18
Aufzeichnung der *Úlfljótslög* (»Úlfljóts-Gesetze«)

Mitte 11. – Mitte 16. Jahrhundert: Mittelalter

1122–33
Ari Þorgilsson (1067/68–1148): *Íslendingabók* [engl. S. Grønlie: *Íslendingabók. Kristni saga. The Book of the Icelanders. The Story of the Conversion,* 2006]

vor/um 1130
älteste Fassung *Landnámabók* [engl. Hermann Pálsson, P. Edwards: *The Book of Settlements,* 1972]

um 1150

Plácítúsdrápa (»Preisgedicht auf Placitus«), anonymes geistliches Gedicht

um 1150

Erster Grammatischer Traktat [engl. Hreinn Benediktsson: *The First Grammatical Treatise,* 1972]

um 1145

Rögnvaldr kali Kolsson (gest. 1158), Hallr Þórarinsson (12. Jh.): *Háttalykill* (»Versmaß-Schlüssel«)

12. Jahrhundert

frühe geistliche Skaldengedichte [dt. W. Lange: *Christliche Skaldendichtung,* 1958]:
- Einar Skúlason (erste Hälfte 12. Jh.): *Geisli* (»Preislied auf den heiligen Olaf«), 1153
- anonym: *Leiðarvísan,* Mitte 12. Jh. [»Wegweisung«/»Himmelsbrief«]
- Gamli kanóki (zweite Hälfte 12. Jh.): *Harmsól,* spätes 12. Jh. [»Sorgensonne«]
- anonym: *Sólarljóð,* um 1200 [»Sonnenlied«], u. a.

zweite Hälfte 12. Jahrhundert

älteste Heiligensagas; *Rómverja saga* (»Saga von den Römern«)

vor 1180

Älteste Óláfs saga hins helga (»Saga von Olaf dem Heiligen«)

1185/88–nach 1202

Sverris saga [dt. Teil-ÜS F. Niedner: *König Sverrir Sigurdsohn,* in: *Norwegische Königsgeschichten* II, Thule Bd. 18, 1925]

vor/um 1190

Veraldar saga (»Weltgeschichte«)

um 1190

Oddr Snorrason (zweite Hälfte 12. Jh.):
- *Óláfs saga Tryggvasonar* (»Saga von Olaf Tryggvason«)

Orkneyinga saga [engl. Hermann Pálsson, P. Edwards: *Orkneyinga Saga,* 1978]

vor 1200

Gunnlaugr Leifsson (gest. 1218/19):
- *Óláfs saga Tryggvasonar* (»Saga von Olaf Tryggvason«)

Trójumanna saga [dt. S. Würth: *Die Saga von den Trojanern,* in: *Antikensagas* I, 1996]; *Jómsvíkinga saga* [engl. L. M. Hollander: *The Saga of the Jomsvikings,* 1955]

1200–20

Gunnlaugr Leifsson: *Jóns saga helga* (»Die Saga vom heiligen Jón«), 1201/20

Mittlere Óláfs saga hins helga (»Saga von Olaf dem Heiligen), kurz nach 1200

Legendarische Óláfs saga hins helga [dt. A. Heinrichs u. a.: *Olafs saga hins helga*, 1982]

Anfang 13. Jh.

Þorláks saga [engl. D. Leith: *The Story of Bishop Thorlak of Skalholt*, in: *Stories of the Bishops of Iceland*, 1895], vor 1211

Morkinskinna [engl. T. M. Andersson, K. E. Gade: *Morkinskinna*, 2000], 1217/22

Fagrskinna [engl. A. Finlay: *Fagrskinna*, 2003], nach 1220

um 1220–um 1230

Snorri Sturluson (1178/79–1241):
- *Prosa-Edda* (Prolog, *Gylfaginning*, *Skáldskaparmál*, *Háttatal*; auch Jüngere oder Snorra-Edda genannt) [dt. A. Krause: *Die Edda des Snorri Sturluson*, 1997], um 1220
- *Óláfs saga hins helga* (»Saga von Olaf dem Heiligen«), 1220/30
- *Heimskringla* [dt. H.-J. Hube: Snorri Sturluson, *Heimskringla*, 2006], um 1230

1220–40

älteste Isländersagas:
- *Færeyinga saga* [engl. G. Johnston: *The Faroe Islanders' Saga*, 1975]
- *Egils saga Skalla-Grímssonar* [dt. K. Schier: *Egils Saga*, 1996]
- *Kormáks saga* [dt. F. Niedner: *Kormak der Liebesdichter*, in: *Vier Skaldengeschichten*, Thule Bd. 9, 1914]
- *Bjarnar saga Hítdœlakappa* [dt. F. Niedner: *Die Skalden Björn und Thord*, in: *Vier Skaldengeschichten*, Thule Bd. 9, 1914]
- *Eyrbyggja saga* [dt. K. Böldl: *Eyrbyggja Saga*, 1999], u. a.

erste Hälfte 13. Jahrhundert

Hungrvaka [engl. D. Leith: *Hungrvaka (The Hunger-wake)*, in: *Stories of the Bishops of Iceland*, 1895]

erste Hälfte/Mitte 13. Jahrhundert

Aufzeichnung der Gesetze:
- *Grágás* [dt. A. Heusler: *Isländisches Recht. Die Graugans*, 1937; engl. A. Dennis u. a.: *Laws of Early Iceland* I-II, 1980/2000]

1226–zweite Hälfte 13. Jahrhundert

Rittersagas:
- *Tristrams saga ok Ísöndar* [dt. H. Uecker: *Die norwegische Saga von Tristram und Königin Isönd*, in: *Der mittelalterliche Tristan-Stoff in Skandinavien*, 2008]
- *Strengleikar* [engl. R. Cook: *Strengleikar*, 1979]
- *Ívens saga* [dt. R. Simek: *Die Saga von Iven*, 1982]
- *Parcevals saga* [dt. R. Simek: *Die Saga von Parceval*, 1982]
- *Erec saga* [engl. M. E. Kalinke: *Erex saga*, in: *Norse Romance* II, 1999]
- *Karlamagnús saga* [engl. C. B. Hieatt: *Karlamagnús saga. The Saga of Charlemagne and his Heroes* I-III, 1975–1980]
- *Þiðreks saga* [dt. F. Erichsen: *Die Geschichte Thidreks von Bern*, Thule Bd. 22, 1924], Mitte 13. Jh., u. a.

Mitte – zweite Hälfte 13. Jahrhundert

mittlere Isländersagas:
- *Eiríks saga rauða* [dt. B. Gottschling: *Die Vinland Sagas,* 1982]
- *Grœnlendinga saga* [dt. B. Gottschling: *Die Vinland Sagas,* 1982]
- *Gísla saga Súrssonar* [dt. F. B. Seewald: *Die Saga von Gisli Sursson,* 1976]
- *Laxdœla saga* [dt. H. Beck: *Laxdœla saga,* 1997]
- *Njáls saga* [dt. H.-P. Naumann: *Njals Saga,* 2005]
- *Hrafnkels saga* [dt. D. Huth: *Die Saga von Hrafnkel dem Freysgoden,* in: *Sagas aus Ostisland,* 1999], u. a.

um 1250

Óláfr Þórðarson hvítaskáld (um 1210–59): *Dritter Grammatischer Traktat,* sog. *Málskrúðsfrœði* (»Lehre vom Sprachschmuck«)

Alexanders saga [dt. S. Würth: *Die Saga von Alexander dem Großen,* in: *Antikensagas* I, 1996]

1264/65

Sturla Þórðarson (1214–84): *Hákonar saga Hákonarsonar* [engl. G. W. Dasent: Sturla Þórðarson, *The Saga of Hakon,* 1894]

um 1275

Haupthandschrift der Lieder-Edda (auch Ältere Edda oder Poetische Edda, früher Sæmundar-Edda genannt), sog. Codex regius (Gl. kgl. Sml. 2365 4to) [dt. W. Krause: *Die Götterlieder der Älteren Edda,* 2006; *Die Heldenlieder der Älteren Edda,* 2001]

zweite Hälfte 13. Jahrhundert

Sturlunga saga [dt. Teil-ÜS W. Baetke: *Geschichten vom Sturlungengeschlecht,* Thule Bd. 24, 1930]

Kristni saga [engl. S. Grønlie: *Íslendingabók. Kristni saga. The Book of the Icelanders. The Story of the Conversion,* 2006]

Fóstbrœðra saga [dt. F. Niedner: *Die Geschichte von den Schwurbrüdern,* in: *Grönländer und Färinger Geschichten,* Thule Bd. 13, 1929]

Vorzeitsagas:
- *Völsunga saga, Ragnars saga loðbrókar* [dt. U. Strerath-Bolz: *Die Saga von den Völsungen, Die Saga von Ragnar Lodbrok,* in: *Isländische Vorzeitsagas* I, 1997], u. a.

1281

Jónsbók (»Das Buch von Jón [Einarsson]«) [engl. J. Schulman: *Jónsbók,* 2010], Gesetzeskodex

Ende 13./Anfang 14. Jahrhundert

Líknarbraut (»Gnadenweg«) [engl. G. S. Tate: *Líknarbraut,* 1974), anonymes geistliches Gedicht

kurz vor 1300

Guðmundar saga biskups / góða (»Saga von Guðmundr / dem Guten«), weitere
Fassungen Beginn 14. Jh., erste Hälfte 14. Jh. (Kompilator Bergr Sokkason
[gest. 1345]), um 1345 (Kompilator Arngrímr Brandsson [14. Jh.])

um 1300

Óláfs saga Tryggvasonar en mesta (»Die große Saga von Olaf Tryggvason«)

um 1300/erste Hälfte 14. Jahrhundert

älteste Märchensagas [dt. J. Glauser u. a.: *Isländische Märchensagas* I, 1998]

Vorzeitsagas

späte Isländersagas:
– *Grettis saga* [dt. H. Seelow: *Grettis Saga,* 1998], u. a.

Rímur

1328–87

Flateyjarbók (»Das Buch von Flatey«), Königssaga-Kompilation

um 1350

Eysteinn Ásgrímsson (ca. 1310–61): *Lilja* [dt. W. Lange: »Die Lilie. Ein Marien-
psalm aus dem 14. Jahrhundert«, in: *Christliche Skaldendichtung,* 1958]

14. und 15. Jahrhundert

Mariendichtung:
– *Maríudrápa* (»Preislied auf Maria«), *Maríugrátr* (»Marienklage«), *Maríuvísur*
  (»Strophen über Maria«) u. a.
– Rímur; Balladen; Märchensagas

um 1500

Sigurðr blindi (ca. 1470–1545): *Rósa* (»Rose«), Gedicht

Skáld-Sveinn (frühes 16. Jh.): *Heimsósómi* (»Weltklage«), Gedicht

um 1530

erste Buchdruckerei von Bischof Jón Arason nach Island gebracht

Mitte 16. Jahrhundert – Mitte 17. Jahrhundert: Reformation, Humanismus

1540

Oddur Gottskálksson (1500–56): *Hid nya Testament* (»Das neue Testament«),
Übersetzung des NT, ältestes bewahrtes Buch auf Isländisch, gedruckt in
Roskilde (Dänemark)

1584

Guðbrandur Þorláksson (1541/42–1627): *Biblia. Það er øll Heiløg Ritning, vtløgd a Norrænu* (»Bibel. Das ist die ganze Heilige Schrift, auf Nordisch übersetzt«), Übersetzung des AT und NT (sog. *Guðbrandsbiblía*), gedruckt in Hólar (Nordisland)

1589

Guðbrandur Þorláksson: *Ein ny Psalma Bok* (»Ein neues Psalmenbuch«), Hólar

zweite Hälfte 16./Anfang 17. Jahrhundert

Einar Sigurðsson í Eydölum (1539–1626): Psalmen, Gedichte

1593

Arngrímur Jónsson (1568–1648): *Brevis commentarius de Islandia* [engl.: »A briefe commentarie of Island«, in: R. Hakluyt, *The Principal Navigations* I 1598]

um 1600

Oddur Einarsson (1559–1630): *Qualiscunque descriptio Islandiæ* (»Eine Beschreibung Islands«)

1609

Arngrímur Jónsson: *Crymogæa* (»Island«)

1612

Guðbrandur Þorláksson: *Ein Ny Wiisna Bok* (»Ein neues Liederbuch«), Hólar

nach 1637

Ólafur Egilsson (1564–1639): *Reisubók* [engl. Karl Smári Hreinsson, A. Nichols: *The Travels of Reverend Ólafur Egilsson,* 2008]

1643

Arngrímur Jónsson: *Specimen Islandiæ historicum* (»Historische Kennzeichen Islands«)

1647–48

Guðmundur Andrésson (1614–54): *Discursus oppositivus* (»Gegenrede«)

Mitte 17. Jahrhundert – Mitte 18. Jahrhundert: Barock

vor 1644

Jón Guðmundsson lærði (1574–1658): *Um Íslands aðskiljanlegar náttúrur* (»Über Islands verschiedene Naturen«), naturwissenschaftliche Schrift

1644

Jón Guðmundsson: *Tíðfordríf* (»Zeitvertreib«), Miscellaneum

um 1660

Jón Ólafsson Indíafari (1593–1679): *Reisubók* [engl. B. S. Phillpotts: *The Life of the Icelander Jón Ólafsson, Traveller to India* I-II, 1923/1931], Reiseerzählung

1658–59

Jón Magnússon (ca. 1610–96): *Píslarsaga* [engl. M. Fell: *And Though this World with Devils Filled. A Story of Sufferings,* 2007], Autobiographie

1666

Hallgrímur Pétursson (1614–74): *Passíusálmar* [dt. W. Klose: *Die Passionspsalmen des isländischen Dichters Hallgrímur Pétursson,* 1974]

Mitte 17. – Anfang 18. Jahrhundert

Stefán Ólafsson (ca. 1619–88): Lyrik

Bjarni Gissurarson (1621–1712): Lyrik

Guðmundur Bergþórsson (1657–1705): Rímur

Árni Magnússon (1663–1730): historische und philologische Schriften

1711

Þorleifur Halldórsson (ca. 1683–1713): *Lof lyginnar* (»Lob der Lüge«), Satire

1718/20

Jón Vídalín (1666–1720): *Hús-Postilla* (»Hauspostille«) [engl. M. Fell: *Whom Wind and Waves Obey,* 1998]

18. Jahrhundert

Jón Ólafsson úr Grunnavík (1705–79): wissenschaftliche Schriften

Mitte 18. Jahrhundert – um 1830: Aufklärung

1756–64

Eggert Ólafsson (1726–68): *Búnaðarbálkur* (»Zyklus vom Landsleben«), Lehrgedicht

1772

Eggert Ólafsson, Bjarni Pálsson (1719–79): *Reise igiennem Island* [dt.: *Reise durch Island,* 1775]

1756–75

Sagan af Parmes Loðinbirni (»Saga von Loðinbjörn«), robinsonadenartige Saga

zweite Hälfte 18. Jahrhundert

Jón Þorláksson (1744–1819): Übersetzungen von Gedichten von Pope, Milton, Klopstock, Gellert, Tullin, Baggesen u. a.

Sigurður Breiðfjörð (1759–1827): Lyrik, Rímur

1785–91
Jón Steingrímsson (1728–91): *Ævisaga* (»Autobiographie«)

um 1795
Árni Magnússon frá Geitastekki (1726–1801): *Ferðasaga* (»Reiseerzählung«)

Ende 18. Jahrhundert
Eiríkur Laxdal (1743–1816): utopische, volkstümliche Erzählungen:
– *Ólandssaga* (»Geschichte von Unland«), nach 1775
– *Saga Ólafs Þórhallasonar* (»Saga von Ólafur Þórhallason«), um 1800

1808
Magnús Stephensen (1762–1833): *Island i det Attende Aarhundrede* (»Island im 18. Jh.«), Essay

Um 1830–1880: Romantik, Nationalromantik

Anfang 19. Jh.
Bjarni Thorarensen (1786–1841): Lyrik

1827–
Skírnir, Zeitschrift

1834–35
Tómas Sæmundsson (1807–41): *Ferðabók* (»Reisebuch«), daneben Lyrik

1835–48
Fjölnir, Zeitschrift

1830er Jahre
Jónas Hallgrímsson (1807–45): Lyrik [dt. J. C. Poestion: *Isländische Dichter der Neuzeit*, 1897]
– *Ísland*, 1835
– *Gunnarshólmi*, 1838
– *Fjallið Skjaldbreiður* (»Der Berg Skjaldbreiður«), 1841, u. a.
– *Grasaferð*, um 1836 [dt. J. C. Poestion: »Auf der Moossuche«, in: *Isländische Dichter der Neuzeit*, 1897], Erzählung

Mitte 19. Jahrhundert
Hjálmur Jónsson á Bólu (1796–1875): Lyrik, Rímur

1850
Jón Thoroddsen (1818–68): *Piltur og stúlka* [dt. J. C. Poestion: *Jüngling und Mädchen*, 1883], Roman

1861
Kristján Jónsson (1842–69): *Dettifoss* [dt. J. C. Poestion: »[Der Wasserfall] Dettifoss«, in: *Isländische Dichter der Neuzeit*, 1897], Gedicht

Benedikt Gröndal (1826–1907): *Sagan af Heljarslóðarorrustu* (»Die Geschichte von der Schlacht bei den Höllenfeldern [Solferino]«), historischer Roman

1862

Matthías Jochumsson (1835–1920): *Útilegumennirnir / Skugga-Sveinn* (»Die Geächteten / Schatten-Sveinn«), Drama

1862–64

Jón Árnason (1819–88), Magnús Grímsson (1825–60): *Íslenzkar þjóðsögur og æfintýri* [dt. K. Maurer: *Isländische Volkssagen der Gegenwart*, 1860; M. Lehmann-Filhés: *Isländische Volkssagen* I-II, 1889–91; K. Schier: *Märchen aus Island*, 1983]

1872

Indriði Einarsson (1851–1939): *Nýársnóttin* [dt. P. Herrmann: *Die Neujahrsnacht,* 1910], Drama

1876

Jón Thoroddsen: *Maður og kona* [dt. Teil-ÜS M. Lehmann-Filhés: »Ein Abend in einem Bauernheim«, in: Valtýr Guðmundsson, *Island am Beginn des 20. Jahrhunderts,* 1904]

Grímur Thomsen (1820–96): Lyrik, z. B. *Á Sprengisandi* [dt. Ph. Schweitzer: »In der ›Sprengisand-Wüste‹«, in: *Island. Land und Leute,* 1885]

1873–74

Matthías Jochumsson: *Ó, Guð vors lands* (»Oh, Gott unseres Landes«) [dt. J. C. Poestion, in: *Eislandblüten,* 1904], isländische Nationalhymne

1880–1920: Realismus/Naturalismus, Neuromantik, Symbolismus, Neurealismus

zweite Hälfte 19. Jahrhundert

Gestur Pálsson (1852–91): Erzählungen

1882

Verðandi, Zeitschrift

Torfhildur Hólm (1845–1918): *Brynjólfur biskup Sveinsson* (»Bischof B.S.«), Roman

1902

Þorgils gjallandi (Pseudonym für Jón Stefánsson, 1851–1915): *Upp við fossa* [dt. H. Erkes: *Oben bei den Wasserfällen,* in: *Rheinische Zeitung* Jan.-Febr. 1908], Roman

1888

Einar Hjörleifsson Kvaran (1859–1938): *Vonir* [dt. E. S. Kvaran: »Hoffnungen«, in: *Isländische Erzählungen,* 1938]

Ende 19./Anfang 20. Jahrhundert

Hannes Hafstein (1861–1922): Lyrik

Einar Benediktsson (1864–1940): Lyrik

1909–38

Stephan G. Stephansson (1853–1927): *Andvökur* (»Nachtwachen«)

1911

Jóhann Sigurjónsson (1880–1919): *Bjærg-Ejvind og hans Hustru* (dänisch) [dt. A. F. Cohn: *Berg-Eyvind und sein Weib,* 1913], Drama

1912–14

Gunnar Gunnarsson (1889–1975): *Borgslægtens Historie* (dänisch) [dt. J. Sandmeier: *Die Leute auf Borg,* 1927], Roman

1913

Jón Sveinsson (1857–1944): *Nonni* (deutsch), Kinderbuch

1918

Stefán Sigurðsson frá Hvítadal (1887–1933): *Söngvar förumannsins* (»Lieder des Landstreichers«), Gedichtsammlung

1919

Sigurður Nordal (1886–1974): *Hel* (»Hölle«), Prosagedicht

1919

Davíð Stefánsson (1895–1964): *Svartar fjaðrir* (»Schwarze Federn«), Gedichtsammlung

1920–1950: Avantgarde, Sozialer Realismus

1920

Guðmundur Kamban (1888–1945): *Vi Mordere* (dänisch) [engl. E. Haugen: *We Murderers,* 1970], Drama

1922

Þórbergur Þórðarson (1889–1974): *Hvítir hrafnar* (»Weiße Raben«), Gedichtsammlung

1924

Þórbergur Þórðarson: *Bréf til Láru* (»Brief an Laura«), Roman

1927

Halldór Laxness (1902–98): *Vefarinn mikli frá Kasmír* [dt. H. Seelow: *Der große Weber von Kaschmir,* 1988], Roman

1923–28
Gunnar Gunnarsson: *Kirken paa Bjerget* (dänisch) [dt. E. Magnus: *Schiffe am Himmel, Nacht und Traum, Der unerfahrene Reisende,* 1928–1931], Romanzyklus

1929
Gunnar Gunnarsson: *Svartfugl* (dänisch) [dt. K.-L. Wetzig: *Schwarze Vögel,* 2009], Roman

1930–34
Guðmundur Kamban: *Skaalholt* (dänisch) [dt. E. Schaper: *Die Jungfrau auf Skalholt, Der Herrscher auf Skalholt,* 1934–38], Romanzyklus

1930–31
Halldór Laxness: *Salka Valka* [dt. H. Seelow: *Salka Valka,* 2007], Roman

1932
Gunnar Gunnarsson: *Vikivaki* (dänisch) [dt. H. de Boor: *Vikivaki oder Die goldene Leiter,* 1935], Roman

1933
Þórbergur Þórðarson: *Pistill skrifaði …,* I (»Die Epistel schrieb …«), Essays
Tómas Guðmundsson: *Fagra veröld* (»Schöne Welt«), Gedichtsammlung

1934–35
Halldór Laxness: *Sjálfstætt fólk* [dt. B. Kress: *Sein eigener Herr,* 1992], Romanzyklus

1936–39
Hulda (Pseudonym für Unnur Bjarklind, 1881–1946): *Dalafólk* (»Leute aus den Tälern«), Romanzyklus

1937
Steinn Steinarr (Pseudonym für Aðalsteinn Kristmundsson, 1908–58): *Ljóð* (»Gedichte«)
Gunnar Gunnarsson: *Advent* (dänisch) [dt. H. de Boor: *Advent im Hochgebirge,* 1936], Erzählung

1937–40
Halldór Laxness: *Heimsljós* [dt. H. Seelow: *Weltlicht,* 2000], Romanzyklus

1938
Þórbergur Þórðarson: *Íslenzkur aðall* (»Isländischer Adel«)
[dt. Teil-ÜS H. H. Reykers: *Unterwegs zu meiner Geliebten,* 1960], Roman

1940–41
Þórbergur Þórðarson: *Ofvitinn* (»Das Genie«), Roman

1941
Davíð Stefánsson: *Gullna hliðið* [engl. G. M. Gathorne-Hardy: *The Golde Gate,* in: *Fire and Ice,* 1967], Drama

Þórbergur Þórðarson: *Edda Þórbergs Þórðarsonar* (»Die Edda des Þórbergur Þórðarson«), Gedichtsammlung

1943–46

Halldór Laxness: *Íslandsklukkan* [dt. H. Seelow: *Die Islandglocke,* 1993], Roman

1946

Jón (Jónsson) úr Vör (1907–2000): *Þorpið* (»Das Dorf«), Gedichtsammlung

1948

Halldór Laxness: *Atómstöðin* [dt. H. Seelow: *Atomstation,* 1989], Roman

Steinn Steinarr: *Tíminn og vatnið* [dt. M. Bergsson: *Zeit und Wasser,* 1997], Gedichtsammlung

1950–1970: Modernismus und Sozialkritik

1950er/1960er Jahre

Snorri Hjartarson (1906–86): Lyrik

Lyrik der ›Atomdichter‹:
– Stefán Hörður Grímsson (1919–2002)
– Einar Bragi (1921–2005)
– Jón Óskar (1921–98)
– Hannes Sigfússon (1922–97)
– Sigfús Daðason (1928–96)

1950

Elías Mar (1924–2007): *Vögguvísa* [dt. Atli Olafson, W. Friese: *Chibaba, chibaba: Bruchstück eines Abenteuers,* 1958], Roman

1952

Halldór Laxness: *Gerpla* [dt. B. Kress: *Die glücklichen Krieger,* 1991], Roman

1955

Halldór Laxness erhält den Literatur-Nobelpreis

Indriði G. Þorsteinsson (1926–2000): *79 af stöðinni* [dt. B. Wahl: *Taxi 79 ab Station,* 2011], Roman

1957

Halldór Laxness: *Brekkukotsannáll* [dt. H. Seelow: *Das Fischkonzert,* 1997], Roman

1960

Halldór Laxness: *Paradísarheimt* [dt. B. Kress: *Das wiedergefundene Paradies,* 1993], Roman

1963

Indriði G. Þorsteinsson: *Land og synir* [dt. R. Öhquist: *Herbst über Island,* 1966], Roman

1965

Svava Jakobsdóttir (1930–2004): *Tólf konur* (»Zwölf Frauen«), Erzählungen

1966

Guðbergur Bergsson (geb. 1932): *Tómas Jónsson metsölubók* (»Tómas Jónsson, Bestseller«), Roman

1967

Svava Jakóbsdóttir: *Veizla undir grjótvegg* [engl. *Feast under a Stone Wall,* 1974], Erzählungen

1968

Halldór Laxness: *Kristnihald undir jökli* [dt. B. Kress: *Am Gletscher,* 1989], Roman
Thor Vilhjálmsson (1925–2011): *Fljótt fljótt sagði fuglinn* [engl. J. O'Kane: *Quick Quick Said the Bird,* 1987], Roman
Jakobína Sigurðardóttir: *Snaran* (»Die Schlinge«), Roman

1969

Svava Jakobsdóttir: *Leigjandinn* [engl. J. M. D'Arcy u. a.: *The Lodger and Other Stories,* 2000], Roman
Þorsteinn frá Hamri (geb. 1938): *Himinbjargarsaga eða Skógardraumur* (»Die Geschichte von Himinbjörg oder ein Waldtraum«), Roman

1970–2010: Sozialrealismus, Magischer Realismus, Postmoderne

1970

Halldór Laxness: *Innansveitarkronika* [dt. F. Nothardt: *Kirchspielchronik,* 2005], Essayroman

1972

Halldór Laxness: *Guðsgjafaþulan* [dt. B. Kress: *Die Litanei von den Gottesgaben,* 1994], Roman
Jökull Jakobsson (1933–78): *Dómínó,* Drama

1974

Guðrún Helgadóttir (geb. 1935): *Jón Oddur og Jón Bjarni* [dt. G. Neumann: *Jon und Jan,* 1981], Kinderbuch

1975

Halldór Laxness: *Í túninu heima* [dt. Jón Laxdal: *Auf der Hauswiese,* 1978], Autobiographie

Vésteinn Lúðvíksson (geb. 1944): *Eftirþankar Jóhönnu* (»Johannas Überlegungen«), Roman

1976

Pétur Gunnarsson (geb. 1947): *Punktur punktur komma strik* (»Punkt, Punkt, Komma, Strich«), Roman

1977

Hafliði Vilhelmsson (geb. 1953): *Leið 12: Hlemmur – Fell* (»[Bus]Linie 12: Hlemmur – Fell«), Roman

1978

Þórarinn Eldjárn (geb. 1949): *Disneyrímur,* Gedichtsammlung

1982

Einar Már Guðmundsson (geb. 1954): *Riddarar hringstigans* [dt. G. M. Hanneck-Kloes: *Die Ritter der runden Treppe,* 1999], Roman

1983

Einar Kárason (geb. 1955): *Þar sem djöflaeyjan rís* [dt. M. Bergsson: *Die Teufelsinsel,* 1997], Roman

1985

Þórarinn Eldjárn: *Margsaga* (»Vielgeschichte«), Erzählungen

1986

Thor Vilhjálmsson: *Grámosinn glóir* [dt. M. Bergsson: *Graumoos,* 1998], Roman
Steinunn Sigurðardóttir (geb. 1950): *Tímaþjófurinn* [dt. C. Bürling: *Der Zeitdieb,* 1997], Roman

1987

Svava Jakobsdóttir: *Gunnlaðar saga* (»Saga von Gunnlöð«), Roman

1989

Vigdís Grímsdóttir (geb. 1953): *Ég heiti Ísbjörn, ég er ljón* (»Ich heiße Ísbjörg, ich bin ein Löwe«), Roman

1990

Gyrðir Elíasson (geb. 1961): *Svefnhjólið* [dt. G. Kreutzer: *Das Schlafrad,* 1996], Roman

1992

Kristín Ómarsdóttir (geb. 1962): *Svartir brúðarkjólar* (»Schwarze Brautkleider«), Roman

1993

Ragna Sigurðardóttir: *Borg* (»Stadt«), Roman
Einar Már Guðmundsson: *Englar alheimsins* [dt. A. Gundlach: *Engel des Universums,* 1998], Roman

224

1995

Steinunn Sigurðardóttir: *Hjartastaður* [dt. C. Bürling: *Herzort,* 2001], Roman

Kristín Marja Baldursdóttir: *Mávahlátur* [dt. C. Bürling, R. Einarsson: *Möwengelächter,* 2001], Roman

1996

Þórarinn Eldjárn: *Brotahöfuð* [engl. B. Scudder: *The Blue Tower,* 1999], Roman

Vigdís Grímsdóttir: *Z – ástarsaga* [engl. A. Jeeves: *Z – A Love Story,* 1997], Roman

Hallgrímur Helgason (geb. 1959): *101 Reykjavík* [dt. K.-L. Wetzig: *101 Reykjavík,* 2002], Roman

Andri Snær Magnason (geb. 1973): *Bónus ljóð* (2. ergänzte Aufl. 2003) [dt. *BÓNUS Supermarktgedichte,* 2011], Gedichtsammlung

1997

Kristín Ómarsdóttir: *Elskan mín ég dey* (»Meine Liebe, ich sterbe«), Roman

Jón Kalman Stefánsson (geb. 1963): *Sumarið bak við brekkuna* [dt. K.-L. Wetzig: *Der Sommer hinter dem Hügel,* 2001], Roman

Arnaldur Indriðason (geb. 1961): *Synir duftsins* [dt. C. Bürling: *Menschensöhne,* 2005], Kriminalroman

1998

Gerður Kristný (geb. 1970): *Eitruð epli* (»Vergiftete Äpfel«), Erzählungen

1999

Andri Snær Magnason: *Sagan af bláa hnettinum* [dt. A. Blum: *Die Geschichte vom blauen Planeten,* 2007], Kinderbuch

2000

Guðrún Eva Mínervudóttir (geb. 1976): *Fyrirlestur um hamingjuna* (»Vorlesung über das Glück«), Roman

2001

Hallgrímur Helgason: *Höfundur Íslands* [dt. K.-L. Wetzig: *Vom zweifelhaften Vergnügen, tot zu sein,* 2005]

2002

Sigurbjörg Þrastardóttir (geb. 1973): *Sólar saga* (»Geschichte von Sól«), Roman

2003

Sjón (Sigurjón B. Sigurðsson, geb. 1962): *Skugga-Baldur* [dt. B. Wahl: *Schattenfuchs,* 2007]

2004

Jón Atli Jónasson (geb. 1972): *Rambo 7* [dt. K. Magnusson: *Rambo 7,* 2005], Drama

Kristín Eiríksdóttir (geb. 1981): *Kjötbærinn* (»Die Fleischstadt«), Erzählungen/ Gedichte

2006
Andri Snær Magnason: *Draumalandið* [dt. St. Fahrner: *Traumland,* 2011], Essay

2007
Jón Kalman Stefánsson: *Himnaríki og helvíti* [dt. K.-L. Wetzig: *Himmel und Hölle,* 2009], Roman

Sigurlín Bjarney Gísladóttir (geb. 1975): *Fjallvegir í Reykjavík* (»Bergstraßen in Reykjavík«), Prosagedichte

2008
Guðrún Eva Mínervudóttir: *Skaparinn* [dt. T. Flecken: *Der Schöpfer,* 2011], Roman

Steinar Bragi (geb. 1975): *Konur* [dt. Kristof Magnusson: *Frauen,* 2011], Roman

Sjón: *Rökkurbýsnir* [dt. B. Wahl: *Das Gleißen der Nacht,* 2011], Roman

Hermann Stefánsson (geb. 1968): *Algleymi* [dt. R. Kölbl: *Guðjón Ólafssons Zeitreise als Laborratte,* 2011], Roman

2009
Oddný Eir Ævarsdóttir (geb. 1972): *Heim til míns hjarta* (»Heim zu meinem Herzen«), Roman

Guðmundur Óskarsson (geb. 1978): *Bankster* [dt. A. Lüders: *Bankster,* 2011], Roman

Einar Már Guðmundsson: *Hvítabókin* [dt. G. M. H. Kloes: *Wie man ein Land in den Abgrund führt,* 2010], Essays

Steinunn Sigurðardóttir: *Góði elskhuginn* [dt. C. Bürling: *Der gute Liebhaber,* 2011], Roman

2010
Gerður Kristný: *Blóðhófnir* (»Bluthuf«), Gedichtsammlung

Für allgemeine Überblicke über die Geschichte der isländischen Literatur vgl. vor allem Vésteinn Ólason u. a. (Hg.), *Íslensk bókmenntasaga,* 1–5, 1992–2006, die großangelegte, zur Zeit maßgebliche Darstellung der isländischen Literatur von den Anfängen bis in die Gegenwart; außerdem Jürg Glauser (Hg.), *Skandinavische Literaturgeschichte,* 2006; Daisy Neijman, *A History of Icelandic Literature,* 2006. – Eine Einführung in die mittelalterliche Literatur gibt Heiko Uecker, *Geschichte der altnordischen Literatur,* 2004. In allen diesen Werken finden sich Hinweise auf einzelne Gattungen, Epochen, Autorinnen und Autoren und ihre Texte, die in der vorliegenden Darstellung nicht systematisch aufgegriffen werden können. Folgende Einführungen lassen sich für die einzelnen mittelalterlichen Gattungen heranziehen: Klaus von See, *Skaldendichtung. Eine Einführung,* 1980; Rudolf Simek, *Die Edda,* 2007; Kurt Schier, *Sagaliteratur,* 1970; Vésteinn Ólason, *Dialogues with the Viking Age. Narration and Representation in the Sagas of the Icelanders,* 1998; Margaret Clunies Ross, *The Cambridge Introduction to the Old Norse-Icelandic Saga,* 2010. Ein ausgezeichnetes Nachschlagewerk ist nach wie vor Phillip Pulsiano (Hg.), *Medieval Scandinavia. An Encyclopedia,* 1993. – Für die moderne isländische Literatur fehlen leider entsprechende Werke.

Literaturverzeichnis

Hinweise zum Weiterlesen und für eingehendere Information sind an dieser Stelle – in Auswahl – zusammengestellt. Wo vorhanden, werden Werke in deutscher oder englischer Sprache angegeben. Die in den Anmerkungen zu den vier Kapiteln des Buches (s. S. 183 ff.) genannten Titel sind hier nur aufgenommen, wenn sie von allgemeinerem Interesse sind. In den hier angegebenen Werken finden sich weiterführende Literaturhinweise. Zur Information über die wichtigsten Werke der isländischen Literatur steht die ausführliche Zeittafel (S. 211 ff.) zur Verfügung.

Gegnir.is – ein äußerst nützliches Bibliotheksinformationssystem, das den gesamten isländischen Nationalkatalog zugänglich macht – gibt es auch in einer englischen Version. Hier ist das ganze Schrifttum von und über Island verzeichnet.

1. Landeskunde, Geschichte, Theater, Musik, Kunst, Film

Íslenska Alfræðiorðabókin, 1–3, 1990 [Enzyklopädie Islands]

Schutzbach, Werner, *Island – Feuerinsel am Polarkreis*, 3. Aufl., 1985

Gunnar Karlsson, *The History of Iceland*, 2002

Jón R. Hjálmarsson, *History of Iceland. From the Settlement to the Present Day*, 1993

Sigurður Líndal (Hg.), *Saga Íslands*, 1–, 1974 [große, noch nicht fertiggestellte Geschichte Islands von den Anfängen bis heute]

Sveinn Einarsson, *Íslensk leiklist*, 1–2, 1991–96 [Geschichte des isländischen Theaters]

Sveinn Einarsson, *A People's Theatre Comes of Age. A study of the Icelandic theatre 1860–1920*, 2007

Andersson, Gregor (Hg.), *Musikgeschichte Nordeuropas. Dänemark, Finnland, Island, Norwegen, Schweden*, 2001

Björn Th. Björnsson, *Íslenzk myndlist á 19. og 20. öld. Drög að sögulegu yfirliti*, 1–2, 1964–73 [lange einziger Überblick über die isländische Kunstgeschichte]

Ólafur Kvaran (Hg.), *Íslensk listasaga*, 1–5, 2011 [große Geschichte der isländischen Kunst vom 19. Jahrhundert bis heute]

Schoen, Christian, Halldór Björn Rúnólfsson (Hg.), *Icelandic Art Today*, 2009

Guðni Elísson (Hg.), *Heimur kvikmyndanna*, 1999 [enthält einen Überblick über die Geschichte des isländischen Films]

2. Sprache

Bandle, Oskar u.a. (Hg.), *The Nordic Languages. An International Handbook of the History of the North Germanic Languages*, 1–2, 2002–05 [sprachhistorisches Standardwerk]

Björn Ellertsson, *Íslensk þýsk orðabok. Isländisch deutsches Wörterbuch*, 1993

Braunmüller, Kurt, *Die skandinavischen Sprachen im Überblick*, 3. Aufl., 2007
Haugen, Einar, *Die skandinavischen Sprachen. Eine Einführung in ihre Geschichte*, 1984
Magnús Pétursson, *Isländisch. Eine Übersicht über die moderne isländische Sprache mit einem kurzen Abriß der Geschichte und Literatur Islands*, 1978
Stefán Karlsson, *The Icelandic Language*, 2004
Wahl, Betty, *Isländisch: Sprachplanung und Sprachpurismus*, 2008

3. Übersetzungsbibliographien

Mitchell, P.M., Kenneth H. Ober, *Bibliography of Modern Icelandic Literature in Translation*, 1975; Kenneth Ober, *Bibliography of Modern Icelandic Literature in Translation. Supplement 1971–1980*, 1990
Knüppel, Christine, *Isländische Literatur in deutscher Übersetzung, 1860–2000*, 2002

4. Literaturgeschichte

Geschichte der isländischen Literatur
Glauser, Jürg (Hg.), *Skandinavische Literaturgeschichte*, 2006
Neijman, Daisy (Hg.), *A History of Icelandic Literature*, 2006
Stefán Einarsson, *A History of Icelandic Literature*, 1957
Vésteinn Ólason u.a. (Hg.), *Íslensk bókmenntasaga*, 1–5, 1992–2006 [großer historischer Überblick über die isländische Literatur von den Anfängen bis heute]

Isländische Literatur in der Wikingerzeit und im Mittelalter
Byock, Jesse L., *Medieval Iceland. Society, Sagas, and Power*, 1988
Byock, Jesse L., *Viking Age Iceland*, 2001
Clunies Ross, Margaret, *A History of Old Norse Poetry and Poetics*, 2005
Clunies Ross, Margaret, *The Cambridge Introduction to The Old Norse-Icelandic Saga*, 2010
Gísli Sigurðsson, Vésteinn Ólason (Hg.), *The Manuscripts of Iceland*, 2004
Glauser, Jürg, *Isländische Märchensagas. Studien zur Prosaliteratur im spätmittelalterlichen Island*, 1983
Jónas Kristjánsson, *Eddas und Sagas. Die mittelalterliche Literatur Islands*, 1994
Jónas Kristjánsson, *Icelandic Manuscripts. Sagas, history and art*, 1993
McTurk, Rory (Hg.), *A Companion to Old Norse-Icelandic Literature and Culture*, 2. Aufl., 2007
Pulsiano, Phillip u.a. (Hg.), *Medieval Scandinavia. An Encyclopedia*, 1993
Schier, Kurt, *Sagaliteratur*, 1970
Simek, Rudolf, *Die Edda*, 2007
Uecker, Heiko, *Geschichte der altnordischen Literatur*, 2004
Vésteinn Ólason, *Dialogues with the Viking Age. Narration and Representation in the Sagas of the Icelanders*, 1998
von See, Klaus, *Skaldendichtung. Eine Einführung*, 1980

Isländische Literatur von der Reformation bis ins 19. Jahrhundert

Driscoll, Matthew James, *The Unwashed Children of Eve. The Production, Dissemination and Reception of Popular Literature in Post-Reformation Iceland*, 1997

Finnur Sigmundsson, *Rímnatal*, 1966

Margrét Eggertsdóttir, *Barokkmeistarinn. List og lærdómur í verkum Hallgríms Péturssonar*, 2005 [maßgebliche Arbeit über den wichtigsten isländischen Barockdichter; englische Zusammenfassung]

Páll Eggert Ólason, *Menn og menntir siðskiptaaldarinnar á Íslandi*, 1–4, 1919–26 [wichtiger kulturhistorischer Überblick über das Zeitalter der Reformation in Island]

Ringler, Dick, *Bard of Iceland. Jónas Hallgrímsson, Poet and Scientist*, 2002

Schaer, Karin, ...dette hidindtil saa lidet, dog mangesteds urigtig bekiendte Land. *Die Umdeutung des Islandbildes in Eggert Ólafssons Reise igiennem Island und ihr Einfluss auf die Konstruktion einer isländischen Identität im 18. Jahrhundert*, 2007

Senner, W.M., *The Reception of German Literature in Iceland, 1775–1850*, 1985

Vésteinn Ólason, *The Traditional Ballads of Iceland. Historical studies*, 1982 [zentrale Studie zur isländischen Volksballade]

Vilhjálmur Þ. Gíslason, *Íslensk endurreisn. Tímamótin í menningu 18. og 19. aldarinnar*, 1923

Vilhjálmur Þ. Gíslason, *Eggert Ólafsson*, 1926

Isländische Literatur im 20. Jahrhundert

Friese, Wilhelm, *Halldór Laxness. Die Romane. Eine Einführung*, 1995

Halldór Guðmundsson, *Halldór Laxness. Ævisaga*, 2004 [große Laxness-Biographie]

Halldór Guðmundsson, *Halldór Laxness. Leben und Werk*, 2002

Kaspar, Ingolf, *Minimalismus und Groteske im Kontext der postmodernen Informationskultur. Ästhetische Experimente in der norwegischen und isländischen Gegenwartsliteratur*, 2001

Kristinn E. Andrésson, *Íslenzkar nútímabókmenntir 1918–1948*, 1949; schwedische Übersetzung: *Det moderna Islands litteratur 1918–1948*, 1955 [Überblick über die isländische Literatur 1918–48]

Isländische Gegenwartsliteratur

Tímarit Máls og menningar [führende Kulturzeitschrift Islands]

Skírnir [wichtige literarisch-historische Zeitschrift]

www.bokmenntir.is [Informationsportal zur isländischen Gegenwartsliteratur, auch auf Englisch]

www.sagenhaftes-island.is [Informationsportal des Projektbüros »Sagenhaftes Island«, das den Auftritt Islands als Ehrengast an der Frankfurter Buchmesse 2011 vorbereitet hat]

Personen- und Titelregister

Das Register umfasst die Namen und Werke von Autorinnen und Autoren sowie historische Persönlichkeiten, die in den Textkapiteln und in den Anmerkungen (S. 1–210) erwähnt werden. Auch anonyme Werke sind erfasst. Die in der Zeittafel (S. 211–226) und im Literaturverzeichnis (S. 227–230) erwähnten Namen und Titel sind im Register nicht berücksichtigt. Isländische Namen werden entsprechend den isländischen Gepflogenheiten nach dem Vornamen aufgeführt. Dasselbe gilt für antike und mittelalterliche Namen. Namen, die mit Þ- beginnen, sind am Ende des Alphabets zu finden.

Adam von Bremen (gest. 1081/85) 24, 31
Aðalgeir Kristjánsson 201
Ältere Edda 83, 90, siehe auch Edda
Af frú Olif 100, 102, 103
Ágætar fornmannasögur 108
Alda Björk Valdimarsdóttir 203
Alfredson, Hans (geb. 1931) 23, 185
– *En liten ö i havet* 23
Alfreð Flóki (1938–1987) 127
Allen, Woody 133
– *The Purple Rose of Cairo* 133
Alvíssmál 92
Andersson, Theodore M. 193
Andri Snær Magnason (geb. 1973) 54, 162, 164, 179, 181, 210
– *Draumaland/Traumland/Dreamland* 54, 162, 164, 208
– *Engar smá sögur* 210
– *Gras/Gras* 179, 181, 210
Antikensagas 95
Ari Þorgilsson hinn fróði (1068–1148) 23f., 97, 98
Ármann Jakobsson 193
Arnaldur Indriðason (geb. 1961), 9f., 154–156, 184, 196
– *Ég man þig* 154
– *Konungsbók/Codex Regius* 9f., 184, 196
– *Mýrin/Nordermoor* 157
– *Synir duftsins/Menschensöhne* 156
Arngrímur Jónsson (1568–1648) 63, 112, 200
– *Anatome Blefkeniana* 112

– *Brevis commentarius 112, 200*
– *Crymogæa 112*
– *Epistola pro patria defensoria 112*
Árni Böðvarsson 189, 204, 208
Árni Magnússon (1663–1730) 8f., 131
Arthúr B. Bollason 187
Ásdís Egilsdóttir 197
Ástráður Eysteinsson 189, 205
Atlakviða 92
Atlamál 92
Attenborough, Richard 159
– *Oh! What a Lovely War 159*
Auden, W.H. (1907–1973) 37, 187
– *Letters from Iceland 37, 187*
Auður Jónsdóttir (geb. 1973) 156f.
– *Vetrarsól/Jenseits des Meeres liegt die ganze Welt 156f.*
Auður Laxness 23

Baldur Hafstað 187
Ballade siehe *Fornkvæði*
Balzamo, Elena 186
Bandle, Oskar 185
Banks, Sir Joseph (1743–1820) 38
Bárðar saga Snæfellsáss 44
Barüske, Heinz 210
Beda venerabilis (672/73–735) 24, 186
Benedikt Hjartarson 193
Bera Nordal 206
Bergen, Fritz (1857–1941) 36
Bergsbók 71, 77, 106
Bergström, Gunnel 185
Bergsveinn Birgisson (geb. 1971) 153, 177, 181, 206, 208

– *Handbók um hugarfar kúa* 153, 177, 181, 206, 208
Bertelsen, Henrik 199
Bibel 113, 193
– *Biblía* 113f., 201
– *Christian den Tredjes Bibel* 113
– *Luther-Bibel* 113
– *Hið nya Testament*, Neues Testament 111f., 114, 200f.
– Genesis 41,1–8 164
– Exodus 9,13–35 159
– 2. Korinther 2,14–15 69
Birgitta Halldórsdóttir (geb. 1959) 156
– *Inga* 156
Birna Anna Björnsdóttir (geb. 1975), Oddný Sturludóttir (geb. 1976), Silja Hauksdóttir (geb. 1976) 170
– *DÍS/Männer gibt's wie Fisch im Meer* 170, 208
Biskupasögur, Bischofssagas 95
Bjarnar saga Hítdœlakappa 44, 74
Bjarni Aðalbjarnarson 193
Bjarni Benediktsson 190
Bjarni Bjarnason (geb. 1965) 161, 207
– *Boðskort í þjóðarveislu* 161, 207
Bjarni Kolbeinsson (gest. 1222) 76
Bjarni Pálsson (1719–1779) 125–126, 203
– *Reise igiennem Island/Reise durch Island* 125–126
– *Specimen observationum* 203
Bjarni Thorarensen (1786–1841) 58–60, 191f.
– *Íslands minni* 58
– *Veturinn* 59
Bjarni Thorsteinsson (1781–1876) 143
Bjarni Vilhjálmsson 189, 204, 208
Bjartur 209
Björk (geb. 1965) 10, 132, 174, 181
Blaisdell, Foster W. 198
Blómsturvalla saga 93
Bloom, Harold 10, 141
Blumenberg, Hans 88
– *Arbeit am Mythos* 88
Bo Balderson 156
Böldl, Klaus 188
Bragi Boddason hinn gamli (9. Jh.) 74
Bragi Halldórsson 190

Bragi Ólafsson (geb. 1962) 10, 153, 184
– *Handritið að kvikmynd Arnar Featherby og Jóns Magnússonar* 10, 153, 184
Braunmüller, Kurt 185
Brennu-Njáls saga siehe *Njáls saga*
Breton, André 131
Breviarium Holense 111f.
Brooks, Peter 136, 204
– *Reading for the Plot* 136, 204
Brynjólfur Sveinsson (1605–1675) 90, 130
Burkert, Paul 34
– *Island, erforscht, erschaut, erlebt!* 34
– *Insel unter Feuer und Eis* 34

Cerquiglini, Bernard 96, 196
Cervantes Saavedra, Miguel de 137
Chase, Martin 193
Chateaubriand, Fr.-R. de 36
Clunies Ross, Margaret 193, 195f.
Codex regius (Liederedda) 8, 10, 83, 91f., siehe auch Edda
Codex Upsaliensis (Prosa-Edda) 80, 86f., siehe auch Edda
Collingwood, William Gershom (1854–1932) 36f., 56, 60f., 192
– *A Pilgrimage to the Saga-steads of Iceland* 36f., 56, 61
Corvinus, Antonius 112
– *Passio* 112

Dansar siehe *Fornkvæði*
Dansinn í Hruna 161, 165–167, 208
Davíð Oddsson (geb. 1948) 110f., 162
Davíð Stefánsson frá Fagraskógi (1895–1964) 47, 136f., 204
– *Abbalabbalá* 137, 204
– *Davíðshús* 47
Dínus saga drambláta 197
Dís Sigurðardóttir siehe Birna Anna Björnsdóttir
Drápa 72, 126
Dreyer-Eimbcke, Oswald 186
Driscoll, Matthew James 93, 196, 200

Ebstorfer Weltkarte 25, 185

Edda 2f., 6, 29, 80–83, 85, 90–92, 109, 116, 179, 194–196
– siehe auch *Ältere Edda, Codex regius, Codex Upsaliensis, Jüngere Edda, Laufás Edda, Liederedda, Poetische Edda, Prosa-Edda, Sæmundar Edda, Snorra Edda*
Eddica minora 83
Eggert Ólafsson (1726–1768) 125
– *Reise igiennem Island/Reise durch Island* 125f.
Egill Skalla-Grímsson (10. Jh.) 69, 74–76, 126, 149
– *Sonatorrek* 76, 126
Egils saga einhenda ok Ásmundar berserkjabana 198
Egils saga Skalla-Grímssonar 41, 74f., 95, 105, 126, 188, 203
Eimreiðin 122, 190, 202
Einar Benediktsson (1884–1940) 49–54, 189f.
– *Dettifoss* 49–51, 54
Einar Már Guðmundsson (geb. 1954) 139, 151, 155, 159, 161f., 207
– *Englar alheimsins/Angels of the Universe/Engel des Universums* 155
– *Hvíta bókin/Wie man ein Land in den Abgrund führt* 159, 161, 207
– *Riddarar hringstigans* 151
Einar Kárason (geb. 1955) 139, 151, 155
– *Þar sem djöflaeyjan rís/Die Teufelsinsel* 151
Einar G. Pétursson 113, 196, 200
Einar Sigmarsson 200
Einar Sigurðsson í Eydölum (1539–1626) 115f., 201
– *Barnatöluflokkur* 115
– *Ævisöguflokkur* 115
Einar Sigurðsson 201
Einar Skálaglamm (Pseudonym für Guðbrandur Jónsson [1888–1953]) 154
– *Húsið við Norðurá* 154
Einar Skúlason (gest. nach 1161) 69–75, 78, 193
– *Geisli* 71f., 74–76, 193
Einar Ól. Sveinsson 188
Eiríks saga rauða 29, 106
Eiríkur Laxdal (1743–1816) 117f., 201

– *Ólandssaga* 118, 201
– *Saga Ólafs Þórhallasonar* 118, 201
Elías Mar (1924–2007) 151
– *Man eg þig löngum* 151
– *Sóleyjarsaga* 151
– *Vögguvísa/Chibaba, chibaba* 151f.
Elis saga ok Rosamundu 101, 198
Englische Weltkarte (Cottoniana) 186
Erec saga 95
Erfidrápa Ólafs helga 78
Erró (Pseudonym für Guðmundur Guðmundsson [geb. 1932]) 140
Evangeliar 111
Eyrbyggja saga 40, 44, 79, 188
Eysteinn Ásgrímsson (gest. 1361) 74
– *Lilja* 74

Færeyinga saga 106
Fáfnismál 92
Familiensagas 95
Faulkes, Anthony 188, 194f.
Fechner-Smarsly, Thomas 208
Finnur Sigmundsson 189
Fjölnir. Árrit handa Íslendingum 57f., 118–122, 191f., 201
Fjölnismenn 52, 58, 122
Flannery, Mark J. 163, 208
Flateyjarbók 8, 10, 71, 77, 91, 106, 199
Flecken, Tina 203
Flóres saga konungs ok sona hans 100, 198
Fornaldarsögur 95, 99, 100, 105, 109, 198
Fornkvæði 109, 137
Fornmannasögur Norðurlanda 93
Fóstbrœðra saga 74, 105f.

Gaarder, Jostein (geb. 1952) 155
– *Sophies Welt* 155
Gade, Kari Ellen 193
Gamli kanóki (Mitte 12. Jh.) 72, 74
– *Harmsól* 72, 74
Gamli sáttmáli 14
Gegenwartssagas siehe *Samtíðarsögur*
Geir Haarde (geb. 1951) 160
Genealogien 97–99, 197
Georgieva Eriksen, Stefka 169
Gerður Kristný (geb. 1970) 178–181, 210

– *Blóðhófnir* 178–181
– *Eitruð epli* 210
– *Saumasystur/Nähschwestern* 181, 210
– *Úlfasaga/Wolfsgeschichte* 181, 210
Gerhardt, Paul 137
– *Auf, auf mein Herz, mit Freuden* 137
Gesetze 98f., 197
Giger, Ursula 206, 209f.
Gissur Einarsson (um 1512–1548) 111
Gísla saga 95
Gislason, Franz 210
Gísli Sigurðsson 196
Glælognskviða 77f.
Glauser, Jürg 188, 192–194, 196f., 199–201, 206, 209f.
Göngu-Hrólfs saga 102
Goethe, Johann Wolfgang von 47
– *Gesang an die Geister über den Wassern* 47
Grænlandsannáll 91
Grágás 125, 203
Grammatische Abhandlung, Grammatischer Traktat 20, 85
Grettis saga 95
Grimm, Jacob 32
– *Italienische und scandinavische Eindrücke* 32, 187
Grímnismál 92
Grípisspá 91
Gripla 28
Grottasöngr 92
Guðbergur Bergsson (geb. 1932) 135f., 140f.
– *Tómas Jónsson metsölubók* 136
Guðbrandur Þorláksson (1541/42–1627) 14, 28, 30f., 109–111, 113–115, 117, 200f.
– *Graduale* 113
– *Guðbrandsbiblía* siehe *Bibel*
– *Ný Psálmabók* 113–115
– *Ný Vísnabók* 113–115, 200f.
Guðjón Friðriksson 189
Guðjón Samúelsson (1887–1950) 45, 46
Guðmundur Andrésson (um 1615–1654) 129
Guðmundur góði Arason (1161–1237) 43

Guðmundur Bergþórsson (1657–1705) 44, 109, 129
Guðmundur Kamban (1888–1945) 67, 130f.
– *Skálholt/Die Jungfrau auf Skalholt, Der Herrscher auf Skalholt* 130
– *Skálholt. Jomfru Ragnheiður* 130f.
Guðmundur Óskarsson (geb. 1978) 163f., 170, 174, 178, 209
– *Bankster* 163f., 170, 178
– *Vaxandi nánd* 174, 209
Guðni Elísson 127, 161, 203, 207
Guðríður Símonardóttir (1598–1682) 130
Guðrún Nordal 165, 208
Guðrún Eva Mínervudóttir (geb. 1972) 176, 209
– *Fyrirlestur um hamingjuna* 176f.
– *Fætur konunnar í bókabúðinni/Die Füße der Frau in der Buchhandlung* 176, 209
Guðrúnarhvöt 92
Guðrúnarkviða 92
Guðspjallabók 112
Gunnar Gunnarsson (1889–1975) 47, 67, 136, 158
– Gunnarsstofnun 47
– *Svartfugl/Schwarze Schwingen, Schwarze Vögel* 67, 158
Gunnar Karlsson 185, 203
Gussmann, Edmund 185
Guta saga 27
Gylfaginning 29, 31, 40, 80, 82, 84, 86–90, 188, 195
Gyrðir Elíasson (geb. 1961) 142, 174

Habinger, Gabriele 187
Hafliði Vilhelmsson (geb. 1953) 151
– *Leið tólf Hlemmur-Fell* 151
Halldór Guðmundsson (geb. 1956) 161, 185
– *Wir sind alle Isländer* 161
Hallet, Wolfgang 188
Halldór Hermannsson 185–186, 200
Halldór (Kiljan) Laxness (1902–1998) 2, 23, 44, 54, 60–62, 67, 78f., 122–127, 129, 131, 134, 136, 138–142, 150, 152, 155, 176, 185, 191f., 194, 202

– *Atómstöðin/Atomstation* 23, 54, 61, 150, 152, 185
– *Brekkukotsannáll/Das Fischkonzert* 176
– *Gerpla/Die glücklichen Krieger* 78, 129, 131, 194
– *Gerska ævintýrið* 139
– *Gljúfrasteinn* 23, 47, 136
– *Íslandsklukkan/Islandglocke* 129, 131, 138
– *Kristnihald undir jökli/Am Gletscher* 44, 131, 138, 150
– *Kvæðakver* 123–125, 202
– *Rhodymenia palmata* 124–126
– *Sjálfstætt fólk/Sein eigener Herr* 134
– *Tvær ferskeytlur og viðlag* 125
– *Um Jónas Hallgrímsson* 191
– *Únglíngurinn í skóginum* 122, 202
– *Vefarinn mikli frá Kasmír/Der große Weber von Kaschmir* 122f., 140, 152
Hallfreðar saga vandræðaskálds 74f., 105f.
Hallfreðr Óttarsson vandræðaskáld (gest. um 1007) 74, 76, 193
Hallgrímur Helgason (geb. 1959) 133–135, 137, 139, 141f., 152, 155, 157, 181, 203–205
– *101 Reykjavík* 133, 152, 155
– *Höfundur Íslands/Vom zweifelhaften Vergnügen, tot zu sein* 133–141, 157, 181, 203–205
Hallgrímur Pétursson (1614–1674) 60, 62, 116, 130, 137
– *Um herrans útgang í grasgarðinn* 137
Hallgrímur Tómasson 59, 60
Hamðismál 92
Hamsun, Knut 136
Hannes Pétursson (geb. 1931) 60, 191
– *Atriði viðvíkjandi Gunnarshólma* 191
Hansen, Martin A. (1909–1955) 38
– *Rejse paa Island* 38
Haraldur Bernharðsson 185
Haraldur Sigurðsson 186
Hárbarðsljóð 92
Hastrup, Kirsten 188
Háttatal 80, 84, 86, 195
Haukur Hannesson 191

Hávamál 83, 91f.
Heilagra manna sögur 93f., 100, 198
Heimskringla 70, 77, 95, 106, 193, 199
Heitmann, Annegret 187
Helgakviða 92
Helgakviða Hundingsbana hin fyrri 92
Helgakviða Hundingsbana önnur 92
Helgi Guðmundsson 63, 192
Helgi-Lieder 83
Henderson, Ebenezer (1784–1858) 143–145, 205
– *Iceland; or the Journal of a Journey in that Island* 143–145, 205
Hemmingsen, Niels 113
Hermann, Pernille 197
Heslop, Kate 193
Heusler, Andreas (1865–1940) 33, 196
Hid Nya Testament siehe *Bibel*
Hildebrands Sterbelied 83
Hjálmar R. Ragnarsson 125
Hjálmar Sveinsson 206
Hjelmslev, Louis 205
Høeg, Peter (geb. 1957) 155
– *Fräulein Smillas Gespür für Schnee* 155
Hrafnkels saga 11, 38, 95
Hungrvaka 98f., 197
Hunnenschlachtlied 83
Hymiskviða 92
Hyndluljóð 83, 92

Ibsen, Henrik 136
Indriði Einarsson (1851–1939) 208
– *Dansinn í Hruna* 208
Indriði G. Þorsteinsson (1924–2000) 151
– *Land og synir/Herbst über Island* 151
– *79 af stöðinni/Taxi 79 ab Station* 151
Ingibjörg Sólrún Gísladóttir (geb. 1954) 159, 207
Ingimar Erlendur Sigurðsson (geb. 1933) 151, 169
– *Borgarlíf* 151, 169
Íslendingabók 23, 40, 95, 97–99, 108, 186, 197
Íslendingasögur, Isländersagas 38, 74, 94f., 99, 105
Íslenskar riddarasögur 95
Ívens saga 95, 101, 198

Jakob Benediktsson 186, 197, 200
Jarlmanns saga 198
Jóhann Magnús Bjarnason (1886–1945) 154
– *Íslenzkur Sherlock Holmes* 154
Jóhann Sigurjónsson (1880–1919) 67
Johnson, Donald S. 186
Jómsvíkingadrápa 76
Jómsvíkinga saga 106
Jón Hnefill Aðalsteinsson 89, 195
Jón Arason (1484–1550) 14, 111
Jón Árnason (1819–1888) 33, 165, 189, 204, 208
– *Íslenzkar þjóðsögur og ævintýri* 33, 165, 189, 204, 208
– siehe auch *Dansinn í Hruna*
Jón Gunnar Árnason (geb. 1931–1989) 160
– *Sólfar* 160
Jón Bjarni Atlason 209
Jón Dan (1912–2000) 45
Jón Guðmundsson lærði (1574–1658) 91, 129, 131, 196
Jón Helgason 60, 192, 201
Jón Karl Helgason 149, 206
Jón Jóhannesson 203
Jón Örn Loðmfjörð 170f., 173, 208
– *Gengismunur* 170–173, 208f.
Jón Loptsson (gest. 1197) 81
Jón Matthíasson (gest. 1567) 111f.
Jón Mýrdal (1825–1899) 154
Jón Oddsson Hjaltalín 200
Jón Samsonarson 201
Jón Sigurðsson (1811–1879) 15, 161, 207
Jón Stefánsson 61
Jón Sveinsson (Svensson) (1857–1944) 35f., 47, 67, 187
– *Ein Ritt durch Island* 35
– *Et Ridt gennem Island* 35
– *Nonnahús* 47
– *Nonni* 35, 37
– *Nonni. Erlebnisse eines jungen Isländers von ihm selbst erzählt* 35f.
– *Nonnis Reise um die Welt* 35
– »*Nonni und Manni*« 35
– *Sonnentage* 36
Jón Torfason 201
Jón Þorláksson í Bægisá (1744–1819) 116

Jónas Hallgrímsson (1807–1845) 52, 54–61, 66, 109, 118–120, 122, 185, 191f., 201f.
– *Gunnarshólmi* 54–62, 119f., 191f.
– *Sund-reglur prófessors Nachtegalls* 66
– *Um Rímur af Tistrani og Indíönu* 118, 201f.
Jónas Jónasson frá Hrafnagili 79, 126, 194, 203
Jónas Kristjánsson 197
Jónsbók 113
Jorgensen, Peter 198
Jung-Sigurd-Dichtung 83
Jüngere Edda 84, 90, siehe auch Edda

Kafka, Franz 136
Kaiser, Reinhard 186
Kalinke, Marianne E. 197
Karl Ísfeld 189
Karlamagnús saga 101–103, 198
Katechismus 112
Katrín Jakobsdóttir 155, 206f.
Kiening, Christian 87, 195, 198f.
Kinsky, R. 189
Kjartan Ottósson 192
Kjærstad, Jan (geb. 1953) 133
– *Homo Falsus* 133
– *Rand* 133
Kjesrud, Karoline 196
Klaiber, Pauline 67
Kleineberg, Andreas 185
Klemens Jónsson 200
Kölbing, Eugen 198
Kolbrún Haraldsdóttir 210
Königsleben 97, 197
Konungasögur, Königssagas 77, 95, 99, 100, 198
Kormáks saga 74, 105
Kozempel, Björn 209
Kramarz-Bein, Susanne 199
Krause, Arnulf 194, 196
Kress, Helga 41, 188
Kreutzer, Gert 187
Kristín Ómarsdóttir 174–176, 209
– *Eplamjólk* 176
– *Haustsúpa* 174f.
– *Jólaljóð* 176, 209

– *Lokaðu augunum og hugsaðu um mig* 175
– *Sjáðu fegurð þína* 209
– *Sítrónubrjóst/Zitronenbrust* 175, 209
Kristján Eiríksson 201
Kristján Jónsson Fjallaskáld (1842–1869) 48, 51, 54, 189
– *Dettifoss* 48, 54, 189
– *Kveðið á Sandi* 48
Kristmann Guðmundsson (1901–1983) 67
Kristni saga 108
Krose, Hermann A. (1867–1949) 35
Küchler, Carl (1869–1945) 34
– *Die Färöer* 34
– *Geschichte der isländischen Dichtung* 34
– *In Lavawüsten und Zauberwelten* 34
– *Unter der Mitternachtssonne* 34
– *Wüstenritte und Vulkanbesteigungen* 34
Kugler, Hartmut 186

La Farge, Beatrice 196
Lagerholm, Åke 198
Lambertus, Hendrik 187
Landabók 28
Landnámabók 12, 24, 40, 42, 95, 105, 108, 186, 197
Lange, Wolfgang 193
Larsson, Stieg 158
– *Millennium-Trilogie* 158
Laxdœla saga 79, 95, 105f.
Laufás Edda 82, 194, siehe auch Edda
Leiðarvísan 72, 74
Lesbók Morgunblaðsins 124
Lethbridge, Emily 39, 188
Leyndardómar Reykjavíkur 154
Liederedda 2, 29, 73, 83, 90–92, 109, 180, 196, siehe auch Edda
Lögbók Íslendinga 113
Lokasenna 92
Loth, Agnete 198
Lýgisögur 95

Mackenzie, Sir George Steuart (1780–1848) 32, 142
– *Travels in the Island of Iceland/Reise durch die Insel Island* 32, 142
MacNeice, Louis (1907–1963) 37, 187

– *Letters from Iceland* 37, 187
Märchensagas 95, 105, 109
Magnús Ásgeirsson (1901–1955) 67
Magnús Grímsson (1825–1860)
– *Íslenzkar þjóðsögur og ævintýri* 33
Magnús Jónsson í Tjaldanesi (1835–1922) 92f., 196
Magnús Ólafsson í Laufási (ca. 1573–1636) 82, 90, 116, 194
Magnús Pétursson 185, 192
Magnús Sigurðsson (geb. 1984) 174
Magnús Stephensen (1762–1833) 62, 111, 117
– *Island i det Attende Aarhundrede / Eptirmæli átjándu aldar* 117, 201
Malinowski, Marion 187
Man, Paul de 139
Mankell, Henning 158
Margrét Eggertsdóttir 192
Margrét Tryggvadóttir 161, 207
María Anna Þorsteinsdóttir 201
Matthías Jochumsson (1835–1920) 47, 49, 51, 54, 60, 189
– *Dettifoss* 49, 54, 189
– *Sigurhæðir* 47
Matthías Johannessen (geb. 1930) 60, 191
– *Gunnarshólmi og náttúran* 191
Matthías Viðar Sæmundsson 206
Matthías Þórðarson 188
Maurer, Konrad (1823–1903) 33, 187
– *Isländische Volkssagen der Gegenwart* 33
– *Íslandsferð* 187
McLeod, Judyth 186
Melanchthon, Philipp 113
Melsteðs Edda 85
Möðruvallabók 105–107, 199
Möttuls saga 197
Morgunblaðið 7, 16, 110
Morkinskinna 69, 71, 75, 193
Morris, William (1834–1896) 37
Müller, Claudia 199
Müller-Wille, Klaus 192

Nansen, Fridtjof 186
Naumann, Hans-Peter 191
Nedoma, Robert 185

Neumann, Birgit 188
Neumann, Gerhard 11, 184
Nibelungenlied 83
Njáls saga 54, 56–59, 61, 95, 105, 107, 149, 190f., 206
Nokkrir margfróðir söguþættir 108
Nonni siehe Jón Sveinsson (Svensson)
Norðurljósið 60
Nöth, Winfried 187
Nýhil 174, 209

Oddgeirs þáttr danska 198
Oddný Eir Ævarsdóttir (geb. 1972) 80, 177, 209
– *Heim til míns hjarta* 80, 177, 209
Oddný Sturludóttir siehe Birna Anna Björnsdóttir
Oddr Snorrason (um 1190) 106
Oddrúnargrátr 92
Oddur Einarsson (1559–1630) 112, 115f.
– *Qualiscunque descriptio Islandiæ* 112
Oddur Gottskálksson (1515–1556) 111
Oehlenschläger, Adam (1779–1850) 55, 60
– *Guldhornene* 55, 60
Ögmundur Pálsson (gest. 1541) 111
Óláfr hinn helgi Haraldsson, Olaf Haraldsson der Heilige 69, 70, 71, 78, 106, 193f.
Óláfr Tryggvason 106
Ólafur Bríem 189
Ólafur Einarsson í Kirkjubæ (1573–1651) 116
Olafur Eliasson (geb. 1967) 181
Ólafur Halldórsson 189, 199
Ólafur Hjaltason (1491–1569) 112
Ólafur Liljurós 137
Ólafur Páll Jónsson 206
Óláfs rímur Haraldssonar 109
Óláfs saga (hins) helga 70, 77
Óláfs saga Tryggvasonar 108
Óláfs saga Tryggvasonar en mesta 70, 106, 199
Olafsson, Felix 205
Olaus Magnus (1490–1557) 25–27, 186
– *Beschreybung allerley Gelegenheyte [...] der Mittnächtigen Völcker* 26
– *Carta marina* 25–27

– *Historia de gentibus septentrionalibus* 26, 28
Originale Rittersagas siehe *Riddarasögur*
Orkneyinga saga 106
Össur Skarphéðinsson 186

Páll Eggert Ólason 200
Páll Pálsson stúdent (1806–1877) 44
Páll Theodórsson 184
Páll Valsson 189, 191f., 202
Páls saga eremita 70
Paracelsus (1493–1541) 131
Parcevals saga 95
Passio Olavi 77
Peters, Ellen 187
Pétur Gunnarsson (geb. 1947) 139, 151f.
– *Heimkoma* 152
– *Punktur punktur komma strik* 151
Pétur Sigurðsson 190, 200
Pfeiffer, Ida (1797–1858) 32, 34, 187
Placidus saga 70
Plinius der Ältere (ca. 23–79) 24
Poestion, Josef Calasanz (1853–1922) 33–35, 190f.
– *Eislandblüten* 33
– *Island* 33
– *Isländische Dichter* 33
Poetische Edda 83, 90, siehe auch Edda
Postilla 112
Prologus (*Prosa-Edda, Edda Þórbergs Þórðarsonar*) 1, 84
Prosa-Edda 1, 29, 40, 73f., 76, 80–86, 88–91, 188, 194f., siehe auch Edda
Proust, Marcel 177
Pytheas von Massilia (um 380–um 310 v.Chr.) 24, 186
– *Perí tou Okeanoú* 24

Ragnars saga loðbrókar 95
Ragnheiður Brynjólfsdóttir (1641–1663) 130
Ragnhildur Jóhannesdóttir (geb. 1977) 177–179
– *SemSé* 179
Rasmus Christian Rask (1787–1832) 64, 143, 152, 205
Reginsmál 92
Reykjaholtsmáldagi 20

Resen, P. H. 82, 194
– *Edda Islandorum* 82, 194
Riddarasögur, Rittersagas 95, 99f., 105
Rígsþula 81, 83, 92
Rímur 44, 92, 108f., 115, 117–119, 122, 129, 201
Ringler, Dick 190–191
Ritið: Tímarit Hugvísindastofnunar Háskóla Íslands 159
Runen 19

Sæmundar-Edda 2, 83, 90, 91, 183, siehe auch Edda
Sæmundr hinn fróði Sigfússon (1056–1133) 91
Saga, Sagas, Sagaliteratur 39, 40–43, 73–76, 79, 94–99, 105, 108f., 138, 149, 197
Samtíðarsögur 95
Saxo Grammaticus (ca. 1150–1220) 24, 62
– *Gesta Danorum* 62, 90
Schaefer, Ursula 198
Schier, Kurt 188, 196
Schiffer, Wolfgang 210
Schutzbach, Werner 184
Schwitters, Kurt 204
– *An Anna Blume* 204
Seaver, Kirsten A. 186
Seelow, Hubert 210
Seiler, Thomas 158, 207
Shakespeare, William 136
Sigrdrífumál 92
Sigrún Davíðsdóttir 184
Sigurðar saga þögla 102, 198
Sigurðarkviða 92
Sigurður Breiðfjörð (1798–1846) 110, 118f.
– *Rímur af Gunnari á Hlíðarendi* 110
– *Rímur af Tistran og Indíönu* 118f.
Sigurður Grímsson 187
Sigurður Líndal 184
Sigurður A. Magnússon 210
Sigurður Gylfi Magnússon 184
Sigurður Nordal (1886–1974) 3–6, 11, 61, 65, 183f., 189, 192, 200f., 203
– *Íslenzk lestrarbók 1400–1900* 3f., 61, 183f., 192

– *Samhengið í íslenzkum bókmenntum* 3, 65, 183f., 192
Sigurður Stefánsson (gest. 1594) 28
Sigurlín Bjarney Gísladóttir (geb. 1975) 147, 205
– *Fjallvegir í Reykjavík* 147f., 205
Sigurrós 181
Sigvatr Þórðarson (ca. 995–1045) 74, 78
Silja Aðalsteinsdóttir 161, 190, 207, 209
Silja Hauksdóttir siehe Birna Anna Björnsdóttir
Sjón (Pseudonym für Sigurjón B. Sigurðsson [geb. 1962]) 10, 127–129, 131f., 142, 174, 181, 203
– *Kæra F–/Liebe F–* 128
– *Ljóðasafn 1978–2008* 203
– *Reiðhjól blinda mannsins* 127
– *Rökkurbýsnir/Das Gleißen der Nacht* 129, 131, 181, 203
– *Sjónhverfingabókin* 128
– *Skugga-Baldur/Schattenfuchs* 129, 142
Sjöwall, Maj 158
– *Roman über ein Verbrechen* 158
Simek, Rudolf 186f., 194, 196
Skaldendichtung siehe Skaldik
Skaldensagas 74
Skaldik 73, 80, 90, 92, 109, 123, 127, 181
Skáldskaparmál 73f., 80, 82, 84–88, 90, 126, 194f.
Skáld-Sveinn (um 1500) 165
– *Heimsósómi* 165
Skírnir 159, 173
Skírnismál 83, 180
Skúli Magnússon (1711–1794) 15
Skýrsla rannsóknarnefndar Alþingis 162f.
Snorra Edda 84, 90, 178, siehe auch Edda
Snorri Björnsson á Húsafelli (1710–1803) 130f.
Snorri Hjartarson (1906–1986) 62, 192
– *Á Gnitaheiði* 62, 192
Snorri Sturluson (ca. 1179–1241) 1–3, 64, 70, 74, 77, 79–82, 85, 89, 95, 106, 149, 178, 183, 188, 193–195, 199
Sólvei G. Jörgensdóttir 206
St. Thorlacius siehe Þorlákur Þórhallsson
Stefán Ólafsson í Vallanesi (1619–1688) 116

Stefán Karlsson 185
Stefán Pálsson 207
Stefán Snævarr (geb. 1953) 159, 207
Steffens, Henrich (1773–1845) 60
Steinar Bragi (geb. 1975) 152f., 206
– *Konur/Frauen* 152f.
– *Sagan af þriðjudegi/Die Geschichte von einem Dienstag* 153, 206
Steingrímur Jónsson 200
Steingrímur Matthíasson (1876–1948) 79, 194
Steinn Steinarr (Pseudonym für Aðalsteinn Kristmundsson [1908–1958]) 137
– *Rauður loginn brann* 137
Steinunn Jóhannesdóttir (geb. 1948) 130
– *Heimanfylgja* 130
– *Reisubók Guðríðar Símonardóttur* 130
Steinunn Sigurðardóttir (geb. 1950) 45, 152, 155, 189, 206
– *Góði elskhuginn/Der gute Liebhaber* 152, 206
– *Hanami* 45, 189
Stella Blómkvist 155–156
Stephan G. Stephansson (1853–1927) 53f., 190
– *Andvökur* 190
– *Fossa-föll* 53f., 190
Stephanius, Stephanus Johannis 90
Strabon (um 63 v. Chr.–23 n.Chr.) 24
Strengleikar 199
Sturla Þórðarson (1116–1183) 14
Sturlu saga 125
Sturlunga saga 79, 95, 125, 203
Sue, Eugène 154
– *Les Mystères de Paris* 154
Sumargjöf 52, 190
Svava Jakobsdóttir (1930–2004) 140, 151, 174, 176, 178, 180f., 210
– *Gunnlaðar saga/Historien om Gunløð/Gunnlöds saga* 178–181, 210
– *Leigjandinn* 151, 176
– *Saga handa börnum/Geschichte für Kinder* 181, 210
– *Veizla undir grjótvegg* 151, 210
Sveinbjörn Egilsson (1791–1852) 60, 192

Sveinbjörn Sigurjónsson 189
Sveinn Einarsson (geb. 1934) 185
– *Atómstöðin* 185
Sveinn Yngvi Egilsson 191
Sverrir Jakobsson 187
Sverrir Tómasson 194

Theoderich monachus 24
Thor Vilhjálmsson (1925–2011) 140
Tímarit Máls og menningar 159, 173
Tómas Guðmundsson (1901–1983) 145f., 149, 153, 190, 205
– *Austurstræti* 146, 153, 205
– *Í Vesturbænum* 205
– *Fagra veröld* 145, 205
– *Ljóðasafn* 205
– *Við sundin blá* 145
Tómas Sæmundsson (1807–1841) 58
Torfhildur Hólm (1845–1918) 130
– *Brynjólfur biskup Sveinsson* 130
Townend, Matthew 192
Tristrams saga ok Ísöndar 95, 103, 198

Übersetzte Rittersagas siehe *Riddarasögur*
Úlfar Þormóðsson (geb. 1944) 130
– *Hallgrímur* 130
– *Hrapandi jörð* 130
– *Rauð mold* 130
Unger, C.R. 198

Vad, Poul (1927–2003) 11, 37–39, 184, 187
– *Nord for Vatnajøkul/Islandreise* 38, 184, 187
Vafþrúðnismál 92
Valentínus (Pseudonym für Steindór Sigurðsson [1902–1949]) 154
– *Leyndardómar Reykjavíkur* 154, 206
Valur Gunnarsson 207
van Nahl, Astrid 185
Verkamaðurinn 208
Verne, Jules 43
– *Die Reise zum Mittelpunkt der Erde/ Voyage au centre de la terre* 43
Vésteinn Ólason 197
Veturliði Óskarsson 185
Viðar Hreinsson 190

Viktor Arnar Ingólfsson (geb. 1955)
9, 184
– Flateyjargáta /Das Rätsel von Flatey
9, 184
Vilhjálms saga sjóðs 198
Vísir 16
Volksballade siehe fornkvæði
von Grumbkow, Ina (1872–1942) 34
– Ísafold. Reisebilder aus Island 34
von See, Klaus 24, 185, 196
von Troil, Uno (1746–1803) 38
– Bref rörande en resa till Island 38
– Briefe welche eine von [...] Uno von
Troil [...] nach Island angestellte Reise
betreffen 38
Vorzeitsagas siehe Fornaldarsögur
Völundarkviða 83, 92
Völsunga saga 95
Völuspá 29f., 40, 83, 90f., 153

Wahl, Betty 193
Wahlöö, Per 158
– Roman über ein Verbrechen 158
Waldseemüller, Martin (ca. 1470–1520)
27
Wehrli, Mariell 34f.
– Island, Urmutter Europas 34
Weigel, Sigrid 11, 184
Wetzig, Karl-Ludwig 67, 203f.
Würth, Stefanie 199
Wustmann, Erich (1907–1994) 37
– Licht über den Bergen – ein Mädchen-
schicksal auf Island 37

Yrsa Sigurðardóttir (geb. 1963) 154–
156, 207
– Furðustrandir 154
– Þriðja táknið/Das letzte Ritual 156

Zeichnungsbuch, Teiknibókin 101
Zeno-Karte 27
Zernack, Julia 187, 196

Þiðreks saga 103f., 199
Þórarinn Eldjárn (geb. 1949) 42, 129,
131, 142, 181, 188, 203
– Brotahöfuð 129, 181
– Die glücklichste Nation unter der
Sonne 203
– Kyrr kjör 129, 181
– Skuggabox 42, 188
Þórarinn loftunga (1. Hälfte 11. Jh.) 77
Þórbergur Þórðarson (1888–1974) 1f.,
6, 44–47, 66f., 89, 136, 145, 159, 172,
181, 183, 193, 205, 208
– Ævisaga Árna prófasts Þórarinssonar
44, 145, 205
– Bréf til Láru 145, 205
– Edda Þórbergs Þórðarsonar 1–3, 46,
89, 183, 189, 205, 208
– Mislukkað atómljóð 208
– Seltjarnarnesið 145, 205
– Þorbergssetur 3, 47
Þórður Þorláksson (1637–1697) 28, 31,
108
Þórður Ingi Guðjónsson 193
Þorgils saga ok Hafliða 125
Þorlákur Ófeigsson (1887–1955) 150
Þorlákur Þórhallsson (1133–1193)
132
Þórmóður Bersason Kolbrúnarskáld
(gest. um 1030) 74, 78
Þorsteinn Antonsson 201
Þorsteinn Erlingsson (1858–1914) 52f.,
190
– Við fossinn 52–54, 190
Þorsteinn Gunnarsson (geb. 1958) 185
– Atómstöðin 185
Þorsteinn Vilhjálmsson 184
Þórunn (Erlu) Valdimarsdóttir (geb. 1954)
130f., 189
– Snorri á Húsafelli 130
– Upp á sigurhæðir 189
Þröstur Helgason 205
Þrymskviða 83, 92

Abbildungsverzeichnis

Abb. S. 2: Þórbergur Þórðarson: *Edda Þórbergs Þórðarsonar,* Umschlag der Erstausgabe 1941.

Abb. S. 3: Das Þórbergur Þórðarson gewidmete Museum Þórbergssetur. Foto: Christian Bickel.

Abb. S. 4: Sigurður Nordal: *Íslenzk lestrarbók 1400–1900,* Titelseite der Erstausgabe 1924.

Abb. S. 7: Bericht über die Heimführung der Handschriften in *Morgunblaðið,* 21. April 1971.

Abb. S. 10: Dänische Matrosen tragen den *Codex regius* und die *Flateyjarbók* in zwei Bänden an Land. Aus: *Handritin,* hg. v. Gísli Sigurðsson und Vésteinn Ólason, Reykjavík: Stofnun Árna Magnússonar á Íslandi 2002, S. 172.

Abb. S. 16: Ausrufung der Republik Islands auf Þingvellir am 17. Juni 1944. Aus: *Öldin okkar. Minnisverð tíðindi 1931–1950,* hg. v. Gils Guðmundsson, Reykjavík: Forlagið Iðunn 1975, S. 202.

Abb. S. 26: *Carta marina,* 1539, von Olaus Magnus (Ausschnitt).

Abb. S. 30: Bischof Guðbrandur Þorláksson, Karte der nördlichen Regionen, 1606, enthalten in der »Grönlandbeschreibung und Skálholt-Karte« von Björn Jónsson á Skarðsá, 1669. Handschrift GKS 2881 4to, Det kgl. Bibliotek, Kopenhagen.

Abb. S. 34: Carl Küchler, *Wüstenritte und Vulkanbesteigungen auf Island,* Umschlag Erstausgabe 1909.

Abb. S. 36: Jón Svensson, *Nonni,* Titelseite der Ausgabe. 90.–100. Tausend, 1941.

Abb. S. 36: Illustration von Fritz Bergen zu Jón Svensson, *Sonnentage,* 1921.

Abb. S. 43: Kirche von Ingjaldshóll vor dem Snæfellsjökull: picture alliance/Arco Images GmbH.

Abb. S. 46: Hallgrímskirkja, Reykjavík (2007). Foto: Ananth Naag Kaveri.

Abb. S. 50: Der Dettifoss in der Jökulsá á Fjöllum, Nordostisland. Foto: Roger McLassus.

Abb. S. 53: Isländisches Wasserkraftwerk aus den 1980er Jahren: picture alliance/dpa

Abb. S. 56: W.G. Collingwood (1854–1932), *A Pilgrimage to the Saga-steads of Iceland,* 1899, Zeichnung von Gunnars Hof Hlíðarendi. Aus: W.G. Collingwood, *Á söguslóðum,* Reykjavík 1969, Abb. 25.

Abb. S. 66: Milchtütenaufdruck der Molkereigesellschaft Mjólkursamsalan.

Abb. S. 70: Der Dom von Nidaros, heute Trondheim, in Norwegen. Foto: Greg Harald.

Abb. S. 75: Handschrift AM 426 fol, Ende 17. Jh. (Arní Magnússon Institut, Reykjavík): Egill Skalla-Grímsson. Aus: Jónas Kristjánsson, *Icelandic Manuscripts. Sagas History and Art,* Reykjavík: The Icelandic Literary Society 1993, S. 35.

Abb. S. 77: *Flateyjarbók*, GKS 1005 fol, um 1390. Aus: Jónas Kristjánsson, *Icelandic Manuscripts. Sagas History and Art,* Reykjavík: The Icelandic Literary Society 1993, S. 75.

Abb. S. 81: Handschrift U der Prosa-Edda. Aus: *Snorre Sturlasons Edda. Uppsalahandskriften DG 11,* hg. Anders Grape, Stockholm 1962, Abb. 3.

Abb. S. 85: *Melsteðs Edda*, Prosa-Edda, 1765-66. Aus: *Handritin,* hg. v. Gísli Sigurðsson und Vésteinn Ólason, Reykjavík: Stofnun Árna Magnússonar á Íslandi 2002, S. 184.

Abb. S. 86: Zeichnung nach DG 11, Gylfaginning, Prosa-Edda.

Abb. S. 93: Magnússon Jónsson í Tjaldanesi: Beginn der Blómsturvalla saga, *Fornmannasögur Norðurlanda.* Handschrift Lbs 1507 4to, Landsbókasafn Íslands, Reykjavík.

Abb. S. 101: Sog. Zeichnungsbuch, Handschrift AM 673 a III 4to, 15. Jh.: Der Heilige Georg. Aus: Jónas Kristjánsson, *Icelandic Manuscripts. Sagas History and Art,* Reykjavík: The Icelandic Literary Society 1993, S. 130.

Abb. S. 107: *Möðruvallabók*, AM 132 fol, Mitte 14. Jh. Aus: Jónas Kristjánsson, *Icelandic Manuscripts. Sagas History and Art,* Reykjavík: The Icelandic Literary Society 1993, S. 93.

Abb. S. 110: Sigurður Breiðfjörð, *Rímur af Gunnari á Hlíðarenda,* 1860, Titelseite.

Abb. S. 115: Guðbrandur Þorláksson, *Ein Ny Wiisna Bok,* Hólar 1612, Titelseite.

Abb. S. 120f.: Jónas Hallgrímsson, Gunnarshólmi, Erstdruck des Gedichts in *Fjölnir* 1838.

Abb. S. 124: Rotalge, lateinisch Palmaria palmata, auf Isländisch *söl.*

Abb. S. 127: Sjón, *Reiðhjól blinda mannsins,* 1982, Umschlag. Illustration von Alfreð Flóki (1938-87).

Abb. S. 134: Hallgrímur Helgason, *Höfundur Íslands,* Umschlag der deutschen Ausgabe, Stuttgart: Klett-Cotta 2005.

Abb. S. 136: Halldór Laxness' Haus Gljúfrasteinn in Mosfellsdalur, seit 2006 Dichtermuseum. Foto: www.gljufrasteinn.is.

Abb. S. 140: Erró (geb. 1932), *Halldór Laxness,* 1984/85.

Abb. S. 142: Sir George Steuart Mackenzie (1780-1848), *Reise durch die Insel Island*, 1815, Reykjavík um 1810.

Abb. S. 147: Reykjavík, Straße der Altstadt: picture alliance/empics.

Abb. S. 150: Þorlákur Ófeigsson (1887-1955), Mehrfamilienhaus im »Saga-quartier«, Bergþórugata 41–45, Reykjavík (1919). Aus: Hörður Ágústsson, *Íslensk byggingararfleifð* I, Reykjavík 1998, S. 362.

Abb. S. 153: Steinar Bragi (geb. 1075), *Frauen*, Umschlag der deutschen Ausgabe, München: Antje Kunstmann 2011.

Abb. S. 157: Arnaldur Indriðason (geb. 1961), *Mýrin*, Umschlag der deutschen Ausgabe, Köln: Bastei Lübbe 2003.

Abb. S. 157: Arnaldur Indriðason, *Mýrin*, Umschlag der isländischen Ausgabe 2001.

Abb. S. 160: Jón Gunnar Árnasons Sólfar (»Sonnenschiff«), Stahlskulptur: picture alliance/Arco Images GmbH.

Abb. S. 162: Der Schriftsteller Einar Már Guðmundsson (geb. 1954) als Redner bei einer Demonstration im Winter 2008/09.

Abb. S. 169: Sjón, *Rökkurbýsnir*, Umschlag der deutschen Ausgabe, Frankfurt/M.: S. Fischer Verlag 2011.

Abb. S. 170: *DÍS* – Still aus dem Film von Silja Hauksdóttir (2004): www.logs.is/Forsida/Frettir/Nanar/newsid-226/view.aspx?.

Abb. S. 179: Ragnhildur Jóhannsdóttir, Skulpturgedicht aus dem Bildgedichtband *SemSé*, 2010. © und Foto: Ragnhildur Jóhannsdóttir

MIX

Papier | Fördert
gute Waldnutzung

FSC® C083411

Zeitfracht Medien GmbH
Ferdinand-Jühlke-Straße 7
99095 Erfurt, Deutschland
produktsicherheit@kolibri360.de